地域を変革する
リーダーシップの展開

現代の地域リーダー像

高崎経済大学地域科学研究所【編】

若林隆久【編著】

日本経済評論社

刊行に寄せて

　本書は，高崎経済大学地域科学研究所が取り組む主要事業の1つである「研究プロジェクト」の成果を結実させたものである．

　地域科学研究所は，前身である産業研究所と地域政策研究センターの統合を経て，2015（平成27）年4月に新たな姿で開設された．以来，地域科学研究所では，所属教員が学部の枠を超えて連携し，地域が直面する多様な課題に科学的な視座から取り組んできた．それぞれの専門性を活かした調査研究を進め，その成果を書籍として刊行することで，知見を広く社会に還元している．また，こうした活動を通じ，市民や県民，さらには事業者の皆様と成果を共有し，地域社会の発展や産業振興の基盤構築に寄与してきた．

　具体的には，「公開講座」や外部講師による「公開講演会」，高崎市の歴史や現状を市民・教員・学生が共に学び考える「地元学講座」，さらには地域理解を深めるための「地域めぐり（エクスカーション）」など，多彩な事業を展開している．これらの活動は，学術的な研究成果を社会と結びつける試みとして，高い評価を得ている．

　なかでも，「研究プロジェクト」は地域科学研究所の中核的事業であり，その成果はこれまでにも数多くの書籍として世に送り出されてきた．『富岡製糸場と群馬の蚕糸業』『地方製造業の展開－高崎ものづくり再発見』『日本蚕糸業の衰退と文化伝承』『空き家問題の背景と対策－未利用不動産の有効活用』『農業用水と地域再生－高崎市・長野堰の事例』『地方製造業の躍進－高崎発ものづくりのグローバル展開』『地方都市における中心市街地の課題－人口減少時代とまちづくり』（いずれも日本経済評論社）など，多岐にわたるテーマで地域社会への洞察を深めてきた．

　本書もまたその系譜に連なるものであり，「研究プロジェクト『現代の地

域におけるリーダーシップのあり方の研究』」による研究成果をまとめたものである．詳細については序章以降をご参照いただきたいが，本プロジェクトでは，少子高齢化や人口減少など現代の地域が直面する課題において求められるリーダーシップのあり方を探求している．特に，地域社会を牽引するリーダー像やその育成方法，成功要因，環境条件について，多様な事例調査と学術的分析を通じて明らかにすることを目的としている．

　本プロジェクトでは，「地域づくりは人づくり」という理念のもと，従来型のリーダー像だけでなく，多様な分野やコミュニティで活躍する新しいリーダー像にも注目している．また，「交流人口」や「関係人口」といった新しい概念への着目を通じて，人材育成やコミュニティ形成の重要性を強調している．これらは，地域社会が抱える課題解決への糸口となるだけでなく，持続可能な地域づくりへ向けた具体的な指針となることを目指している．

　本書が，これらの議論を基盤として地域社会の持続可能性や活性化に関する研究や実践に携わる方々にとって有益な知見となり，政策形成や地域づくりに寄与する一助となれば幸いである．

2025 年 3 月

高崎経済大学地域科学研究所

所長　佐 藤　　徹

目次

刊行に寄せて　　　　　　　　　　　　　　　　　　　佐　藤　　　徹

序章　本書の問題意識と課題……………………………… 若 林 隆 久　1

  1.　地方消滅　1

  2.　本書の問題意識と課題：地域におけるリーダーシップ　4

    (1)　課題に対応するための「人」への着目　4

    (2)　「地域におけるリーダーシップ」と「地域リーダー」　5

    (3)　本書の構成　6

第1章　リーダーシップ研究の概観と地域との関わり…… 若 林 隆 久　9

  はじめに　9

  1.　リーダーシップとは　11

    (1)　リーダーシップの定義　11

    (2)　リーダーとリーダーシップは異なる　12

    (3)　リーダーの生まれ方　13

  2.　リーダーシップ研究の流れ　14

    (1)　特性アプローチ　14

    (2)　行動アプローチ　15

    (3)　コンティンジェンシー・アプローチ　16

    (4)　その後の多様なリーダーシップ研究　18

    (5)　小括：「地域」という文脈におけるリーダーシップ　19

  3.　シェアド・リーダーシップ　20

    (1)　シェアド・リーダーシップ　20

(2)　シェアド・リーダーシップを「地域」の文脈にあてはめる　21

　4.　リーダーシップの理論はどのように役立てられるか　22

　　(1)　リーダーシップの理論は役に立つのか　22

　　(2)　リーダーシップは育てられるか　23

　5.「地域」におけるリーダーシップ　26

第Ⅰ部　多様な分野で活躍する地域リーダー

第2章　DX分野で活躍する地域リーダー ……………… 若 林 隆 久　35

　はじめに　35

　1.　ビジネス分野から豊田市のDXに取り組む：遅野井宏氏　35

　　(1)　経歴　35

　　(2)　豊田市CDO補佐官としての取り組み　37

　2.　医療分野から茅野市のDXに取り組む：須田万勢氏　38

　　(1)　経歴　38

　　(2)　茅野市DX企画幹としての取り組み　39

　おわりに　40

第3章　起業・ビジネス分野で活躍する地域リーダー… 若 林 隆 久　44

　はじめに　44

　1.　株式会社ただいま：和田昂憲氏・神定祐亮氏　44

　　(1)　和田氏の経歴とただいまコーヒー　44

　　(2)　神定氏の経歴とCOFFEE STAND GENKAN　47

　2.　一般社団法人常陸frogs：菅原広豊氏　50

　　(1)　経歴　50

　　(2)　常陸frogs　51

　3.　だがし「かめがや」：亀ヶ谷尚也氏　53

　　(1)　亀ヶ谷氏の経歴　53

（2） だがし「かめがや」 53

（3） 駒場地域での取り組み 54

おわりに 56

第4章　教育分野で活躍する地域リーダー……………… 若 林 隆 久 60

はじめに 60

1. 会いに行けるセンセイ：野崎浩平氏 60

（1） 経歴 60

（2） 会いに行けるセンセイをはじめとした地域での取り組み 61

（3） 起業に関する取り組み 63

2. 宮古島の教育力：泉川良基氏 64

（1） 経歴 64

（2） 宮古島における取り組み 65

3. NPO 法人 Design Net-works Association：沼田翔二朗氏 68

（1） NPO 法人 Design Net-works Association の設立 68

（2） 沼田氏の経歴と NPO 法人 DNA の第二創業期 69

（3） コーディネート事業への移行 71

おわりに 73

第5章　観光分野で活躍する地域リーダー……………… 若 林 隆 久 76

はじめに 76

1. 一般社団法人おらが大槌夢広場：神谷未生氏 76

（1） 一般社団法人おらが大槌夢広場 76

（2） 神谷氏の経歴 81

2. 株式会社 Okibi：金井怜氏 83

（1） 金井氏の経歴と株式会社 Okibi 83

（2） 地域や業界における特徴的な取り組み 84

おわりに 88

第6章　芸術分野で活躍する地域リーダー ……………… 若林隆久　92

　　はじめに　92

　　1.　a/r/t/s Lab：郡司厚太氏　92

　　　（1）　a/r/t/s Lab　92

　　　（2）　経歴　93

　　　（3）　小学校教師としての取り組み　95

　　　（4）　地域での取り組み　96

　　2.　NPO法人きづがわネット：久保田マルコ氏　96

　　　（1）　NPO法人きづがわネット　96

　　　（2）　これまでの取り組みと経緯　99

　　おわりに　100

第7章　多文化共生・国際分野で活躍する地域リーダー
　　　　　　　　　　　　　　　　　………………… 若林隆久　103

　　はじめに　103

　　1.　株式会社ヘラルボニー　104

　　　（1）　会社概要　104

　　　（2）　地域での取り組み　104

　　2.　一般社団法人kuriya：海老原周子氏　106

　　　（1）　経歴　106

　　　（2）　一般社団法人kuriyas　106

　　3.　B-JET　107

　　　（1）　JICAの取り組みとしてのB-JET　107

　　　（2）　事業承継後のB-JET　109

　　おわりに　110

第8章　ソーシャルデザインおよびソーシャルアクションの分野で
　　　　活躍する地域リーダー……………………………… 若林隆久 113

はじめに　113

1.　岩本唯史氏の経歴　113

2.　ミズベリングの概要　115

3.　ミズベリングの事務局の役割　115

4.　ミズベリングの立ち上げと10年間の取り組み　117

5.　ミズベリングの成功要因　119

　(1)　ミズベリングキットの提供　119

　(2)　ミズベリングにおけるリーダーシップ　120

第II部　現代の地域におけるリーダーシップ

第9章　自治体職員は「地域リーダー」になり得るか
　　　　―公務外の地域貢献活動に至るプロセスとそのメカニズムの分析―
　　　　　　　　　　　　　　　　　　………………… 佐藤　徹 125

1.　研究の背景と目的　125

2.　先行研究の検討　127

3.　研究の方法　130

　(1)　分析対象　130

　(2)　データ収集　133

　(3)　分析フレーム　133

4.　分析と考察　135

　(1)　分析対象者　135

　(2)　活動分野　135

　(3)　動機　138

　(4)　きっかけ　140

x

    (5)　専門性やスキル　142

    (6)　公務外における地域貢献活動に至るメカニズム　144

  おわりに　146

第10章　地方自治体における政治的・行政的リーダーシップの諸相
    ―二元代表制の影響力構造とシェアド・リーダーシップの観点から―

                    ……………… 増 田　　正　150

  はじめに　150

  1.　自治体の政治的リーダーシップに関する先行研究　152

  2.　地方議会の影響力構造：首長と議会　154

    (1)　北関東主要7市（中核市レベル）における政治・行政関係　154

    (2)　高崎市の政策課題と市長のリーダーシップ　155

    (3)　前橋市の政策課題と市長のリーダーシップ　156

  3.　桐生市に見るリーダーシップ構造　157

    (1)　桐生市議会改革のリーダーシップ　157

    (2)　シェアド・リーダーシップとしての議会改革　159

  おわりに　163

第11章　観光まちづくりにおけるシェアド・リーダーシップ
    ―かだる雪まつりのエスノグラフィー― ……………… 井 手 拓 郎　166

  はじめに　166

  1.　研究の方法　168

    (1)　調査対象・方法　168

    (2)　インタビュー項目　169

    (3)　分析方法　170

  2.　かだる雪まつりとは　170

    (1)　対象事例の概要　170

    (2)　かだる雪まつりの歴史　173

3. かだる雪まつりにおけるシェアド・リーダーシップ　182

(1) 実行委員長の変遷とリーダーシップ　182

(2) 実行委員長交代制の効果　187

4. シェアド・リーダーシップの効果と課題　189

おわりに　191

第12章　地方都市の文化的領域における地域リーダー
　　　　　　　　　　　　　………………　友岡邦之　197

はじめに　197

1. 仮説的前提の検討　197

(1) 社会的価値に関与しうる者としての，文化的領域の
地域リーダー　197

(2) 地方の事例にみる領域横断的ネットワーク　198

2. プラットフォーム的活動の栄枯盛衰　200

(1) プラットフォーム的活動台頭の背景　200

(2) 群馬県における活動の事例1：
事業企画を通じたつながりの創出　200

(3) 群馬県における活動の事例2：
ゲリラ的ムーブメントの展開　202

(4) 両事例に見出せる共通点　203

(5) プラットフォーム的活動の衰退局面　204

3. 経済への注目　205

(1) 地域に根差した経済の循環　205

(2) 大規模な資本投下とオルタナティブ・シーンの形成　206

4. 残された論点　208

(1) 企業および企業家の力　208

(2) アートやサブカルチャーのハードコア・シーンを
牽引する人々　209

おわりに　210

第13章　アラブ的感性が生み出す地域コミュニティとリーダーシップ
　　　　　－アメリカ合衆国におけるナショナル・アラブ・オーケストラと

アラブ音楽－ ……………………………………………… 安 田　　慎　213

　　はじめに　213

　　1.　アラブ音楽とは何か　216

　　2.　ナショナル・アラブ・オーケストラとマイケル・
　　　　イブラーヒーム　219

　　3.　アラブ音楽とアラブ・アメリカン・コミュニティ　225

　　4.　異邦の地で，アラブ音楽を奏でる　231

　　おわりに　233

終章　本書のまとめ：リーダーシップ・スケーリング
　　　　　　　　　　　　　　　　……………………… 若 林 隆 久　239

　　1.　本書の事例に見られるリーダーシップ　239

　　　（1）　シェアド・リーダーシップ　239

　　　（2）　地域におけるリーダーシップの育成・拡大　240

　　2.　地域におけるリーダーシップ・スケーリング　241

あとがき　　　　　　　　　　　　　　　　若 林 隆 久　245

序章

本書の問題意識と課題

若 林 隆 久

　序章では，本書の問題意識と課題を整理する．地方をめぐる議論や動向に大きな衝撃を与えた「地方消滅」と「消滅可能性都市」という言葉を中心に現代の地方における課題について確認する．そして，その課題に取り組むにあたってリーダーシップに着目するという本書の問題意識や課題を明らかにした上で，本書の構成について述べる．

1. 地方消滅

　2014年に登場した「地方消滅」と「消滅可能性都市」という言葉が世の中に衝撃を与えてから10年以上が経過した．これらの言葉を中心に現代の地方における課題について確認することから始めたい．

　2014年には，増田寛也氏が座長をつとめる日本創生会議・人口減少問題検討分科会による「成長を続ける21世紀のために『ストップ少子化・地方元気戦略』」[1]という，のちに「増田レポート」と呼ばれる報告書が公表された．また，同じ年にその増田氏による『地方消滅：東京一極集中が招く人口急減』という書籍[2]が出版され，大きく話題を呼び，新書大賞2015を受賞した．その後も，増田寛也氏と冨山和彦氏の対談からなる『地方消滅 創生戦略篇』[3]や『地方は消滅しない！』[4]といった直接関連が見られるような書籍の出版をはじめとして，様々な地方をめぐる議論や対応を巻き起こすこととなった．

　10年後の2024年には『地方消滅』の直接の続編と言える『地方消滅2：

加速する少子化と新たな人口ビジョン』[5]が出版された．拡充した分析も行いながら『地方消滅』の内容とその後の 10 年間の動向も含めて振り返った上で，新たな提言を行っている．ここでは，『地方消滅 2』の内容に依拠しながら簡単にこれらの議論を紹介したい．

人口減少について，死亡数よりも出生数が下回る自然減と，転入よりも転出が上回る社会減の 2 つの要因がある．人口の再生産力に着目してそれを測る指標として 20-39 歳の若年女性人口に着目し，そこに大都市への人口流出による人口減少を加味して，その結果として 2010-40 年の間に若年女性人口が 5 割以下に減少すると予想される 896 の自治体をまとめたものが，2014 年に発表された「消滅可能性都市 896 全リスト」であった．なお，2014 年の分析においても 2024 年の分析においても，減少率が最も高い自治体は群馬県南牧村である[6]．この分析を受け，2014 年の時点では，少子化と地方衰退への対策として，「希望出生率 1.8」と「東京一極集中に歯止めをかけること」という 2 つの目標が提言された．この 2 つの目標の実現のために，国としては総合戦略本部を設置し長期ビジョンと総合戦略を策定し指揮すること，地方自治体としては地域戦略協議会を設置することが提言された．

その後，政府が「まち・ひと・しごと創生総合戦略」を策定し地方創生担当大臣が新設され，自治体でも様々な人口減少対策も進められた．にもかかわらず，出生率の低下や東京への人口流出は止まらず，十分な結果が出ていないのが現状である．

2024 年出版の『地方消滅 2』では，2014 年の分析の考え方を基本的に踏襲しつつも，人口流出の是正という社会減対策ばかりに重点が置かれないように，自治体間の人口の移動がないと仮定した「封鎖人口」を用いて自然減についても明らかにし，その対策にも目を向けてもらえるような分析を実施している．限りある人口を自治体間で奪い合い，ともすれば地域間の対立を生み出してしまうという問題を避け，全体の人口減少そのものへのアプローチを促すという点で，この点はきわめて重要である．そして，「自治体間の人口の移動も含めた若年女性人口減少率」と「封鎖人口における若年女性人

口減少率」のそれぞれについて「20％未満」「20％以上，50％未満」「50％以上」という3分類から3×3で9つの分類をしている[7]．そして，自立持続可能性自治体，消滅可能性自治体，さらには，他地域から人口の流入に頼りつつ人口の再生産力は低いブラックホール型自治体[8]と大きく3分類を行っている．なお，2014年の『地方消滅』では若年女性人口増加率上位20の市区町村から，産業誘致型，ベッドタウン型，学園都市型，コンパクトシティ型，公共財主導型，産業開発型というモデルを提示していたが，それとはまた異なる視点である[9][10]．

『地方消滅2』では，人口減少対策の遅れを挽回するラストチャンスとして「人口ビジョン2100」を提言している．これまでの対応に欠けていた基本的課題として，国民の意識の共有，若年女性の最重視，世代間の継承・連帯と共同養育社会づくり，の3つを挙げている．その上で，2100年を視野に入れて，人口の減少状態を脱却し8,000万人の水準で安定化させ将来展望を持てるようにすることと，現在より小さい人口規模であっても多様性に富んだ成長力のある社会を構築することを挙げている．そこで，前者に対応するものとして人口減少のスピードを緩和させ最終的に人口を安定化させることを目指す定常化戦略，後者に対応するものとして質的な強靱化を図り現在より小さい人口規模であっても多様性に富んだ成長力のある社会を構築する強靱化戦略の2つを提示している．定常化戦略における論点としては，若年世代の所得向上と雇用の改善，共働き・共育ての実現，多様なライフサイクルの選択，若い男女の雇用管理を促すプレコンセプションケア，安心な出産と子どもの健やかな成長の確保，子育て支援の総合的な制度の構築と財源確保，住まい・通勤・教育費などの問題が挙げられている．強靱化戦略における論点としては，背骨としての人への投資，一人ひとりが活躍する場を広げること，ローカルインクルージョンやグローバルチャレンジにおける様々な項目とその担い手育成，が挙げられている．

2. 本書の問題意識と課題：地域におけるリーダーシップ

(1) 課題に対応するための「人」への着目

　前節では，「地方消滅」と「消滅可能性都市」という言葉を中心に現代の地方における課題について概観した．そこでの中心となるトピックは「人口減少」であったが，目標の実現のための定常化戦略と強靱化戦略における論点が多岐にわたっていることからもわかるように，いわゆる人口や出生率に閉じたものではないことが窺える．

　上記の強靱化戦略においても強調されているように，社会環境も変化していく中で人口減少が進んだ地域や社会においてより良い社会を実現していくためには，これまで通りの方法ではうまくいかず質的な変化が求められる．また，その担い手は当然のことながらその地域における「人」である．

　「地域づくりは人づくり」という言葉もあるように，地域づくりや地域活性化への関心が高まる中，その担い手となる「人」や彼らの集まる「場」や「コミュニティ」の重要性が指摘されて久しい．「人」といった時に，『地方消滅』が取り扱っているように「人口」はひとつの大きな問題である．ただし，前節の議論でも言及されたように，減少傾向にある全体の人口は限られたパイであり，「定住人口」ではなく「交流人口」や「関係人口」といったものに着目されることもある[11)12)]．また，「人」の量的な側面に着目する「人口」ではなく，「人」の質的な側面に着目して，地域において，どのような人が活躍しているか，活躍するためにはどのような能力を身に付ければよいかという視点からの議論や，その地域にいる人や集まった人に活躍してもらうための「場づくり」や「コミュニティづくり」に関する視点からの議論もある[13)]．これらの視点から，ときに「コミュニティ・デザイナー」「コミュニティ・マネジャー」「ソーシャル・デザイナー」などと呼称される，「場づくり」や「コミュニティづくり」をテーマとした文献や，それを専門とする人物や仕事や方法についてを対象としている文献も珍しくない．

（2）「地域におけるリーダーシップ」と「地域リーダー」

前項で見たように地域における「人」への質的な着目が根強くある中で，「地域リーダー」という地域においてリーダーの役割を果たしたり，そのリーダーを支えたりする，多様な人材へ注目が集まっている[14]．「地域リーダー」という言葉に明確に統一された定義はなく，「地域リーダー」という言葉を用いる主体によって様々な用いられ方がされているようである．「地域リーダー」という言葉がよく用いられる文脈のひとつである研修に目を向けてみると，一般財団法人地域活性化センターが主催する「全国地域リーダー養成塾」では「広い視野と深い見識，卓越した想像力と豊かな人間性を備え，常に問題意識と確固たる使命感を持ち，積極的・主体的に行動のできる地域のリーダー」というかなり抽象性が高い説明がなされ，長期的・包括的な研修が実施されている[15]．一方，様々な市区町村の研修では防災や福祉などの特定の分野における短期間の専門的な研修の名称に「地域リーダー」という言葉が用いられることも少なくない．いずれのケースにおいても，地域づくりや地域活性化の担い手となるリーダーや彼らが発揮するリーダーシップに期待して，地域リーダーという言葉が用いられていることが窺える．

他方で，社会環境の変化に伴い，従来型の地域リーダーが上手く機能しなくなり，地域において求められるリーダーやリーダーシップのあり方が変化していることが指摘されている[16]．そのため，地域づくりや地域活性化の担い手となる地域リーダー像を改めて描き出し，その環境条件や成功要因を明らかにすることが喫緊の課題となっている．しかし，既に指摘したように「地域リーダー」という言葉に明確に統一された定義があるわけではない．また，本書第1章で指摘するように，特にそこで発揮されている地域におけるリーダーシップについて，リーダーシップ論の研究を踏まえて学術的・理論的に丁寧な検討はなされてこなかった．

そこで，本書では，少子高齢化をはじめとする諸課題に直面する現代の地域において求められるリーダーやリーダーシップの特徴，成功要因，環境条件，歴史的背景を明らかにすることに取り組む．地域リーダーについて，

様々な分野，組織，部門，地位などにまたがった事例調査を行い，学術的な概念や分析枠組みを用いて各事例の整理・分析・統合を目指す一連の研究の端緒として，本書では，多様な分野・事例に基づき，現代の地域におけるリーダーシップのあり方を検討していく．このような課題に取り組むことは，地域においてリーダーが活躍できる環境をいかに整えるかという方策や，地域リーダーをいかに育成するかといった点にもつながるため，広く地域社会の発展という観点から大きな意義を有する．

(3)　本書の構成

本書は，第 I 部と第 II 部から構成される．どちらも「地域におけるリーダーシップ」や「地域リーダー」の事例を取り扱うものである．第 I 部では，基本的に具体的な名称を明らかにした個人や組織に焦点を当てた短い事例が分野ごとに紹介されている．第 II 部では，基本的には地域を単位とした丁寧な分析がなされた事例が紹介されている．ただし，これらは相対的なものであり，あてはまらない場合もある．

各章が取り扱う分野については様々な切り口で説明可能であるが，地域の中心となる自治体職員（第 9 章）や地方自治体（第 10 章）をはじめとして，『地方消滅』でカギを握るとされた産業開発と関連する起業（第 3 章）や観光（第 5 章，第 11 章），『地方消滅 2』でもキーワードや論点として挙げられた，デジタル（第 2 章），教育（第 4 章），文化や芸術（第 6 章，第 12 章），多文化共生・国際（第 7 章，第 13 章），それからソーシャルデザインおよびソーシャルアクション（第 8 章）を取り扱っている．

これらの事例を踏まえて，本書の末尾では簡単な本書のまとめを行っている．

注

1)　日本創生会議・人口減少問題検討分科会「成長を続ける 21 世紀のために『ストップ少子化・地方元気戦略』」2014 年.

序章　本書の問題意識と課題　　　7

2)　増田寛也編『地方消滅：東京一極集中が招く人口急減』中央公論新社，2014 年.

3)　増田寛也・冨山和彦『地方消滅 創生戦略篇』中央公論新社，2015 年.

4)　上念司『地方は消滅しない！』宝島社，2015 年.

5)　人口戦略会議編『地方消滅 2：加速する少子化と新たな人口ビジョン』中央公論新社，2024 年.

6)　同上，25 頁.

7)　同上，17 頁.

8)　このような「人口のブラックホール現象」については，『地方消滅』の時点で既に指摘がある．前掲書，増田編『地方消滅』148 頁.

9)　同上，第 6 章.

10)　次の文献では，人口問題や移住促進を筆頭に，都道府県や市区町村レベルのデータや取り組みが紹介されている．日本経済新聞社地域報道センター編『データで読む地域再生』日本経済新聞出版，2022 年.

11)　指出一正『ぼくらは地方で幸せを見つける：ソトコト流ローカル再生論』ポプラ社，2016 年．田中輝美『関係人口をつくる：定住でも交流でもないローカルイノベーション』木楽舎，2017 年.

12)　一見すると，「交流人口」や「関係人口」は，「定住人口」の持つゼロサムの側面を回避できているように思われる．しかし，個人の持つお金や時間やエネルギーなどの資源に限りがあることを考えると，「交流人口」や「関係人口」も，ゼロサムの側面を持ちうるように思われる．また，木下斉氏による別の視点からの批判もある．木下斉『まちづくり幻想：地域再生はなぜこれほど失敗するのか』SBクリエイティブ，2021 年.

13)　以下の文献参照.

飯盛義徳『地域づくりのプラットフォーム：つながりをつくり創発をうむ仕組みづくり』学芸出版社，2015 年.

飯盛義徳編『場づくりから始める地域づくり：創発を生むプラットフォームのつくり方』学芸出版社，2021 年.

石山恒貴編『地域とゆるくつながろう！：サードプレイスと関係人口の時代』静岡新聞社，2019 年.

石山恒貴編『ゆるい場をつくる人々：サードプレイスを生み出す 17 のストーリー』学芸出版社，2024 年.

地子徳幸『社会をあるべき姿へ変えていくソーシャルデザイナーの仕事術』幻冬舎，2023 年.

筧祐介『ソーシャルデザイン実践ガイド：地域の課題を解決する 7 つのステップ』英治出版，2013 年.

筧祐介『持続可能な地域のつくり方：未来を育む「人と経済の生態系」のデザイン』英治出版，2019 年.

鎌田華乃子『コミュニティ・オーガナイジング：ほしい未来をみんなで作る 5 つ

のステップ』英治出版，2020 年.

木下斉『稼ぐまちが地方を変える：誰も言わなかった 10 の鉄則』NHK 出版，2015 年.

木下斉『まちで戦う方法論：自己成長なくして，地域再生なし』学芸出版社，2016 年.

木下斉『地元がヤバい…と思ったら読む 凡人のための地域再生入門』ダイヤモンド社，2018 年.

荻野亮吾『地域社会のつくり方：社会関係資本の醸成に向けた教育学からのアプローチ』勁草書房，2022 年.

山崎亮『コミュニティデザインの時代』中央公論新社，2012 年.

14) 総務省人材力活性化・連携交流室『地域づくり人育成ハンドブック』2013 年.

15) https://www.jcrd.jp/seminar/chiikileader/

16) 中小企業基盤整備機構経営支援情報センター「地域リーダーにみる『戦略性』と『信頼性』：地域振興とリーダーの役割に関する調査研究」『中小機構調査研究報告書』第 5 巻第 3 号，2013 年.

第1章
リーダーシップ研究の概観と地域との関わり

若 林 隆 久

はじめに

　本章では，「現代の地域におけるリーダーシップ」を論じるにあたって，リーダーシップに関する研究を概観し，「地域」という文脈でリーダーシップがどのように語られているかについて取り扱う．

　前者のリーダーシップ研究の概観では，リーダーとは異なるリーダーシップという概念の定義を確認した後に，初期から現在に至るまでの研究の流れを，「地域」という文脈にも一部触れながら整理する．そして，最近の動向の中でも，本書で取り上げる現代の地域における事例を語る上で重要と思われる「シェアド・リーダーシップ」に焦点を当てて取り上げる．また，本章で紹介したリーダーシップの理論は役に立つのか，リーダーシップは育成できるのかといった点についても簡単に触れたい．

　後者のリーダーシップと地域との関わりについては，現代の地域において新たなリーダーシップのあり方が求められている一方で，そのことが学術的・理論的には丁寧に論じられていない可能性について言及する．社会環境の変化に伴い，従来型の地域リーダーがうまく機能しなくなり，地域において求められるリーダーやリーダーシップのあり方が変化していることが指摘されている[1]．地域に関する問題や課題に注目が集まる中で，日本における様々な地域の事例が取り上げられ論じられるようになった．特定の地域やそこで活躍する個人や組織などが取り上げられ，ときにそれらの主体は「地域

リーダー」と呼ばれることも多い．ただし，地域の事例やそこで活躍する個人や組織などに対する関心は高いものの，そこで発揮されている地域におけるリーダーシップについて，学術的・理論的に丁寧な検討はなされてこなかった可能性がある．

　本章では，以上で整理した状況を踏まえて，「地域におけるリーダーシップ」，あるいは，それを発揮している個人や組織などを指ししばしば用いられる「地域リーダー」の発揮するリーダーシップについての学術的な研究の端緒とするために，多様な分野・事例に基づき，現代の地域におけるリーダーシップのあり方を検討することが本書の目的であることを示す．

　本章あるいは本書の特徴として，学術的・理論的な研究の重要性を主張し，その端緒となることを目指すと同時に，紹介する理論や事例が広く実務的に役立てられることも目指していることが挙げられる．そのため，リーダーシップ研究の概観やリーダーシップと地域との関わりについてレビューを行っていく中でも，日本語で手に取りやすい書籍や日本における事例を中心に取り上げることとし，英語の文献や事例の引用は最小限にとどめている．特に，リーダーシップに関する英語の文献を幅広く参照したい場合には，本章で引用している日本語の書籍に充実した文献リストが掲載されているので，そちらを参照されたい．

　本章の構成は以下の通りである．第1節では，まずリーダーシップとはどのようなものであり，本書ではどのように定義するかを説明する．その上で，第2節では，リーダーシップ研究の流れを概観する．第3節では，近年注目を集めており，「現代の地域におけるリーダーシップ」という本書のテーマに関連が深いと考えられるシェアド・リーダーシップについて紹介する．第4節では，これまでに紹介したリーダーシップの理論は役に立つのか，また，リーダーシップは育成できるのかという点について触れる．第5節では，「地域」という文脈でリーダーシップがどのように論じられているか，あるいは，いないかについてを簡単に整理した上で，本書の位置づけや目的を示す．

1. リーダーシップとは[2]

　本節では，リーダーシップ研究について概観するにあたって，まずリーダーとは区別されるリーダーシップとはどのようなものであり，本書ではどのように定義するかについて，その意図と注意点を含めて説明する．また，リーダーの生まれ方に着目して，「地域」におけるリーダーはどのような位置づけにあたりそうかについて言及する．

(1) リーダーシップの定義

　リーダーシップに対する考え方は人によって様々であり，これは実務家のみならず研究者においても同様であり，リーダーシップについて多様な定義がなされている．まさに百花斉放百家争鳴（Let a hundred flowers blossom and a hundred schools of thought contend）の状態にあると言える．石川は，多様な定義やその変遷を示した上で，多くのリーダーシップの定義には①影響，②グループ内，③共通目標，④プロセスという4つの概念が含まれるというノートハウスのレビューを紹介している[3]．また，この4つのうち，リーダーシップを④プロセスとして捉えるかどうかには論点になり得るとし，リーダーシップを役割と捉える流れとプロセスとして捉える流れがあると大別している．役割と捉える流れは，リーダー個人が果たすべき機能に焦点を当て，リーダーの役割や行動に着目するものである．一方，プロセスとして捉える流れは，リーダーの影響をフォロワーや他の要因との相互作用の中で捉えようとしている．これらの整理をした上で，石川は，リーダー個人の機能に焦点を当てるだけでは不十分であり，フォロワーや環境との相互作用も効果に影響を及ぼすため，リーダーシップをより広く捉えられるようにリーダーシップをプロセスとして捉えるとしている．そして，過程ではなく様々な要因が効果に影響を及ぼすことを強調でき，日本語としても適合する「影響力」という概念を用いて，リーダーシップを「職場やチームの目標を達成

12

するために他のメンバーに及ぼす影響力」と定義している[4].

　本書では，このような議論を踏まえつつ，必ずしも働く場を意味するわけではない「地域」におけるリーダーシップを取り扱うということを踏まえて，リーダーシップを「集団の目標を達成するために他のメンバーに及ぼす影響力」として定義する．この定義におけるポイントは，一方の行為者が他者の行動・態度・感情などを変化させる力である「社会的影響力」として，リーダーシップが定義されていることである．

(2)　リーダーとリーダーシップは異なる

　ここで注意すべき点は，「リーダー」と「リーダーシップ」はよく似た言葉であるが，まったく異なるものであるということである．リーダーは人物や地位を指すのに対して，リーダーシップは集団において発揮される影響力を指す．そのため，リーダーであることと，リーダーシップを発揮できることは別のことである．言い換えれば，リーダーとされる人が常に有効なリーダーシップを発揮できるとは限らず，世の中にはリーダーシップを発揮できる優れたリーダーもいれば，そうでないリーダーもいるということになる．また，同じ人物や地位であっても，常に有効なリーダーシップを発揮できるかどうかはわからない．リーダー個人に関する変化や，周囲のメンバーや取り組む課題などを含む環境条件によって，有効なリーダーシップを発揮できるかどうかは左右されるのである．これらのことは，読者の日常での観察や経験に反しないのではないだろうか．

　本書でも，「地域リーダー」や「地域におけるリーダーシップ」といった言葉が登場する．前者は地域における特定の人物や地位を指すものであるのに対して，後者は地域において何らかの共有された目標の達成を促すために発揮される影響力を指すという点には注意されたい．そして，本書では，どのような地域リーダーが，現代の地域においてどのような条件下で，有効なリーダーシップを発揮できているのかということや，その成功要因について，事例を通じて描き出すことを目的としている．

（3） リーダーの生まれ方[5]

　関連して，リーダーの生まれ方について，ロバート・C・ハウスらは，①任命されたリーダー（appointed leader），②選挙で選ばれたリーダー（elected leader），③自然発生的なリーダー（spontaneous leader）の3つのパターンがあると述べている．

　①任命されたリーダーは，公式な任命権のある人から任じられてリーダーとなったリーダーである．任命する権限のある個人あるいは組織によって組織の役職者が選ばれる場合がこれにあたる．

　②選挙で選ばれたリーダーは，投票によって選ばれたリーダーである．政治家や組織のトップが投票によって選ばれる場合がこれにあたる．

　③自然発生的なリーダーは，①や②とは異なり，特にフォーマルな過程を踏むことなく，まさに自然発生的にリーダーと目されるようになったリーダーである．災害時にその場の居合わせた人の中からリーダーとなる人が出てくる例が挙げられることが多いが，組織の中で特に地位がなくても影響力を発揮している人もこの自然発生的なリーダーにあたると考えられる．この自然発生的なリーダーは，公式な権限や強制力を伴わないのに周囲からリーダーと目されるという点で，少なくともそのリーダーが生まれた時点では有効なリーダーシップを発揮できていると考えられる．すなわち，地位，権限，強制力がなくても喜んでついてくるフォロワーがいる[6]ような，権限を伴わないリーダーシップ（leadership without authority）[7]を発揮できているのである．

　本書が対象とする「地域リーダー」や「地域におけるリーダーシップ」を念頭に置いた時に，もちろん地域にも①任命されたリーダーや②選挙で選ばれたリーダーのようなリーダーも多数存在する一方で，より広く多様な主体が存在し個々の組織をまたいで関わり合う地域においては，個々の組織の境界を越えて影響力を与える③自然発生的なリーダーというものが求められるかもしれない．あるいは，ひとつの組織内においては，①任命されたリーダーや②選挙で選ばれたリーダーであるリーダーが，より広い地域において権

限を伴わないリーダーシップを発揮し，③自然発生的なリーダーとなること
が必要なのではないだろうか．

2. リーダーシップ研究の流れ[8]

リーダーシップという言葉は魅力的で多くの人を惹きつけるものであり，
多くの研究がなされてきた分野である．一方で，複雑な現象であるがゆえに，
十分なことがわかっていない領域でもある．そのため，「組織行動論（組織
の中の人間行動を研究する分野）の中で最も研究されてきたが，最も分かっ
ていない領域（The most studied, but least understood area in OB（Organiza-
tional Behavior））」と評されることも多い[9]．

とはいえ，膨大なリーダーシップ研究における知見の積み重ねから得られ
た知見も多く，これまでの研究の流れを整理することからリーダーシップに
ついてどのような視点から捉えられるかについて得られる示唆も多い．そこ
で，本節では，特性アプローチ（trait approach），行動アプローチ（behavior-
al approach），コンティンジェンシー・アプローチ（contingency approach），
という古典的といえるリーダーシップ研究の流れと，その後に生じた多様な
リーダーシップ研究を概観する[10]．

（1） 特性アプローチ

最初期のリーダーシップ研究では，優れたリーダーシップを発揮するため
に必要なリーダーの属人的な特性を明らかにしようとする特性アプローチに
よって研究が進められた．特性が何を指すのかは様々であり，初期の研究で
は先天的で変わりにくい資質が取り上げられることが多く，それ以降は後天
的に習得できるものも含まれるようになってきたようである．具体的な特性
としては，身長，体格，容姿，性格，知性，用心深さ，洞察力，責任感，自
信，社交性，認知スキルなど，多種多様なものが挙げられる．特性アプロー
チにおける中心的な問いは，「優れたリーダーはどのような特性を備えてい

第1章　リーダーシップ研究の概観と地域との関わり　　　　15

るのか？」と表現できる．

　特性アプローチでリーダーの特性とリーダーシップに関する様々な研究が
なされたものの，初期のリーダーシップ研究では一貫した結果を得ることは
できなかった．そのため，次に紹介する行動アプローチへと研究の流れが移
り変わっていくこととなる[11]．

(2)　行動アプローチ

　次に，優れたリーダーシップを発揮しているリーダーが取っている行動を
明らかにしようとする行動アプローチによって研究が進められた．行動アプ
ローチにおける中心的な問いは，「優れたリーダーはどのような行動をとっ
ているのか？」と表現できる．

　行動アプローチによる研究がすすめられた結果，リーダーシップ行動の不
動の二軸（あるいは，二次元）とも呼ばれる，「課題に関する軸」と「対人
関係に関する軸」の二軸が，様々な研究に一貫するものとして見いだされた．
この二軸の行動の表現は研究によって様々である．代表的なものとしては，
オハイオ研究の「構造づくり」と「配慮」，ミシガン研究の「職務中心の監
督行動」と「従業員中心の監督行動」，マネジリアル・グリッドの「業績へ
の関心」と「人への関心」，そして，我が国を代表する三隅二不二による
「P行動」と「M行動」が挙げられる．

　三隅[12]によるPM理論に基づいて行動アプローチによって明らかになっ
たことを説明すれば，P行動と呼ばれる目標達成行動（PはPerformanceの
頭文字）と，M行動と呼ばれる集団維持行動（MはMaintenanceの頭文
字）の両方を行っているリーダーがもっともパフォーマンスが高いという一
貫した結果が得られたのである．ここで，P行動（目標達成行動）とは業務
の遂行・業績追求に関連した行動を指し，M行動とは集団としての調和や
人間的な配慮を重視する行動を指す．そして，他の研究と同様に，「課題に
関する軸」と「対人関係に関する軸」のどちらかではなく，両方についての
行動を取るリーダーが高いパフォーマンスを達成しているという結果が得ら

れたということは改めて強調しておきたい.

特性アプローチから行動アプローチへの変遷は, 優れたリーダーを教育や訓練によって生み出せることへの期待の高まりという点で実務的に大きな意味を持つ. 特に初期の特性アプローチで取り上げられた先天的な特性について, 仮に優れたリーダーやリーダーシップとの関連が見いだされたとする. この時, それらの特性を持つかどうかをリーダーの選抜基準として用いることはできるが, その先天的な特性を持たない人は優れたリーダーにはなれないということになる. このことは, それらの特性が希少なものである場合には大きな問題となりうる. 一方で, 行動アプローチによって優れたリーダーシップを発揮するための行動が特定できれば, それらの行動を身に付けることによって誰もが優れたリーダーとなることができる. このように教育や訓練によって優れたリーダーを育成できるという期待は実務的に大きな意味を持ち, 行動アプローチの研究が推し進められる理由にもなった.

こうして行動アプローチによる研究によって一定の結果は得られたものの, 必ずしもすべてのケースにあてはまるわけではないという課題は残されたままであった. そのため, 次に紹介するコンティンジェンシー・アプローチへと研究の流れが移り変わっていくこととなる.

(3) コンティンジェンシー・アプローチ

行動アプローチでは,「課題に関する軸」と「対人関係に関する軸」の両方についてのリーダーシップ行動を取ることが唯一最善の方法 (one best way) として位置付けられていた. しかし, それでは現実のすべてのケースを説明することはできず, 唯一最善の方法を取ってもうまくいくケースとうまくいかないケースが存在した. そのため, どんな状況であっても有効な唯一最善の方法があるという想定に疑問が投げかけられることになる. そこで, 集団の特性や集団の置かれた諸状況を考慮に入れて, より効果的なリーダーシップのあり方を明らかにしようとするコンティンジェンシー・アプローチによって研究が進められるようになった. コンティンジェンシー・アプロー

チにおける中心的な問いは，「特定のリーダーの特性や特定のリーダー行動のスタイルは，どういった集団の特性や状況の下で効果的か？」と表現できる．なお，コンティンジェンシーは「状況適応」や「条件適合」などと訳されることもあり，経営学分野ではしばしば用いられる用語である．

　想定できる状況要因は様々でありコンティンジェンシー・アプローチによる研究も多数存在するが，代表的なものとしては，フィードラー理論，状況的リーダーシップ理論，パス・ゴール理論が挙げられる[13]．

　フィードラーらによるフィードラー理論では，①リーダーとメンバーの関係性，②タスク構造，③地位パワーの3つの状況要因のそれぞれについて，リーダーにとって好ましい状況かそうでない状況かの2通りずつの組み合わせで，合計8通りの状況について，タスク志向型のリーダーシップと人間関係志向型のリーダーシップのどちらのリーダーシップ・スタイルが効果を発揮するかを調査している．結果として，リーダーにとって極めて好ましい状況と極めて好ましくない状況という両極端の状況においてはタスク志向型のリーダーシップが有効であり，どちらともいえない中間の状況においては人間関係志向型のリーダーシップが有効であることが明らかになっている．なお，フィードラー理論の興味深い点として，LPC尺度という，これまで一緒に仕事をしたことのある人の中で最も好ましくない仕事仲間（Least-Preferred Co-worker）に対する評価からその人のリーダーシップ・スタイルを判断している点が指摘できる．

　ハーシーとブランチャードによる状況的リーダーシップ（situational leadership）理論では，メンバーの成熟度（発達レベル）という状況要因によって，効果的なリーダーシップ・スタイルが異なると主張している．技能の高低と意欲の高低の二軸によりメンバーを4つの成熟度に分類し，指示型行動と支援型行動によりリーダーの取るリーダーシップ・スタイルを4つに分類し，その効果的な組み合わせを探っている．結果として，①意欲はあるが技能がないメンバーに対しては指示型行動の度合いが高く支援型行動の度合いが低い指示型リーダーシップ，②技能も意欲も足りないメンバーに対しては

指示型行動の度合いも支援型行動の度合いも高いコーチ型リーダーシップ，③技能はあるが意欲にむらがあるメンバーに対しては指示型行動の度合いが低く支援型行動の度合いが強い支援型リーダーシップ，④技能も意欲も十分なメンバーに対しては指示型行動の度合いも支援型行動の度合いも低い委任型リーダーシップ，が有効であることが明らかになった．

　ハウスらによるパス・ゴール理論では，①メンバーの能力に対する自信，結果の捉え方（ローカス・オブ・コントロール）などのメンバー要因と，②課題の構造や権限体系などのタスク要因を状況要因として，指示型，支援型，参加型，課題志向型の４つのリーダーシップ・スタイルがどのような状況において効果的であるかを探っている．タスクの構造化の程度が低い非定型業務に能力に自信がないメンバーが取り組む場合は指示型のリーダーシップ・スタイル，公式な権限関係が弱くメンバーのローカス・オブ・コントロールが内側にある（結果の原因を自分の外部ではなく自分自身に帰属させる）場合には参加型のリーダーシップ・スタイルが有効であるとしている．

　こうしてコンティンジェンシー・アプローチに至ることにより，様々な状況要因やリーダーシップ・スタイルへの着目がなされるようになり，その後の多様なリーダーシップ研究が展開していくことになる．

（4）　その後の多様なリーダーシップ研究

　特性アプローチから，行動アプローチを経て，コンティンジェンシー・アプローチに至るまでの，古典的ともいえるリーダーシップ研究の流れを土台として，その後は多様なリーダーシップの研究が展開されていくことになる．ざっと概観するだけでも，リーダーとメンバーの関係に着目する交換・交流理論，カリスマに着目するカリスマ的リーダーシップ，組織の変革をもたらすリーダーに着目した変革型リーダーシップ，リーダー側ではなくフォロワー側に着目するフォロワーシップ，倫理性や自己認識などに着目したサーバント・リーダーシップやオーセンティック・リーダーシップ，グローバル化も背景のひとつとして多様性や文化に着目したグローバル・リーダーシップ

やインクルーシブ・リーダーシップ，技術的課題ではなく適応的課題に対応するための適応型リーダーシップ，地位や権限のある特定のリーダーだけではなくメンバー全員が発揮しうる権限を伴わないリーダーシップやシェアド・リーダーシップ，など枚挙にいとまがない[14]．

　本書の目的を鑑みて，ここではこれらの多様なリーダーシップ研究の説明には立ち入らず，「現代の地域におけるリーダーシップ」という本書のテーマに関連が深いと考えられるシェアド・リーダーシップについて，続く第3節で紹介したい．

（5）　小括：「地域」という文脈におけるリーダーシップ

　本節では，特性アプローチ，行動アプローチ，コンティンジェンシー・アプローチと，その後に生じた多様なリーダーシップ研究を概観した．「現代の地域におけるリーダーシップ」を論じるにあたって指摘しておきたいことは，地域に関する問題や課題に注目が集まり日本における様々な地域の事例が取り上げられる中で，「地域におけるリーダーシップ」や「地域リーダー」についても論じられ実務的・政策的な取り組みがなされる一方で，本章で見てきたようなリーダーシップの学術的・理論的な研究についてはほとんど参照されていないことである．本節における概観だけからでも，「地域におけるリーダーシップ」や「地域リーダー」について論じる際に，例えば，リーダーシップを発揮する個人の特性に着目するか，行動に着目するか，あるいは，その置かれている状況要因に着目するか，といった視座を得られる．そのような視座を得て整理をすることによって，現代の地域におけるリーダーシップのあり方について適切に論じることができると考えている．

　もちろん，リーダーシップの学術的・理論的な研究が役に立つのか，また現代の地域における有効なリーダーシップが明らかになったとしてそのようなリーダーシップは育成できるのかという点は重要な点である．これらの点については，本章の第4節で触れたい．

3. シェアド・リーダーシップ

(1) シェアド・リーダーシップ

シェアド・リーダーシップ（shared leadership）とは，共有型リーダーシップとも呼ばれることのある，公式な地位や権限の有無に関係なく，複数のメンバー，あるいは，メンバー全員が発揮しうるリーダーシップやそのようにリーダーシップが発揮されている状態を指す．地位や権限のある特定のリーダーだけがリーダーシップを発揮することを前提としている既存の多くのリーダーシップ研究とは異なる前提に立っている．その意味では，本章第1節で触れた，自然発生的なリーダーや権限を伴わないリーダーシップとも関わりがあり，「地域におけるリーダーシップ」や「地域リーダー」との関連性も示唆される．

シェアド・リーダーシップの代表的な定義としては，カーソンらによる「チーム・メンバー間でリーダーシップの影響力が配分されているチーム状態」[15]や石川による「職場のメンバーが必要なときに必要なリーダーシップを発揮し，誰かがリーダーシップを発揮しているときには，他のメンバーはフォロワーシップに徹するような職場の状態」[16]が挙げられる．日本での石川による研究も含め[17]，シェアド・リーダーシップがもたらす正の影響が実証的に明らかにされてきている．

ここからは，企業を対象としてシェアド・リーダーシップが発揮されチームのメンバー全員が活躍している状態へのシフト（移行）とその方法を示した『リーダーシップ・シフト』[18]の内容に沿って，現代において必要性が高まっているシェアド・リーダーシップについて紹介していきたい．堀尾と中原は，まず，①前例踏襲ではもう対応できない複雑化，②加速度的に進行している人手不足という少数化，③みんな一緒はもう終わりの多様化，④バラバラの場所での協働という分散化，⑤給与は増えぬが兼務は増えるという多忙化という5大変化を取り上げて，誰か1人がリーダーシップの発揮を担う

ことは「質」と「量」の両面において難しく，マネジャーのリーダーシップの発揮の仕方やチームのあり方のシフトの必要性を説く．堀尾と舘野によれば，企業で効果的にリーダーシップを発揮していた人の共通項として，①「職場のありたい状態」や自分の「仕事のポリシー」を明確に持っている「理想表現」，②周囲との「対話によって課題を掘り下げ」「アイデアを早く小さく試し」ながら動かしていく「課題探究」，③「実力・実績を築き」「コミュニケーションや他者支援」を重ねる「信頼構築」，④「自分と他者の強みを知り」「連携のための働きかけ」を組織の枠を越えて行う「連携開拓」，という4つの特徴が挙げられる[19]．堀尾と中原は，この4つの特徴に触れた上で，リーダーシップは誰にでも発揮できるものであり，シェアド・リーダーシップは実現可能だとする．そして，シェアド・リーダーシップの特徴として，①1人の公式リーダーではなく複数のチーム・メンバーが発揮する，②個人ではなくチームを単位とした，③集中していない散在したリーダーシップであり，④垂直方向ではなく水平方向へと，⑤予定調和的ではなく創発的に発揮されることを挙げている．そして，シェアド・リーダーシップが，業績，イノベーション，メンバーの満足度，メンバーのリーダーに対する評価，テレワークによる求心力の低下のカバー，にメリットがあると論じている．そして，シェアド・リーダーシップの状態へとチームを移行させるための，①チームの未来をイメトレしてはじめる，②メンバーが強みを発揮できる安全安心をつくることで動かす，③チーム・メンバーとともに方針を描く，④全員を主役化することで成果を出す，⑤メンバー間の連携や相互刺激を促進するために境界を揺さぶる，という5つのステップを提示している．

（2）　シェアド・リーダーシップを「地域」の文脈にあてはめる

ここまでで紹介したシェアド・リーダーシップはほぼ企業を対象としたものといって良いが，それでは「地域」の文脈にあてはめて考えるとどうであろうか．

堀尾と中原が指摘する，①複雑化，②少数化，③多様化，④分散化，⑤多

忙化というシェアド・リーダーシップの必要性の背景となる5大変化は，文脈や具体的な様相は異なるものの，現代における地域にもあてはまるものであり，場合によっては企業よりも地域においてより顕著にみられる特徴もある．業績，イノベーション，地域の関係者の満足度，リーダーに対する評価，求心力などの向上というシェアド・リーダーシップにより得られるかもしれないメリットは，このような変化を背景に，場合によっては苦境に立たされている地域において，渇望されているものかもしれない．

　既に本章第1節で指摘しているように，「地域におけるリーダーシップ」や「地域リーダー」を念頭に置いた時，自然発生的なリーダーや権限を伴わないリーダーシップの必要性が見いだされたが，これらはまたシェアド・リーダーシップとも関連性のあるものであった．であれば，シェアド・リーダーシップや，シェアド・リーダーシップを発揮できる状態にシフトさせるステップは，「現代の地域におけるリーダーシップ」を考える上でひとつの突破口になりうるのではないだろうか．

4.　リーダーシップの理論はどのように役立てられるか

　ここまで紹介してきたリーダーシップの学術的・理論的な研究が役に立つのか，また現代の地域における有効なリーダーシップが明らかになったとしてそのようなリーダーシップは育成できるのかといった点は，読者にとって関心も高く実務的にも重要な点であろう．そこで，本節ではこの2点について簡単に触れておきたい．

（1）　リーダーシップの理論は役に立つのか

　リーダーシップの理論が実務的に役に立つということについては，『リーダーシップの理論』で真正面から論じられているのでここで紹介したい[20]．石川は，技術進歩の加速化，顧客ニーズの多様化，競争環境の激化などによる環境の不確実性の高まりによって，これまで重視されてきた経験や勘によ

るマネジメントやリーダーシップには限界が来ていることを指摘する．ただし，経験と勘がまったく役に立たないと主張するわけではなく，重要な示唆が含まれた経験と勘を適切に使うためにも理論が重要な役割を果たすとしている．理論は，経験と勘の足りないところを補い，それをさらに役立たせることができる．

　石川は，「経験と勘によるリーダーシップ」を「持論によるリーダーシップ」と言い換え，それぞれ特徴の異なる理論と持論を相互補完的に用いることで有効なリーダーシップが発揮できると説く．理論の特徴は抽象度と汎用性が高いことであり，現場では応用しづらいが，時間・空間を超えて使いやすいとしている．一方，持論の特徴は抽象度と汎用性が低いことであり，現場では応用しやすいが，時と場所によって使えたり使えなかったりするとしている．そして，理論は，事象の説明，結果の予測，結果のコントロールという3点で実務に役立ち，持論は自らが抽象化したもので別の場面に応用しやすく，自分自身や自分が置かれている状況に適したものであるために効果的であるとしている．さらに，理論は持論を通して用いられることで最も効果的となり，環境の不確実性が高まることによって通用しづらくなっている持論のバージョンアップ（持論を整理し，補完し，新しい環境に合わせる）に理論が役立つとして，理論と持論の相互補完性と理論も参照しながらバージョンアップを続ける「持論2.0」の重要性を主張している．

　なお，ここまで触れてこなかったが，持論は theory in use や theory in practice の訳語であり，学術的・理論的な背景もきちんと存在している[21)22)]．リーダーシップの持論は，「有効なリーダーシップを発揮するために必要な態度・行動について，その人なりに持っている，明示的もしくは暗黙的な自分独自の信念」[23)] として定義される．

(2)　リーダーシップは育てられるか

　リーダーシップの学術的・理論的な研究が役に立つのか，なぜどのように役立てられるのかという点については一定の説明ができたとして，それでは，

仮に現代の地域における有効なリーダーシップが明らかになったとしてその
ようなリーダーシップは育成できるのかということも論点として挙がってく
るかもしれない．リーダーシップの育成については，これまでに触れた行動
アプローチやリーダーシップの持論に関する議論により一定の答えがでてい
ると思われる．選抜基準としてしか用いられない特性アプローチに基づくと，
人口減少下の特に地方においては苦しいところであるが，行動アプローチや
リーダーシップの持論に基づけば期待が持てる．ここでは，補足的にリーダ
ーシップ開発（leadership development）やリーダーシップ教育と呼ばれる分
野について簡単に触れておきたい．

　まず，この問題について正面から取り上げた書名を持つ書籍として，『リ
ーダーシップは教えられる』[24)] という本を紹介しておきたい．日本語の訳書
を出すにあたって日本語の書名が原題から変更が加えられることも多い中で，
この本は "Leadership can be Taught" という原題の直訳が書名となってお
り，それだけ言語を越えてストレートかつインパクトのある書名であること
が窺える．リーダーシップについては，最初期の研究が特性アプローチであ
ることにも見られるように，先天的なもので教えることはできないという考
えも根強い．『リーダーシップは教えられる』という書名が日本でも海外で
もインパクトがあるものとなるのがそのひとつの証左であろう．そして，こ
の書名からもわかる通り，すべてが教えられるとまでは言わないものの，現
在はリーダーシップについては教えられるということが一定の理解を得てお
り，リーダーシップ開発やリーダーシップ教育と呼ばれる分野が発展してい
る．

　それではどうやってリーダーシップを育てるのかという問題について重視
されているのが経験である．優れたリーダーが優れたリーダーに成長するた
めに経験した「飛躍的な成長をもたらした経験（quantum-leap experience,
直訳すれば量子跳躍的な経験）」，「修羅場経験（hardship）」，「一皮むける経
験」などと呼ばれる経験に着目した研究が，米国ではモーガン・マッコール
に代表される Center for Creative Leadership という教育研究機関や，日本

では金井壽宏らによって展開されている[25]．

より一般化した経験からの学習モデルとしては，「真実の教育はすべて経験から生まれる」や「学習は経験とその振り返りによってなされる」などと経験からの学び（経験学習）の重要性を指摘したジョン・デュー

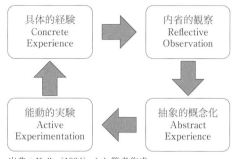

出典：Kolb（1984）より筆者作成．
図1-1　コルブの経験学習サイクル

イ[26]の主張に基づきながら経験学習のプロセスを整理したコルブの経験学習サイクルが有名である（図1-1）[27]．コルブの経験学習サイクルでは，①具体的な経験をしたあとに，②内省的に振り返り，③抽象的な表現で概念化し，理論化する．そして，その理論を④能動的に試してみる．それはまた具体的な経験へと戻っていく」という「①具体的経験→②内省的観察→③抽象的概念化→④能動的実験→①具体的経験……」というサイクルが続くことで経験からの学習が起こるとされている．不確実性が高くこれまで通りが通用しない時代においてはこの経験学習サイクルの重要性が高まり，教育・研修の分野ではよく紹介されるモデルとなっている．経験からの学習・成長が重視されるリーダーシップ開発やリーダーシップ教育の分野でもよく触れられるモデルとなっている[28]．

このように，座学や理論だけでリーダーシップを学ぶというよりも，経験や実践を中心としながらリーダーシップを学び成長していくということが，現在のリーダーシップ開発・リーダーシップ教育の中心的な考え方となっている．もちろん，前項で見たように，そのようなリーダーシップの持論を鍛えていくというアプローチを採るにしても，リーダーシップの理論が補完的に重要な役割を果たすことには注意されたい．

5. 「地域」におけるリーダーシップ

最後に，特に日本においては，地域におけるリーダーシップについて，学術的・理論的に丁寧な検討はなされてこなかった可能性について指摘して本章を閉じたい.

地域に関する問題や課題に注目が集まる中で，日本における様々な地域の事例が取り上げられ論じられるようになった．特定の地域やそこで活躍する個人や組織などが取り上げられ，ときにそれらの主体は「地域リーダー」と呼ばれることも多い．ただし，地域の事例やそこで活躍する個人や組織などに対する関心は高いものの，そこで発揮されている地域におけるリーダーシップについて，学術的・理論的に丁寧な検討はなされてこなかった可能性がある.

地域リーダーそのものやその育成への関心が高まり，官民問わずに様々な取り組みがなされている一方で[29]，地域リーダーに関する学術的な研究は十分であるとは言い難い．海外に目を向ければ，学術雑誌の *Leadership Quarterly* の 21 巻 2 号（2010 年）で，複数の多様な集団・組織や部門が協働して公益を生み出す Public Integrative Leadership（公的・統合的リーダーシップ）に関する特集が組まれており，地域やコミュニティにおけるリーダーシップにも注目が集まっている.

他方で，国内の先行研究は，学術的な視点に立たない，ときに単一の分野に焦点を当てた，素朴な事例紹介や議論に留まっている．あまり体系的とは言えないこの分野の数多ある先行研究をすべて網羅することは不可能なため，ここではよく見られるいくつかのパターンを示す例を挙げることを通じて問題点を指摘したい．なお，これらはもともと学術的な文献であるとは言い難いものであるが，日本語による文献に限れば，学術的にリーダーシップについて研究した論文・書籍というのは見出しづらいことにも触れておきたい[30].

まず，単一の分野に焦点を当てている先行研究としては，蓑原敬による

『街づくりとリーダーシップ』が挙げられる[31].蓑原は,都市計画という分野における,市町村の首長のリーダーシップに着目して事例紹介をしている.しかし,リーダーという地位に関する概念と,リーダーシップという影響力に関する概念が峻別されず,主にリーダーである首長が発揮するものとしてリーダーシップが捉えられてしまっている.

次に,リーダーシップという社会的影響力ではなく,リーダーの属人的な能力に着目しているといえる先行研究としては,木下斉による『まちで闘う方法論』が挙げられる[32].木下は,経営分野の観点から地域活性化を牽引する人材に求められる思考・実践・技術について論じている.しかし,一般的に優秀な人材に求められる思考・実践・技術が多く挙げられており,地域で活動するという環境条件に対応する点が明確でなく,また,個人に焦点を当てているため,複数の個人・組織やその関係性に基づいて発揮されるリーダーシップという視点はあまり考慮されていない.

さらに,地域において発揮されるリーダーシップに着目しつつも学術的・理論的な背景に依拠しない先行研究としては,独立行政法人中小企業基盤整備機構経営支援情報センターによる前掲「地域リーダーにみる『戦略性』と『信頼性』:地域振興とリーダーの役割に関する調査研究」が挙げられる.この地域リーダーに関する調査研究では,社会環境の変化に伴い,従来型の地域リーダーがうまく機能しなくなり,地域において求められるリーダーやリーダーシップのあり方が変化していることを指摘した上で,様々な日本の先行研究を引きながら,地域リーダーがリーダーシップ機能を担う際に不可欠な要件として,①戦略性と②信頼性に着目しているが,引用している先行研究も含めて学術的・理論的なものとは言い難い.

これらの実務的な視点に立った先行研究には,つぶさな事例の研究・紹介や実務的な視点での示唆という一定の価値が認められる一方で,下記のような問題点がある.第1に,特定の分野,組織,部門,地位に偏った議論となってしまっている点である.第2に,概念や分析枠組みの整理がなされていないため(例えば,既に指摘したリーダーとリーダーシップの峻別),多様

な関係者が存在する地域において発揮されているリーダーシップを十全に捉えられていない点である．第3に，2点目と同様の理由で，地域リーダーを取り巻く環境条件やその変化および影響を明確にできていない点である．

　本研究は，上記のような先行研究の問題点を乗り越えるために，地域リーダーについて，様々な分野，組織，部門，地位などにまたがった事例調査を行い，学術的な概念や分析枠組みを用いて各事例の整理・分析・統合を目指す一連の研究の端緒として位置づけられる．本書では，多様な分野・事例に基づき，現代の地域におけるリーダーシップのあり方を検討していく．

注

1) 独立行政法人中小企業基盤整備機構経営支援情報センター「地域リーダーにみる『戦略性』と『信頼性』：地域振興とリーダーの役割に関する調査研究」『中小機能調査研究報告書』第5巻第3号，2013年.

2) 本章の特に第1節と第2節を執筆するにあたっては，本文中で引用されている文献の他に，主に下記の文献を参照した．本章「はじめに」に書いた通り，リーダーシップに関する文献を幅広く参照したい場合には，これらの書籍の文献リストを参照されたい.

淵上克義『リーダーシップの社会心理学』ナカニシヤ出版，2002年.

グロービス経営大学院編『［新版］グロービスMBAリーダーシップ』ダイヤモンド社，2014年.

堀尾志保・中原淳『リーダーシップ・シフト：全員活躍チームをつくるシェアド・リーダーシップ』日本能率協会マネジメントセンター，2024年.

堀尾志保・舘野泰一『これからのリーダーシップ：基本・最新理論から実践事例まで』日本能率協会マネジメントセンター，2020年.

R・J・ハウス，P・W・ドーフマン，M・ジャヴィダン，P・J・ハンジェス，M・F・サリー・デ・ルケ『文化を超えるグローバルリーダーシップ：優れたCEOと劣ったCEOの行動スタイル』中央経済社，2016年.

石川淳『シェアド・リーダーシップ：チーム全員の影響力が職場を強くする』中央経済社，2016年.

石川淳『リーダーシップの理論：経験と勘を活かす武器を身につける』中央経済社，2022年.

金井壽宏『リーダーシップ入門』日本経済新聞出版社，2005年.

C・D・マッコーレイ，R・S・モスクレイ，E・V・ヴェルサ編『リーダーシップ開発ハンドブック：The Center for Creative Leadership: CCL』白桃書房，

2011 年.

シンシア・D・マッコーレイ, D・スコット・デリュ, ポール・R・ヨスト, シルベスター・テイラー編『経験学習によるリーダーシップ開発：米国 CCL による次世代リーダー育成のための実践事例』日本能率協会マネジメントセンター, 2016 年.

Northhouse, Peter G.（2016）. *Leadership: Theory and Practice (seventh ed.).* Sage.

小野善生『フォロワーが語るリーダーシップ：認められるリーダーの研究』有斐閣, 2016 年.

坂田桐子編『社会心理学におけるリーダーシップ研究のパースペクティブ II』ナカニシヤ出版, 2017 年.

坂田桐子・淵上克義編『社会心理学におけるリーダーシップ研究のパースペクティブ I』ナカニシヤ出版, 2008 年.

高橋俊之・舘野泰一編『リーダーシップ教育のフロンティア［実践編］：高校生・大学生・社会人を成長させる「全員発揮のリーダーシップ」』北大路書房, 2018 年.

舘野泰一・高橋俊之編『リーダーシップ教育のフロンティア［研究編］：高校生・大学生・社会人を成長させる「全員発揮のリーダーシップ」』北大路書房, 2018 年, の特に石川淳による第 1 章「リーダーシップ研究の最前線：リーダーシップ教育の理論的検討」.

3) 同上, 石川「リーダーシップ研究の最前線：リーダーシップ教育の理論的検討」舘野・高橋編『リーダーシップ教育のフロンティア［研究編］』第 1 章.

4) リーダーシップの定義に関する議論は, 前掲, 金井『リーダーシップ入門』第 3 章も参照のこと.

5) リーダーの生まれ方については, 同上, 金井『リーダーシップ入門』84-90 頁, および, 前掲, 堀尾・舘野『これからのリーダーシップ：基本・最新理論から実践事例まで』64-67 頁に詳しい.

6) 喜んでついてくるフォロワーがいるかどうかというのは, リーダーシップがあるかどうかを判断するために, クーゼスとポズナーが提示した基準である. ジェームズ・M・クーゼス, バリー・Z・ポズナー『リーダーシップ・チャレンジ』海と月社, 2014 年.

7) 権限を伴わないリーダーシップ（leadership without authority）は, 下記の文献にあるように, 近年の大学を中心としたリーダーシップ教育の一部において重視されている概念でもある.

日向野幹也『高校生からのリーダーシップ入門』筑摩書房, 2018 年.

日向野幹也・松岡洋佑『［増補版］大学教育アントレプレナーシップ：いかにリーダーシップ教育を導入したか』Book Way, 2017 年.

日向野幹也編『大学発のリーダーシップ開発』ミネルヴァ書房, 2022 年.

30

8) 注 2 でも触れたように，本章第 2 節の内容は注 2 で示した文献を参照している．第 2 節については，特に，下記の文献によるところは大きい．前掲，堀尾・舘野『これからのリーダーシップ：基本・最新理論から実践事例まで』第 1 章．

9) 前掲，金井『リーダーシップ入門』20 頁．

10) 本節で紹介する古典的なリーダーシップ研究の流れとその後のリーダーシップ研究は，ある程度最大公約数的なものである一方で，論者によってどのように紹介するかが微妙に異なっている点には注意されたい．本稿では「アプローチ」という表現を用いたが，「理論」として紹介する論者もいる．また，日本語でどのように表現するかも含め，例えば，「特性」ではなく「資質」，「コンティンジェンシー」ではなく「状況（situational）」，という言葉が用いられることもある．

11) ただし，特性アプローチについては後に再注目されることとなり，尺度の品質向上やメタ分析の導入などの理由によって，ある程度確からしい結果が得られるようになっていることには注意を要する．また，初期の研究において，Stogdill はそれまでの多数の研究をレビューして，優れたリーダーに共通する特性として挙げられている，知性，用心深さ，洞察力，責任感，率先力，粘り強さ，自信，社交性の 8 つを指摘している．

Stogdill, R.M.（1948）. Personal factors associated with leadership: A survey of the literatur. *Leadership: Journal of Psychology.* 25, 35-71.

12) 三隅二不二『[改訂版] リーダーシップ行動の科学』有斐閣，1986 年．三隅二不二『リーダーシップの科学：指導力の科学的診断法』講談社，1986 年．

13) これらのコンティンジェンシー・アプローチによる代表的な研究の説明については，下記の文献による説明を下敷きとしつつ，適宜元となった論文・書籍を参照している．スティーブン・P・ロビンス『[新版] 組織行動のマネジメント』ダイヤモンド社，2009 年．

14) なお，近年のリーダーシップ研究の動向については，下記の文献の序章でも整理がなされている．前掲，坂田編『社会心理学におけるリーダーシップ研究のパースペクティブ II』序章．前掲，坂田・淵上編『社会心理学におけるリーダーシップ研究のパースペクティブ I』序章．

15) Carson, Jay B., Tesluk, Paul E., and Marrone, Jennifer A.（2007）. Shared leadership in teams: An investigation of antecedent conditions and performance, *Academy of Management Journal,* 50（5），1217-1234.

16) 前掲，石川『シェアド・リーダーシップ：チーム全員の影響力が職場を強くする』．

17) 石川淳「研究開発チームにおけるシェアド・リーダーシップ：チーム・リーダーのリーダーシップ，シェアド・リーダーシップ，チーム業績の関係」『組織科学』第 46 巻第 4 号，67-82 頁，2013 年．

18) 前掲，堀尾・中原『リーダーシップ・シフト：全員活躍チームをつくるシェアド・リーダーシップ』．

19) 前掲，堀尾・舘野『これからのリーダーシップ：基本・最新理論から実践事例まで』167頁.

20) 前掲，石川『リーダーシップの理論：経験と勘を活かす武器を身につける』第1章.

21) この点については，前掲，金井『リーダーシップ入門』の特に第2章や第4章に詳しい.

22) リーダーシップの持論に関しては，日本語では下記の文献に詳しい．前掲，石川『シェアド・リーダーシップ：チーム全員の影響力が職場を強くする』．前掲，石川『リーダーシップの理論：経験と勘を活かす武器を身につける』．前掲，金井『リーダーシップ入門』．

23) 前掲，石川『シェアド・リーダーシップ：チーム全員の影響力が職場を強くする』．

24) シャロン・ダロッツ・パークス『リーダーシップは教えられる』武田ランダムハウスジャパン，2007年．なお，この本自体は，リーダーシップ研究の大家であるロナルド・A・ハイフェッツの主にビジネススクールでのリーダーシップ教育の実践に関する内容の紹介を中心に取り扱っている.

25) 以下の文献である.

古野庸一，リクルートワークス研究所編『日本型リーダーの研究』日本経済新聞出版社，2008年，単行本版は2005年にPHP研究所から『リーダーになる極意』として刊行.

金井壽宏『仕事で「一皮むける」』光文社，2002年.

モーガン・マッコール『ハイ・フライヤー：次世代リーダーの育成法』プレジデント社，2002年.

C・D・マッコーレイ，R・S・モスクレイ，E・V・ヴェルサ編『リーダーシップ開発ハンドブック：The Center for Creative Leadership：CCL』白桃書房，2011年.

シンシア・D・マッコーレイ，D・スコット・デリュ，ポール・R・ヨスト，シルベスター・テイラー編『経験学習によるリーダーシップ開発：米国CCLによる次世代リーダー育成のための実践事例』日本能率協会マネジメントセンター，2016年.

26) ジョン・デューイ『経験と教育』講談社，2004年，原著の出版は1938年

27) Kolb, D.A. (1984). *Experiential Learning: Experience as the Source of Learning and Development.* Prentice Hall.

28) 近年の大学を中心としたリーダーシップ教育の一部においても背景として使用されている.

前掲，日向野『高校生からのリーダーシップ入門』．

前掲，日向野・松岡『[増補版]大学教育アントレプレナーシップ：いかにリーダーシップ教育を導入したか』．

前掲，日向野編『大学発のリーダーシップ開発』.

前掲，高橋・舘野編『リーダーシップ教育のフロンティア［実践編］』.

前掲，舘野・高橋編『リーダーシップ教育のフロンティア［研究編］』.

29)　総務省人材力活性化・連携交流室『地域づくり人育成ハンドブック』2013 年.

30)　これは，リーダーシップの研究においては調査票や実験を用いた心理学的な方法が用いられることも多く，相対的に組織などの明確な枠組みが存在せず多数の主体が散在する地域においては，そういった方法を取りづらいということも原因として考えられる.

31)　蓑原敬『街づくりとリーダーシップ』学芸出版社，2002 年.

32)　木下斉『まちで闘う方法論』学芸出版社，2016 年.

第Ⅰ部　多様な分野で活躍する地域リーダー

第**2**章
DX 分野で活躍する地域リーダー[1]

若 林 隆 久

はじめに

本章では，DX（デジタル・トランスフォーメーション）分野で活躍する
地域リーダーとして，遅野井宏氏と須田万勢氏の事例を取り上げる．遅野井
氏はビジネス分野でキャリアを構築してきた人物であり，医師である須田氏
は医療分野で幅広く独自の取り組みをしてきた人物である．まったく異なる
キャリアや専門性を持つ両者であるが，それぞれ愛知県豊田市と長野県茅野
市において自治体の DX の取り組みに副業・複業として関わっているという
点が共通している．本章では，自治体における DX の取り組みそのものでは
なく，そこに関わる専門性を持った人材としての地域リーダーの事例を紹介
する．自身の専門性や能力を，パラレルキャリア[2]としてひとつの組織に縛
られることなく幅広く活かしている点が，両者に共通する特徴としてみられ
る．また，専門性だけでなく，ときに事業や組織を立ち上げて新しいことに
取り組むという，これまでのやり方にとらわれない進取の気質が重要である
ことが示唆される．

1. ビジネス分野から豊田市の DX に取り組む：遅野井宏氏[3]

(1) 経歴
遅野井宏氏（写真 2-1）は，茨城県出身であり，コマニー株式会社[4]で経

出典：遅野井宏氏提供．

写真 2-1　遅野井宏氏

営企画開発統括本部の間づくりエバンジェリストを経て，2025 年 1 月から経営企画本部 CDXO（Chief Digital Transformation Officer）兼間づくり研究所エバンジェリストとして同社の DX を推進している．同時に，愛知県豊田市の CDO（Chief Digital Officer）補佐官[5]を務めている．

　遅野井氏はビジネス分野で，働き方やデジタル変革を専門としてキャリアを歩んできた人物である．1999 年にキヤノン株式会社に入社後，社内のビジネスプロセス，働き方，IT やデジタルに関する変革に携わってきた．2012 年に日本マイクロソフト株式会社に入社し，働き方改革専任のコンサルタントとして製造業の改革の支援に携わった．2014 年から株式会社岡村製作所（現・株式会社オカムラ）に入社し，働き方を考えるプロジェクト WORK MILL[6]を立ち上げ，統括リーダーを務めながら「WORKMILL with Forbes Japan」「WORKMILL WEB マガジン」を創刊し編集長を務めた．2019 年 4 月よりワークプレイスのデジタル・トランスフォーメーションを担当する DX 推進室の発足と同時に室長に就任し，同年 2 月から株式会社 point0 取締役を兼務しコワーキングスペース point 0 marunouchi[7]において企業間共創を推進した．製造業での現場体験をベースにしながらオフィス環境に関する事業に携わる企業も経験し，DX や働き方に関する新しい事業や組織を立ち上げてきた経験を持っていることがキャリアの特徴である．

　一定の仕事を成し遂げた後の 2022 年 7 月に外資系の不動産会社に転職した時期に，協働日本[8]という地方の中小企業に対してプロ人材やプロチームが伴走するプロジェクトで，現在の主な所属先であるコマニー株式会社と出会うことになる．間仕切りを専業とするコマニー株式会社の現在の三代目の社長が生み出したコンセプトである「間づくり」や積極的な取り組みに魅力

を感じて，地方の中小企業には外部から口を出すよりも内部から関わった方が上手くいくのではないかという考えもあり，2023 年 3 月に石川県に位置するコマニー株式会社に入社した．新たな企業価値である「間づくり」のエバンジェリストとして社内外のステークホルダーと対話しながら，働き方改革，DX，企業風土改革を推進している．

その後，SNS 上で豊田市が CDO 補佐官を募集しているという告知を見つけて応募し，2023 年 8 月から豊田市の CDO 補佐官を務めている．また，これら以外に，愛知県の企業の DX の取り組みを支援している．

(2)　豊田市 CDO 補佐官としての取り組み

豊田市の CDO 補佐官に応募した動機としては，これまで取り組んできたデジタルを活用して新しい姿を創り出すという経験を活かせると考えたことがある．豊田市では 2021 年からの第 3 次地域経営戦略プラン[9]のもとデジタル強靭化戦略[10]を進めているところであり，4 人の CDO 補佐官がいてそれぞれの得意分野を持っている．その中で，遅野井氏は株式会社オカムラにおいて取り組んできて，コマニー株式会社でも携わっている，デジタル化のための専門人材育成を担っている．デジタルの専門家を育てるというよりは，デジタル技術を使って自分の現場を変えていくことができる人材を育てることを目指し，これまでにない発想ができるようにデザイン思考を取り入れたり先進事例を見に行ったりしながら最終的に企画提案を行うという長期にわたる研修でデジタル人材育成を行っている．

豊田市の CDO 補佐官としてはリモートで週 1 日勤務を基本としている．ただし，それぞれの仕事を週 4 日と週 1 日で別々に切り分けているわけではなく，コマニー株式会社の仕事が週 4 日に減っているとも，CDO 補佐官の仕事を週 1 日の範囲を超えないように行っているわけでもないという．それ以外の取り組みも含めて，それぞれの仕事に関連性があり相互に役立つことが多い．CDO 補佐官を務め始めた時期は，コマニー株式会社においても経営陣に対して DX の必要性を説き，その方向性に舵を切り始めていたタイミ

ングであった．現在は，遅野井氏がこれまで取り組んできたことを，自治体や地方の中小企業に適用してみるということを同時並行で試しながら，自身のできることの引き出しを増やしている段階であるという．

2．医療分野から茅野市の DX に取り組む：須田万勢氏[11]

(1) 経歴

須田万勢氏（写真 2-2）は，神奈川県横浜市出身であり，組合立諏訪中央病院[12]でリウマチ膠原病内科の医長を務めながら，長野県茅野市の DX 企画幹を務めている．

須田氏は，諏訪中央病院で初期研修と後期研修を修了し，聖路加国際病院リウマチ膠原病センターを経て，2019 年から諏訪中央病院リウマチ膠原病内科に勤務している．自治医科大学内科学講座アレルギー膠原病学部門の非常勤講師と，聖路加国際病院リウマチ膠原病センターの非常勤医師も務めている．所属学会・認定医などとしては，日本リウマチ学会（リウマチ専門医・指導医），日本プライマリケア学会（家庭医療専門医），日本内科学会（総合内科専門医），日本東洋医学会（認定医），日本骨粗鬆症学会（認定医）などが挙げられる．単著に『痛み探偵の事件簿』[13]，共編著に『ミミックに騙されない思考の道筋』[14]，共訳書に『閃めく経絡』[15]や『ファシア：その存在と知られざる役割』[16]がある．

臨床医を務めながら，一般社団法人統合医療チーム JIN[17]を設立し代表理事を務め，「養生（Yo-Jo）= "Lifestyle medication"」[18]のコンセプト・コンテンツを世界に広める活動をしており，「養生ソムリエ Dr. マシューのほろ酔い養生」[19]という YouTube での情報発

出典：一般社団法人統合医療チーム JIN ウェブページより．

写真 2-2 須田万勢氏

信も行っている．その他にも，公益財団法人東京財団政策研究所の主任研究員[20]として，「地域に根ざした医療 DX の実装に向けた人材開発に関する政策研究」[21]という研究プログラムにも取り組んでいるほか，地域医療についていままで取り上げられなかった問題を発見・解決するために幅広く精力的に取り組んでいる．

（2）　茅野市 DX 企画幹としての取り組み

　長野県茅野市は 2022 年から地域課題の解決や市民の健康づくりを目指すデジタル田園健康特区の指定を受けて，主にヘルスケアと福祉分野を中心とした DX に取り組んでいる[22]．諏訪中央病院は茅野市を含めた自治体の組合立であるため，病院から茅野市役所へ DX 企画幹として週 2 日派遣されている．このようなことは全国的に珍しいものであるが，病院幹部も病院の医療だけでは解決できない地域課題が多くあることには気づいており，派遣されるに至っている．もともとのきっかけとしては，地域包括ケアのモデルを厚生労働省と共に作り上げていった歴史を持つ茅野市が，スーパーシティ構想に応募するにあたって，デジタルや規制緩和を用いて現代版の地域包括ケアのモデルを作り上げたいということで，病院から構想の具体化を協議する会議に派遣され政策立案を行うことになった[23]．結果として，茅野市は現在はデジタル田園健康特区の指定を受けて取り組むに至っている．

　須田氏は，その中で DX 企画幹といういわば構想責任者の立場にある．ヘルスケアの DX や多職種連携を行う際には，医療関係者がしっかりとコミットしなければ，現場とサービスが乖離してしまうためうまくいかないことがほとんどである．全国的にも，市役所と病院の両方に関わっている医療関係者がいる事例しか成功しない傾向にある．

　様々な取り組みに携わる中で，内閣府の助成を受けて株式会社リーバーの提供する医療相談アプリ「LEBER」を茅野市の児童対象に導入し，夜間や休日にチャットで相談を受けてトリアージを行い，かかりつけ医の診療へとつなげていくというオンライン医療相談の実証を行ったり[24]，テレワークを

しながら心身のストレスを軽減するメソッドを学ぶプログラム「ウェルネステレワーク」を地元のホテル事業者とともに開発したりしている[25]. 自治体にとっては，安心して医療やそれ以外の教育などのサービスを受けられる環境を整えることは，子どもを産み育てやすくなることを通じて人口の再生産力を高めたり，人口の流出を防ぎ流入を招いたりするためには大事な要素となる.

医師，諏訪中央病院の職員，茅野市職員，統合医療チーム JIN の代表理事などという様々な顔を持つ須田氏であるが，入ってくる案件によってどの組織で取り扱うのが適切であるかを判断して取り組んでいる.

須田氏は，学生時代から「人間の可能性を引き出す」ということに興味を持っている．デジタルによって効率化・省力化をすることや，養生によって心身の余力を保ったまま生活することは，人間が人間らしいことに時間を掛けられるようになり，人間の可能性を引き出すことにつながると考えている．そのため，「人間の可能性を引き出す」ことにつながり得ることであればまず取り組んでみるし，そうでないことには極力取り組まないようにしている．管理や制約が厳しくなっている中で医療分野だけにとどまっていては「人間の可能性を引き出す」ことは難しく，医療の世界から一歩外に出て新たなことにチャレンジすることで，学生時代から目指していた「人間の可能性を引き出す」ことに取り組んでいる.

おわりに

取り上げた2つの事例から得られる示唆を述べて本章のまとめとしたい.

遅野井氏も須田氏も，自身の出身とは異なる地域の自治体や企業で，自身の専門性や能力を活かして，副業・複業として DX に取り組んでいる．遅野井氏の事例では CDO 補佐官の公募があったが，「越境」という言葉にも注目が集まっているように[26]，最近ではそれほど珍しいことではないのかもしれない．しかし，DX 分野に限らず内部の人材だけでは十分な取り組みがで

きない場合に，自治体や企業にとって外部人材を活用することが必要となる．地方に位置し組織の規模が小さくなるほど外部人材の必要性は高まるであろうことから，外部人材を受け入れ活躍してもらう仕組みを整えることの重要性を改めて指摘したい．遅野井氏の事例で登場した協働日本のように，様々な形でマッチングを行う仕組みやサービスもいくつも登場してきている．

　一方で，副業・複業として外部から関わる個人にとっても，自身の成長やキャリア構築につながったり自己実現ができたりという点で，このような取り組みや機会が重要であることが窺える．遅野井氏は自身のこれまでの取り組みを別の場所で同時並行で試して引き出しを増やしている段階と位置付けていた．須田氏は「人間の可能性を引き出す」という自身の実現したいことに，その形式は様々であるが一貫して取り組んでいる．石山は，「自分が本業と考える組織，あるいは役割に全面的に依存してしまい，その価値観を疑問の余地なく受け入れ，その状態から変化する可能性すら想定していない」シングルキャリアと対比する形で，「会社勤めなどの本業をしっかりと持ちながら，本業以外に社会活動を行う新しい生き方」としてパラレルキャリアを説明しているが[27]，まさに新しい生き方をしている事例として捉えることができる．

　DX 分野で活躍している両者の専門性が，必ずしも狭い意味でのデジタル分野ではないことも指摘しておきたい．須田氏の専門は医療分野であり，遅野井氏もデジタルの技術者ではなくオフィス・働き方や変革の推進が専門であるといえる．むしろ，それ以外の部分の能力，とりわけときに事業や組織を立ち上げて新しいことに取り組んできているという経験や姿勢が活躍の背景にあるように思われる．地域リーダーとして活躍するためには，これまで通りのやり方にとらわれない，いわば進取の気質が重要なことが示唆される．

謝辞
　お忙しい中，快くインタビュー調査に応じてくださった遅野井宏氏と須田万勢氏に心より御礼申し上げます．なお，本研究は，各年度の高崎経済大学研究奨励費お

および JSPS 科研費 19K13804 の助成を受けています.

注

1) 本章の内容は，主に，2024 年 2 月に行われた遅野井宏氏と須田万勢氏のそれぞれへのインタビュー，および，ウェブ上の情報に基づいている. そのため，本章の内容は特に記載がない限り，インタビュー時点のものである. なお，本章執筆にあたって参照したウェブページについては，2024 年 12 月に改めて検索・閲覧している.

2) パラレルキャリアについては，例えば，下記の文献を参照のこと. 石山恒貴『時間と場所を選ばないパラレルキャリアを始めよう！：「2 枚目の名刺」があなたの可能性を広げる』ダイヤモンド社，2015 年.

3) 以下の内容は，遅野井氏へのインタビューやそれぞれの箇所で引用しているウェブページのほか，以下のウェブページの内容にも基づいている.
https://workmill.jp/jp/writer/hiroshi-osonoi/
https://www.ibm.com/blogs/solutions/jp-ja/iot-ideamixer2-1/
https://jp.ext.hp.com/techdevice/business/coreprint20_06/
https://kyodonippon.work/post-2264/

4) https://www.comany.co.jp/

5) https://www.city.toyota.aichi.jp/_res/projects/default_project/_page_/001/055/589/01.pdf

6) https://workmill.jp/jp/

7) https://www.point0.work/

8) https://kyodonippon.work/

9) https://www.city.toyota.aichi.jp/shisei/gyoseikeikaku/toshikeiei/1043507.html

10) https://www.city.toyota.aichi.jp/shisei/gyoseikeikaku/toshikeiei/1041834.html

11) 以下の内容は，須田氏へのインタビューやそれぞれの箇所で引用しているウェブページのほか，以下のウェブページの内容にも基づいている.
https://www.kawaijuku.jp/jp/contents/obog/201409_1.html
https://www.tkfd.or.jp/experts/detail.php?id=791
https://www.ima-zine.com/interview_vol-46/

12) https://www.suwachuo.jp/

13) 須田万勢『痛み探偵の事件簿：炎症？非炎症？古今東西の医学を駆使して筋骨格痛の真犯人を暴け！』日本医事新報社，2021 年.

14) 福井翔・須田万勢・陶山恭博編『ミミックに騙されない思考の道筋：あなたも名医！これって膠原病？コンサルト実況解説 50 選』日本医事新報社，2021 年.

15) ダニエル・キーオン『閃めく経絡：現代医学のミステリーに鍼灸の "サイエンス" が挑む！』医道の日本社，2018 年.

16) Lesondak, David『ファシア：その存在と知られざる役割』医道の日本社，

2020 年.

17）https://team-jin.jp/

18）養生には「5 本柱」（食，運動，睡眠，呼吸，思考）があり，続けるための「3 原則」（快いこと，データドリブン，伴走者の存在）がある．養生については統合医療チーム JIN のウェブページを参照のこと.

19）https://team-jin.jp/youtube/

20）https://www.tkfd.or.jp/

21）https://www.tkfd.or.jp/programs/detail.php?u_id=67

22）https://www.chisou.go.jp/tiiki/kokusentoc/kagashi_chinoshi_kibityuotyo/dai1/shiryou4.pdf および https://www.city.chino.lg.jp/uploaded/attachment/28532.pdf

23）https://www.city.chino.lg.jp/soshiki/dx/chino-supercity.html

24）https://www.city.chino.lg.jp/soshiki/dx/leber-onlinekakaritukei-r5chino.html

25）https://hillslife.jp/innovation/2024/03/30/wellness-telework/

26）石山恒貴『越境的学習のメカニズム：実践共同体を往還しキャリア構築するナレッジ・ブローカーの実像』福村出版，2018 年．石山恒貴・伊達洋駆『越境学習入門：組織を強くする冒険人材の育て方』日本能率協会マネジメントセンター，2022 年.

27）前掲，石山『時間と場所を選ばないパラレルキャリアを始めよう！』.

第3章
起業・ビジネス分野で活躍する地域リーダー[1]

若 林 隆 久

はじめに

　本章では，起業・ビジネス分野で活躍する地域リーダーとして，株式会社ただいまの和田昂憲氏と神定祐亮氏，一般社団法人常陸 frogs の菅原広豊氏，だがし「かめがや」の亀ヶ谷尚也氏の事例を取り上げる．和田氏は，自身の出身である茨城県日立市で「ただいまを言える場所」としてただいまコーヒーを立ち上げ，同じく日立市出身の神定氏は株式会社ただいまに加わり COFFEE STAND GENKAN の店主をしている．菅原氏は，同じく日立市で複業として様々なコミュニティを立ち上げた後に，常陸 frogs という茨城県におけるイノベーター人財育成プログラムの代表となった．なお，和田氏は常陸 frogs の創設・運営にも関わっている．亀ヶ谷氏は，学生時代から東京都にある駒場地域において地域の活動にたずさわり，子どもの居場所となる駄菓子屋「かめがや」を営業している．四者ともに異なる想いやアプローチではあるが，教育という視点を持ちながら起業・ビジネスや地域における活動に取り組んでいる点が共通している．

1.　株式会社ただいま：和田昂憲氏・神定祐亮氏

(1)　和田氏の経歴とただいまコーヒー[2]
　和田昂憲氏（写真 3-1）は，日立市出身であり，株式会社ただいまの代表

取締役である．2018年に日立市で創業し，2020年に株式会社ただいまを設立している．オンラインショップ[3)]を運営しながら，2018年1月からうちカフェ専門店兼焙煎所であるただいまコーヒー（写真3-2），2020年6月から地域の玄関口になりコミュニティの循環を生み出すCOFFEE STAND GENKANを運営している．2024年4月13日には，設立5周年を記念した懇親と事業報告のイベン

出典：ただいまコーヒーウェブページより．

写真 3-1　和田昴憲氏

トとして，「ただいま集会」を開催した[4)]．その他に，茨城県を中心に様々な業態のカフェの立ち上げに関与し，コーヒーの実技研修や接客社内研修などを主催している．2019年に焙煎日本大会で全国入賞し，2021年に東ティモールコーヒーフェスティバルの国際審査員も務めている．また，2022年に特定非営利活動法人ETIC.による社会起業塾イニシアティブ[5)]に参加している．

和田氏は，子どもの頃から家にあったコーヒーミルで豆を挽いてコーヒー

出典：ただいまコーヒーウェブページより．

写真 3-2　ただいまコーヒー

を淹れており，中学生の頃からはいろいろな喫茶店に通うようになる．日立市の銀座通りにできたダイニングバー「Second Earth」を見ていつかこういう店をやってみたいと思い，マスターには自分の店を持つにはどうすればよいのかを聞いていたという．

　過疎化が進む日立市に魅力を感じられず，京都の立命館大学国際関係学部に進学する．韓国へのインターンシップやオーストラリアでのタイ人と中国人とのシェアハウス暮らしなど国際的なものも含め，在学中に様々な充実した大学生活を送る．一方で，帰省する度に日立市の活気は薄れていき，商店街の店もどんどん閉店し，お祭りもなくなった．知り合いの大人からは戻ってこない方がいいと言われることもあった．

　この頃から地元である日立市に貢献できないかと考えるようになり，就職活動では大手不動産ディベロッパーからの内定も得たが，インターンで出会ったミッションに沿った生き方をする事業家から刺激を受け，事業家に憧れて自身が成長できる場としてベンチャー企業への就職を選択した．

　しかし，自分を追い込んで働き過ぎて体調を崩してしまい，3か月で退職することになり，いろいろなものから離れたいと思って沖縄県小浜島で7か月ほどリゾートバイトをして過ごすことにした．小浜島で過ごしたことが，様々な人々やその生き方，働き方，幸福観と出会い，自分自身を見つめ直す機会にもなり，現在の事業にもつながる大きな転機となった．

　また，家族や友人には引け目を感じていたが，帰省してみるとこれまでと変わらずに受け入れてくれた．自分がどんな状態になっても家族や友人との関係は変わらないことや，自分にはいつでも「ただいま」と言って帰れる場所があるという幸せに気づいて，いつかこんな風に安心できる場所をつくりたいと思ったという．これが，「ただいまをつくる，お手伝い」という現在の事業のコンセプトにつながることになる．

　小浜島での生活に物足りなさを感じ始めていたある日，「another life.」というウェブメディアの記事[6]で，愛知県瀬戸市にあるコーヒーサクラ[7]という自家焙煎コーヒー豆や機器の販売店を営む大西文明氏のことを知って感銘

を受けた．弟子入りを志願して手紙を送ったところ，コーヒーサクラの事業について書いた書類が送られてきた．その後，コーヒーサクラで働くこととなり，焙煎の基本から接客や店舗の経営まで，様々なことを学んでいった．

　働き始めて2年が経過しようという頃に，茨城県知事がビジネス寄りのキャリアを持った人物に変わり，国の政策もあって産業振興に追い風が吹くであろうことや，グロービス経営大学院水戸特設キャンパスが設置されそこに加わることで志を持った人たちのコミュニティに参加できる機会ができたことなどがあり，地元で事業を立ち上げるチャンスと考えた．そこで，茨城県北ビジネスコンペティション2016にただいまコーヒーの事業計画で応募し，優秀賞を受賞することになる．日立市での起業については大西氏とも相談して，背中を押してもらった．2018年1月に開業するまでの1年間は，「Second Earth」でアルバイトをしながら経営の勉強をしつつ，自家焙煎のコーヒー豆販売，コーヒー教室の開催，クラウドファンディングによる資金調達[8]，など開店の準備を進めていった．開店前からお客さんや地域とのつながりを作っていたことで，順調に営業を開始することができた．和田氏はコーヒーを「人をつなげるコミュニケーションの飲み物」であると考えており，ただいまコーヒーの店舗では，大きな丸いテーブルをかこって知らない人同士でも会話しやすいようにしたり，お客さんが自分のおすすめの本を自分の名刺と一緒に展示するというスペースを設けたりしている．

(2)　神定氏の経歴と COFFEE STAND GENKAN[9]

　神定祐亮氏（写真3-3）は，日立市出身であり，自身が勤務する株式会社ただいまが運営する COFFEE STAND GENKAN（写真3 4．以下，GENKAN）の店長を務めている．子どもの頃から人を喜ばせることが好きだった神定氏は，世界平和やノーベル平和賞の受賞が夢であるという．自分の作ったもので人を喜ばせる仕事がしたいと思い漫画家を志すことになる．アルバイトをしながら東京の出版社への持ち込みを続ける中で，地元でスターバックスの店舗が開店することとなりオープニングスタッフとして働き始める．

出典:ただいまコーヒーウェブページより.

写真 3-3 神定祐亮氏

その後,アルバイトから正社員となり,副店長にあたるアシスタントストアマネージャーとして茨城県内を中心に,合計7年間で6店舗に勤めることとなった.人の採用や育成が,神定氏の強みや興味関心の対象であった.

働く中で体調を崩してしまった神定氏は,地元の日立市に開店したただいまコーヒーを訪れ,その後にウェブの記事なども読み,和田氏の理念に共感することとなる.自身の進路に悩んでいた神定氏は,和田氏からの助言も受けて,沖縄を1週間ほど旅した.結果として,2018年11月から株式会社ただいまに勤めることとなる.

お客さんからの要望もあって,和田氏も神定氏も座ってコーヒーを飲める店舗をいつか運営したいと考えていたところ,2019年末に現在のGENK-

出典:ただいまコーヒーウェブページより.

写真 3-4　COFFEE STAND GENKAN

AN がある場所の紹介を受けた．和田氏は，神定氏にとってチャレンジする良い機会だと考え，企画，資金調達，内外装の設計などのすべてを神定氏に任せた．神定氏はこの大きなチャレンジに取り組みながら，自分の考えていることや感じていることを素直に伝えることで，クラウドファンディングによる資金調達にも成功した[10]．

こうして 2020 年 6 月に GENKAN は開店することになる．GENKAN という名前には，「まちの玄関のような，ランドマークとなるコーヒースタンドを目指したい」という想いや，実家の玄関先での暖かいやり取りが生まれるようにという想いが込められている．開店してみると事前に描いたコンセプト通りに，コミュニティを生み出してまちに輩出するような店舗となった．その要因としては，①地域に合わせた形で接客・サービスのレベルを高めていること，②店舗の内装を，見知らぬお客さん同士でも話しやすいような横並びの席の配置にするなどの工夫をしていること，③コーヒーの専門知識を高めていることの 3 つが挙げられるという．現在も，同じビルの 2 階に位置する HUB Square HITACHI[11] と協力しながら営業をしている．

神定氏は，地域にとっては子どもが大事であると考えている．GENKANでは，キッズメニューや子ども向けのドリンクも用意しており，スタッフも子ども好きであるという．子どもが好きな場所やスタッフとなることで，親も安心して利用できる．親同士のコミュニティができることで，他に頼る人がいない親がそこに加わることができる．神定氏は，子どもの頃に関わる大人は人格形成に影響を与えるため，きちんとした大人として子どもに接したいという．また，GENKAN が子どもにとって地元の思い出の場所のひとつとなることで，大人になった時に日立市をふるさととして認識してくれるようになるのではないかと考えている．

神定氏は，もともと教員を目指していたこともあり自身が関心のある教育分野や，制作を続けている絵やイラストの分野でも，地域における取り組みに携わっている．2023 年度に明秀学園日立高等学校で「総合的探究の時間」に経営・経済に関する授業を担当して，GENKAN でコーヒーを淹れてお客

さんに喜んでもらい代金をもらうという経験をしてもらっている．絵やイラストの分野では，地域でワークショップや個展を開いたり，2024年8月に自費出版した『みかづきのおともだち』という絵本を用いピアニストと協力して「おえかきコンサート」を開催したりしている[12]．

2. 一般社団法人常陸 frogs：菅原広豊氏[13]

(1) 経歴

菅原広豊氏（写真3-5）は，秋田県秋田市出身であり，一般社団法人常陸 frogs の代表を務めている．5歳の頃からラグビーをしていて，大学進学をきっかけに茨城県に住むことになった．大学卒業後に水戸市にある大手ディベロッパーに就職し，ラグビーのクラブチームで活動していた．その後，株式会社日立製作所のラグビー部に入部し，同社のグループ会社に転職することになった．転職後に引き継ぎのためについて回ったベテラン社員の人が，社内だけでなく取引先などの社外にも自分に協力してくれるチームを持っていることでスピード感や提案力が高く，結果として信頼を積み重ねて人に認められてファンができている様子から学ぶことができた．また，コミュニティづくりはマーケティングの要素が強いと考えており，複業を始めるようになってからは，B to C（対消費者），B to B（対企業），B to G（対行政）のマーケティングスキルを身に付けられるような実践の環境を社内外で整えたり，ネットワーク理論を独学で学んだりしていた．

東日本大震災をきっかけに価値観が大きく変化し働き方や生き方に疑問を持ち，また，当時の通勤ルートであった日立市の銀座通り商店街がシャッター街になっている様子に気

出典：常陸 frogs ウェブページより．

写真 3-5 菅原広豊氏

づき，2013 年から仕事をしながら複業として地域での活動に携わることとなる．そこには，このまま社内で仕事をしているだけでは自分は成長できない段階に来ているのではないかという感覚もあった．そして，「地域×教育」をテーマにしたコミュニティ「ヒタチモン大學」[14]，U ターン，I ターン，J ターンをしたい人向けに茨城と東京をつないでいく「茨城移住計画」[15]，情熱と志を持った人たちが集う同種異業の招待制コミュニティ「まぜるなキケン」，などに携わることになった．

現在も，地域おこし協力隊のメンタリングや審査員，日立市の海の見える家の現地コーディネーター[16]，ひたちなか市のひたちなか BRIDGE プロジェクト[17]のプログラムの企画・運営，つくばベンチャー協会理事[18]などに携わっている．

(2) 常陸 frogs

常陸 frogs は，琉球 frogs[19]に端を発する frogs プログラムと呼ばれるイノベーター人財育成プログラムで，主に茨城県にゆかりのある高校生から大学院生までを対象としている．学生の参加費は無料であり，期間は 6 か月間で海外研修も含まれている．世界を舞台に活躍する起業家，投資家，クリエイター，メンターなどからサポートをもらいながら「テクノロジーを駆使して，社会や未来をより良くするビジネスの創造」に挑むプログラムである．そのプロセスを通じて，「壁にぶつかっても諦めない力」「周りを巻き込みながら課題解決していく力」「自分の人生を自分で選択する力」などを身に付けたイノベーター人財を育成する．「地域の持続的かつ発展的な経済自立の実現のために，世界と地域をつなぐグローカル志向の若手イノベーター人財を発掘・育成する」という理念のもとに始められた．2023 年度と 2024 年度には経済産業省 AKATSUKI プロジェクト[20]の支援事業に採択されており，「令和 4 年度茨城県表彰［新しいいばらきづくり表彰］産業の振興」を受賞している[21]．2024 年までに 38 名の卒業生を輩出しており，現在は企業への研修も提供している．

常陸 frogs を立ち上げるという動きは，琉球 frogs の代表である山崎暁氏が日立市を訪れたことをきっかけに始まった．株式会社ただいまコーヒーの和田氏の誘いで菅原氏も参加することになり，2019 年と 2020 年の 2 回のクラウドファンディングを実施した[22]．常陸 frogs の活動に取り組む中で，菅原氏の「誰もが才能や強みを発揮できる社会をつくる」というミッションが芽生え，初代代表の小林竜也氏から引き継いで二代目の代表となり，2020 年 4 月に会社を辞めて独立することになった．菅原氏は常陸 frogs での活動を通じてメンタリングスキルを中心とした frogs プログラムを運営するためのスキルセットを身に付け，株式会社 FROGS イノベーター育成者ライセンス第 1 号取得者となった．2023 年の一般社団法人常陸 frogs の設立にあたっては代表に就任している．

背中を押してくれる大人を増やすことも念頭に，県内の高校や大学へ周知する活動に力を入れている．高校生や大学生が常陸 frogs に取り組んでみたいという時に背中を押してくれたり，彼らが何かしたいと言ってきた時に常陸 frogs を紹介してくれたりする大人がいる環境が重要であると思っている．

「未来を創る」ということを目指して常陸 frogs に取り組んでいる．地域での活動に取り組んでいた時に，30 代以上に働きかけることも必要であるが，本質的な課題解決にはならないと感じた．30 代以上では変化する人の割合は少なく，未来から遡って考えると，もっと若い 10 代や 20 代に働きかける必要があると考えた．年齢を重ねると地域と関わりたいと思うようになる人は増えるが，その割合を増やし優先度を高めて実際に地域で行動する人を増やすためには，若い頃に地域での強烈な原体験が必要である．そうした原体験が，地域に感謝したり，地域に思いを馳せたりということにつながる．そのための次の世代が育つ環境を整えることを通じて，新しい未来を創ることに取り組んでいる．

もちろん，大人は無関係として世の中にある課題を若い世代に押し付けるわけではない．どの世代でも何かに取り組むときに新しい世代が育っていなければ継続したり規模を拡大したりすることもできない．また，frogs の

第3章　起業・ビジネス分野で活躍する地域リーダー　　　　53

LEAP DAY という最終発表のように，若い世代が挑戦している姿を見ることで，大人も自分自身が挑戦できているかを振り返り，自分自身を見つめ直して成長する機会となっている．

3．だがし「かめがや」：亀ヶ谷尚也氏[23]

（1）　亀ヶ谷氏の経歴

　亀ヶ谷尚也氏（写真 3-6）は，神奈川県川崎市出身であり，現在は東京都目黒区駒場で駄菓子屋である「かめがや」を不定期で営業している．亀ヶ谷氏は中学，高校，大学と駒場地域にある学校に通い，大学在学中は駒場子ども会[24]に所属して小学生を中心に地域の子どもたちを遊びやキャンプなどに連れて行く活動をしていた．駒場子ども会での活動をきっかけに，目黒区立駒場小学校の特別支援教育支援員，目黒区教育委員会事務局ランドセルひろば（放課後校庭開放）管理運営員，駒場住区住民会議青少年部，などとして駒場の地域に在学中から関わることとなった．大学卒業後は子どもの頃からの夢である運転士になるために鉄道会社に就職したが，就職後も駒場地域に関わり続け，2019年から駒場地域に住み始めた．

（2）　だがし「かめがや」

　駒場地域で活動を続ける中で，亀ヶ谷氏は子どもや地域と関わることの魅力を感じ，また，子どもたちが気軽に来て自由に過ごせるような居場所を作りたいと思い，駄菓子屋を開店したいと考えるようになった．地域での活動の中で，学校や塾はもちろん，児童館や放課後サービスであっても，子どもたちに指導的に関

出典：駒場東大前商店会公式ホームページより．

写真 3-6　亀ヶ谷尚也氏

わる必要があり，子どもたちが気軽に過ごせるような場所がないことに気づいたからである．指導的でない関わり方は，亀ヶ谷氏自身が望む子どもたちとの関わり方でもあった．

鉄道会社を退職した後に，バスの運転士として駄菓子屋開店のための資金を貯めると同時に，小学校教諭二種免許状，放課後児童支援員認定資格，保育士，などを取得し，2023 年 6 月 26 日に「かめがや」（写真 3-7，3-8）を駒場地域にある東大前商店街で開店するに至った[25]．駄菓子屋を開店したいことを周囲にも伝えていたところ，閉店したお店が入っていた場所を紹介してもらえた．駒場では 7 年ぶりの駄菓子屋であるという．営業日や営業時間は不定期で，亀ヶ谷氏の仕事の都合や小学校の下校時刻に合わせて開店するようにしている．

「かめがや」を開店するにあたって，バスの運転士としての仕事を辞め，IT 企業に勤め始め，社内システムの開発支援を担当するようになった．これは「かめがや」で店番をしながら，お客さんがいない時にリモートワークの仕事をできるからであった．その後，IT 分野での自身のスキル不足を感じて退職し，現在は駒場以外の地域の学校の非常勤講師を務めている．

（3） 駒場地域での取り組み

亀ヶ谷氏は駒場地域に長く関わる中で様々な地域での活動にも取り組んでいる．代表的なものとしては，駒場住区住民会議の青少年部，駒場町会の環境衛生部，目黒区青少年委員などに携わりつつ，駒場小学校での授業・講演に呼ばれたり，地域のお祭りの開催に携わったりしている．高齢化による携わっている人の減少や実務能力の低下，少子化による担い手としての親世代の減少，コロナ禍による中断による人離れやノウハウの喪失などにより，他の地域と同様に運営が難しく負担が大きくなってしまっている部分もあるという．

地域の活動に携わっていると，子どもたちにいかに自分の生まれ育った地域に愛着を持ってもらい担い手になってもらうかが重要であると感じるとい

第 3 章　起業・ビジネス分野で活躍する地域リーダー　　55

出典：だがし「かめがや」のXより．

写真 3-7　だがし「かめがや」外観

出典：だがし　かめがやのXより．

写真 3-8　だがし「かめがや」内装

う．居場所や役割がなければ，中学生や高校生になると必然的に地域から離れていってしまう．他の地域を見てみると，例えばジュニアリーダーとして役割を持ち，自分より小さい子どもたちに関わったり，地域の活動に関わったりすることで，その後も地域に残って関わり続けるようになる．東京のような大都市内にある場合，仮に実家があり行き来の容易な東京近郊に住むことになったとしても，必ずしも生まれ育った自治体に戻ってきたり関わったりする必然性はない．それでも生まれ育った地域に戻ってきたり関わったりしてもらうためには，子どもたちが中学生や高校生になった時に，今度は運営する側として関わってもらう経験を持つことが重要であるという．

おわりに

取り上げた3つの事例，ないし，4人の事例から得られる示唆を述べて本章のまとめとしたい．

四者ともに異なる想いやアプローチではあるが，教育という視点を持ちながら起業・ビジネスや地域における活動に取り組んでいる点が共通している．菅原氏の「未来を創る」という言葉には，その想いが端的に表れている．彼ら自身についてもそう語り，取り組みとしても目指しているように，学生時代までのどこかで過ごした地域において，愛着や思い入れを持って活動をしている．そして，若い世代を主な対象として，地域での経験や思い出を創り出すことで，それを再現しようとしている点が興味深い．そのため，それぞれが異なるアプローチではあるものの，これまで取り組んできた活動で，居場所やコミュニティを創り出す取り組みをしている．

謝辞
お忙しい中，快くインタビュー調査に応じてくださった和田昂憲氏，神定祐亮氏，菅原広豊氏，亀ヶ谷尚也氏に心より御礼申し上げます．また，和田氏，神定氏，菅原氏へのインタビューを実施するにあたって，公益財団法人日本生産性本部の茅根滋氏にご紹介をいただいたことを，ここに記して感謝申し上げます．なお，本研究

は，各年度の高崎経済大学研究奨励費および JSPS 科研費 19K13804 の助成を受けています．

注

1) 本章の内容は，主に，2024 年 1 月から 3 月にかけて行われた和田昂憲氏，神定祐亮氏，菅原広豊氏，亀ヶ谷尚也氏のそれぞれへのインタビュー，および，ウェブ上の情報に基づいている．そのため，本章の内容は特に記載がない限り，インタビュー時点のものである．なお，本章執筆にあたって参照したウェブページについては，2024 年 12 月に改めて検索・閲覧している．

2) 以下の内容は，和田氏へのインタビューやそれぞれの箇所で引用しているウェブページのほか，以下の雑誌記事やウェブページの内容にも基づいている．
   https://www.facebook.com/Mr.Tadaima
   https://www.instagram.com/tadaima_coffee/
   https://noriwada.com/
   https://iju-ibaraki.jp/feature/people/1466.html
   https://note.com/meetslocal/n/n24288f2df078
   https://an-life.jp/article/992/?para=3
   「『ただいま』と言える場所を，コーヒーでまちに広げたい.」『ソトコト』2018 年
      6 月号.
   『ひたちぐらしのススメ』(『ソトコト』編集部，2020 年 12 月).
   https://www.city.hitachi.lg.jp/citypromotion/hitachishi_sugoi/1010870/1004685.
      html
   『ただいまコーヒー和田昂憲の世界コーヒー農園訪問記①インドネシア・2016』株
      式会社ただいま　ただいまコーヒー，2023 年.

3) https://tadaima-coffee-online-store.com/
4) https://tadaima-coffee-online-store.com/news/661c9d6bea3b83002b09c45e
5) https://kigyojuku.etic.or.jp/index.html
6) https://an-life.jp/article/244
7) https://shop.coffeesakura.co.jp/
8) https://camp-fire.jp/projects/289226/view
9) 以下の内容は，神定氏へのインタビューやそれぞれの箇所で引用しているウェブページのほか，以下のウェブページの内容にも基づいている．
   https://www.instagram.com/coffeestandgenkan/
   https://www.instagram.com/yusuke.kanjo/
   https://iju-ibaraki.jp/feature/people/19653.html
   https://sotokoto-online.jp/people/2917
   https://civicpower.jp/report/69/
   https://ibashigoto.net/2020/10/01/tadaima2020/

https://ibashigoto.net/2019/06/08/%E3%80%8C%E4%B8%8A%E5%9B%9E%
　　E3%81%A3%E3%81%9F%E3%82%93%E3%81%A7%E3%81%99%E3%
　　80%81%E3%82%8F%E3%81%8F%E3%82%8F%E3%81%8F%E3%81%
　　8C%E3%80%82%E3%80%8D/

10）　https://readyfor.jp/projects/genkan-hitachi-tadaima および https://ibaraki-pre.wixsite.com/genkan-hitachi

11）　https://hubsquarehitachi.wixsite.com/website

12）　https://yomiuri-townnews.com/coffee-stand-genkan-2/2024/11/08/#google_vignette

13）　以下の内容は，菅原氏へのインタビューやそれぞれの箇所で引用しているウェブページのほか，以下のウェブページの内容にも基づいている．
　　https://www.hitachifrogs.com/
　　https://x.com/sugawara0123
　　https://www.instagram.com/hiroto_sugawara0123/
　　https://note.com/meetslocal/n/nf7cf4bd368b1
　　https://iju-ibaraki.jp/feature/people/1103.html
　　https://norman.jp/stg/hirotosugawara/
　　https://cocolococo.jp/20364
　　https://norman.jp/stg/hirotosugawara
　　https://www.frogs-corp.jp/post/hitachifrogs_organizer_interview
　　https://www.city.hitachi.lg.jp/citypromotion/hitachishi_sugoi/1010870/1004685.html

14）　https://www.facebook.com/profile.php?id=100066699736177&locale=ja_JP

15）　https://www.facebook.com/ibarakiiju/?locale=ja_JP

16）　https://www.city.hitachi.lg.jp/citypromotion/otameshi_iju/1010867/1004642.html

17）　https://www.hitachifrogs.com/hitachinakabridgeproject

18）　https://civicpower.jp/tva/

19）　https://www.ryukyu-frogs.com/ および https://www.frogs-corp.jp/，山崎暁『教えない勇気：非認知能力を磨く 沖縄発・frogs プログラム』2024 年，ラーニングス．

20）　https://readyfor.jp/projects/Hitachifrogs および https://readyfor.jp/projects/hitachifrogs2020

21）　https://mitouteki.jp/

22）　https://www.pref.ibaraki.jp/bugai/hisho/eiten/news/20221109.html

23）　以下の内容は，亀ヶ谷氏へのインタビューやそれぞれの箇所で引用しているウェブページのほか，以下のウェブページの内容にも基づいている．また，2019 年11 月 11 日に群馬県高崎市の Spectrum Space において開催された第 29 回組織に

おけるキャリアとワークスタイル研究会の内容にも一部基づいている.
https://komabatodaimae.com/dagashi_kamegaya/
https://www.instagram.com/kamega_ya/
https://x.com/kamega_ya/
24） https://komabakodomokaihp.wixsite.com/komabakodomokai
25） https://www.kamegaya.tokyo/

第**4**章
教育分野で活躍する地域リーダー[1]

若 林 隆 久

はじめに

　本章では，教育分野で活躍する地域リーダーとして，野崎浩平氏，泉川良基氏，沼田翔二朗氏の事例を取り上げる．野崎氏は，高知県にある私立土佐塾中学・高等学校の教員を務めながら，学校外で「会いに行けるセンセイ」として活動・情報発信し，地域での取り組みにも携わっている．泉川氏は，沖縄県立宮古総合実業高等学校の教員を務めており，現在は教育の面から宮古島を良くしていこうという取り組みをしている．沼田氏は，2011年から群馬県で活動する特定非営利活動（NPO）法人 Design Net-works Association の代表を務めている．三者ともに学校と地域や社会をつなぐ活動の必要性や意義を感じて取り組んでいる．

1. 会いに行けるセンセイ：野崎浩平氏[2]

（1） 経歴
　野崎浩平氏（写真4-1，通称：のざたん）は，大阪府出身・神奈川県育ちであり，学校の教員をしながら「会いに行けるセンセイ」として活動・情報発信をしている．教員になるためではなく広く教育業界に携わる上で取得した方が良いと考えて大学在学中に教員免許を取得した．卒業後は母校からの依頼を受けて偶然教員としてのキャリアを開始する．その後，友人から株式

会社ベネッセコーポレーションの新規事業立ち上げの相談を受けたことをきっかけに同社に転職し，教室事業の教室運営，カリキュラムや商品の企画開発を行い，他企業とのコラボレーション・プログラムの立案や，実習を行う後輩の育成にも注力した．その後，働き過ぎで体調を崩したことを契機に高知へ移住し，教員以外の仕事を経て再び教員の仕事に取り組んでいる．

出典：野崎浩平氏ウェブページより．

写真 4-1 野崎浩平氏

「生徒も私も一緒に考えて学ぶ．そうするうちに，彼らが自然と学び始める」がモットーであり，「『学ぶこと』が自由であり多様であると認められる環境にしていくこと」をミッションとして掲げて，教員自身がセルフ・ブランディングを行い，保護者と社会人とともにコミュニティを形成して，子どもたちが安心して自分らしく成長する場の提供を広げていくことを目指している．

高知市の私立土佐塾中学・高等学校の教員を務めるほかに，一般社団法人ハンズオン[3]共同代表，Canva 認定教育アンバサダー（Teacher Canvassador），こうち起業部 Switch[4]のアンバサダーとメンター，などを務める．それ以外に，Voicy パーソナリティとして「学びのセカンドオピニオン」という番組[5]の配信や，LEGO®SERIOUS PLAY®[6]メソッドと教材活用トレーニング修了認定ファシリテータとしても活動している．

(2) 会いに行けるセンセイをはじめとした地域での取り組み

野崎氏は，2019 年 5 月に開催された「こうち 100 人カイギ vol. 5」[7]への登壇をきっかけとして，先生が社会に出て行って，社会の一部として機能した方が良いと思い始めた．学校外のイベントに参加すると，そういった場で学

校の先生というものは珍しく，学校の先生の話を聞いてみたいという人も多かった．また，先生にとってもためになることは多かった．先生が社会に出ていくことには何か価値があるのではないかと考えた．ちょうど学習指導要領の全面改訂を控えたタイミングでもあった．探究的な学びは大事であるが学校の先生だけで実施することは難しく，社会の人に知ってもらいつながる必要性を感じていた．そこで，2019 年に経済産業省の「未来の教室」実証事業であった Hero Makers[8] に参加したことをきっかけに，高知県内の教育者と社会人とをつなぐコミュニティである Tosa Educator's Guild（TEG）[9]を設立した．

　また，世の中からは学校に対して速い改革の要望がある一方で，それを学校に戻って伝えても，理解されず実際に改革へと動き出すことは難しかった．その時に勤めていた学校は伝統的な学校であり ICT 化を含めた改革が遅々として進まない状況から，自分の実現したい学びのために 2020 年 4 月から土佐塾中学・高等学校へと転職することにした．そして，まなび創造コース[10]という探究学習に特化したコースの立ち上げに携わることとなった．また，コロナ禍において情報発信を続けていると，連絡を取ってくれる県内外の教育関係者が現れるようになった．

　そんな中，「先生という職業の人とフラットに話す機会がない」という相談を受けて，自らが毎週一度コワーキングスペースである Kochi Startup BASE[11] に出向いて，誰でも自由に現役の学校教員と話せる「会いに行けるセンセイ」という活動を 2020 年 8 月から始めることにした．そこには，生徒，保護者，教員などの関係者が学校外で立場を離れてフラットに話せる場所が不足しているという課題意識があった．活動を始めてみると，次第に人が訪ねてくるようになり，特に教育に関する悩みを聴くことが多かった．

　学校の先生は子どもの様子を見たり話を聞いたりすることに長けており，そういったことが社会で役立てられるのではないかと考えている．野崎氏自身は，子どもを追いかけずに，話しかけたい時にいつでも話しかけられるような雰囲気を出すようにしている．そうすれば，子どもが話している時は話

したいことを話してくれている状態であり，その前提により言葉を追うことに集中できる．「先生はそのまま聞いてくれるから助かる」と何人かの元生徒から言われたことで，この接し方で良いと確信することができた．このような接し方をするようになったひとつのきっかけとしては，高知に来る前に働いていた時に，子どもの話をじっと聞いていたらいろいろと思ってもみなかったことを話してくれた経験がある．野崎氏はそれまでは教えることに興味があったが，この経験で子どもから教えられたことのインパクトが大きく，子どもの話を聴いている方が面白くなり，子どもに話をしてもらっている状態が好きになった．

(3) 起業に関する取り組み

地域の様々な場に出ていくと，高知県が様々な起業に関する取り組みを始めていたこともあり，こうちスタートアップパーク[12]やこうち起業部Switch などの取り組みや，その担い手の人たちに関わることになる．こうちスタートアップパークのメンターに起業した方が良いと勧められたこともあり，一般社団法人ハンズオンを立ち上げ，それらの場となっている Kochi Startup BASE の運営に携わることになった．また，琉球 frogs[13]に端を発する frogs プログラムと呼ばれるイノベーター人財育成プログラムを，2021年と 2022 年に高知で実施した Ryoma frogs の手伝いもすることになった．さらに，2023 年の 8 月・9 月には，株式会社ガイアックスが，高知県の令和5 年度起業体験推進事業の企画・運営を受託して実施した小中学生向け起業体験プログラム「Local to Global（地元から世界へ）」に，サポーターとして参加している[14]．このプログラムは，高知の魅力を世界中に発信するアントレプレナーの育成を目指し，地元の小中学生が地域課題を解決するためのビジネスアイデアを考え，世界へ向けた発信力を養うことを目的とするものであった．野崎氏はその運営サポートや参加者へのアドバイスを行い，地域の未来を担う若い世代の成長を支援した．

学校外の地域の活動に誘われれば関わっていくのは，心のどこかで学校の

先生というものが社会に役立ってほしいと考えていて，そのロールモデルになりたいからなのかもしれない．そこで得たものを学校に還元することもできる．現在はオンラインで様々な学習リソースが提供されていて，いわゆる授業は自分自身でやらなくても良いような環境となっている．そんな中で，生身の人間として生徒と対峙する時に先生は何ができるのかというのが問いや問題意識となっている．

2. 宮古島の教育力：泉川良基氏[15]

(1) 経歴

泉川良基氏は，沖縄県中頭郡読谷村出身であり，沖縄県で高等学校の教員を務めている．高校卒業後に北海道大学に進学し，同大学大学院理学院数学専攻を修了後に，教員の道に進んだ．初めて常勤で働くことになった夜間の高等学校で，これまで積み上げてきたものが通用しないという経験をした．その後，沖縄本島の高校で正式採用となった後も，自分の人生経験が足りず世間のことをよく知らないという感覚がずっとあり，積極的に自分にとってアウェイであるような場所に出向いて行動するようになった．しかし，半年ぐらいそうしたことを続けてみて，10年経てば自分も人生経験が豊かになりいろいろなことを語れるようになるが，それは10年経つまでの間に自分のもとで教育を受ける子どもにとっては不幸なことであると気づいた．

人生経験が豊かな人を学校に連れてくる方が早いし，子どもたちのためになるのではないかと考え，いろいろな人の話を聞き，学校でその人から聞いたことを話したり，学校に呼べそうな人がいれば呼んで話をしてもらったりした．まずは自分の友人知人から始め，次第に人の話を聞く楽しさに気づき，タクシーの運転手や散歩中に隣に並んだ人など出会った人の話を片っ端から聞くようになった．結果として約1年で100人以上の話を聞くことになった．話を聞いた人の職種や話の内容のリストを生徒たちに見せて，どんな話を聞きたいかを考えてもらうこともした．泉川氏自身も，こんなにも生き方や人

との関わり方が多様であるということに気づき，学校と学校の外をつなぐべきであると思うようになった.

　最初のうちは泉川氏が学校外の人を呼んでお話をしてもらっていたが，次第にこういう人がいるから何かしてみませんかというような声がかかるようになっていった. そうしたきっかけで，当時勤務していた西原高校の近くにある沖縄キリスト教学院大学の玉城直美先生と一緒に，総合的な探究の時間でのSDGsに関する授業や職員研修を実施することになった. また，ビデオ通話を活用して世界の子どもたちが自由に交流するためのネットワークを提供する組織であるNPO法人スプラタルカ[16]と協力して，台湾の学校との国際交流をすることになった. この台湾の学校との国際交流の取り組みは，コロナ禍により当時勤めていた西原高等学校では実現できなかったが，次に赴任することとなる宮古総合実業高等学校で実現することができた.

　こういった活動に取り組む中で，学校教員だけではこのような活動を実施することは絶対にできないと感じ，学校外の様々な人の力を借りることで，学校教育の可能性が広げられると思うに至った. そうして，学校と地域をつなぐということが泉川氏の中でひとつの軸になっていった.

(2)　宮古島における取り組み

　泉川氏は，2020年4月から沖縄県立宮古総合実業高校に勤めることとなった. 普通高校から専門高校へと教育課程が変わり，学校内の人間関係作りも一から始める必要があった. また，地域という点では，それまで沖縄本島で作ってきたコミュニティを離れて，まったく知り合いのいない宮古島のコミュニティに入っていき，ゼロから人間関係を構築していかないといけない状況となった. 一方で，コロナ患者用の病床数が少ない宮古島では特に人に会うことが難しい期間が続き，教育DXを進めるためのICT化の業務で多忙となったこともあって，一時的に学外との連携を行うことはほとんどできなくなった.

　2022年頃からコロナ禍の影響も落ち着いてきて，宮古島の人たちと会っ

出典：宮古島冬まつりウェブページより．

写真 4-2　宮古島ウェブページ冬まつり

て話ができるようになった．その中で，一般社団法人 Mya-hk LAB.（ミャークラボ）[17]の代表である根間玄隆氏と教育について話し意気投合する機会があり，彼らが企画する宮古島冬まつり[18]の実行委員に誘われた．地域のお祭りに参加すれば知り合いができるだろうと考え二つ返事で引き受けることにした．

　宮古島冬まつり（写真 4-2）は，Mya-hk LAB. と島の学生・大人たちで企画するお祭りである．第 1 回は 2019 年 2 月 10 日，第 2 回は 2020 年 2 月 16 日，第 3 回は 2023 年 2 月 18 日，第 4 回は 2024 年 2 月 17 日に開催されており（場所はすべて JTA ドーム宮古島），現在も第 5 回が企画されている．コンセプトは，「みんなでつくる×実験する」であり，宮古島の冬を盛り上げるみんなでつくるお祭りである．宮古島を面白くするアイディアややってみたいことを「実験」の名のもと果敢に挑戦する，島の文化祭のようなイベントとされている．

　第 3 回宮古島冬まつりから関わることになった泉川氏は，運営側の学生たちのサポートをする役割を担いつつ，自分の学校の生徒にも声をかけた．例えば，海洋保全に興味がある生徒がビーチクリーン活動をして集めたゴミを

用いて，海ゴミアート体験をしてもらう出展をした．なお，このビーチクリーン活動は泉川氏が同僚である寄川順平氏とともに立ち上げた MEVC（芽吹く．宮古の価値を高めるコミュニティを意味する Miyako Enhance Value Community の頭文字をとっている）[19] という部活動で生徒が企画したものであった．泉川氏の前任校と，寄川氏の前任校がともに沖縄県西原町の近くであり，西原町で 10 年以上行われている NS^{2}BP（Nishihara Students Social Business Project）[20][21] をモデルにして MEVC は作られた．また，第 4 回宮古島冬まつりでは，宮古総合実業高校の生活福祉科のクラスが，宮古島冬まつりに来る子どもたちが遊べるようなブースを出している．

　宮古島冬まつりのような学校外での活動を行っていると，学校の外だからこそ子どもたちが輝けたり学べたりすることがあると感じる．学校の外で，自分で企画して運営する中で，子どもたちはどんどん変わっていく．学校の外でも学びの場を作ることで，学校教育の幅も広がっていく．ひとつの例としては，以下のようなエピソードがある．泉川氏の島外の知人の子どもが，引っ込み思案ではあるがものづくりが好きだったので，宮古島であればその子が前向きになれる場所を作れると思い，第 4 回宮古島冬まつりに参加してもらった．自分が好きで作ったものを誰かにお金を出して買ってもらうという経験をすればきっと人生が変わると考えた．宮古島冬まつりの実行委員や，クラフターズ・マーケット宮古島[22] というイベントを主催している安田澄江氏の賛同とサポートを得て，ブースを出すこととなった．結果として，普段は親のそばを離れないその子が，あちこちのブースへ一人で積極的に顔を出すようになったという．このような場は宮古島冬まつり以外にも存在し，宮古島のクリエイターが集まるイベントであるンマフツナグ[23] という，主宰者の砂川一紗氏の「スキ」を仕事にしている姿を子どもたちに知ってもらいたいという想いで開催されているイベントもある．

　もちろん，外部から学校に人を招いたり，生徒を学校外に連れて行ったりということには一定のハードルがある．そこで，泉川氏を校内地域コーディネーターと勝手に名乗って，学校の内と外をうまく結びつけるようにしてい

る．保険に入っているイベントであるかを確認したり，イベントの主催者から派遣公文を出してもらったりと，他の教員にも安心して関わってもらえるようにしている．場合によっては，学校ではできないことを外部の団体に主催してもらったり，外部の団体に生徒の活動記録を出してもらい実態に即した生徒の活動実績としたりするようにしている．

泉川氏は，教育の面から宮古島の抱える課題に取り組むための活動もしている．下地勇也氏を実行委員長とする未来の教育講演会に実行委員として携わり，現在はばらばらに取り組んでしまっている教員たちのコミュニティを創り出そうとしている．

3．NPO法人Design Net-works Association：沼田翔二朗氏[24]

(1) NPO法人Design Net-works Associationの設立

NPO法人Design Net-works Association（以下，NPO法人DNA）は，若者の社会活動を支援することを目的として2004年7月に設立された団体である．創設当時，全国初となる「理事・事務局員」すべてが群馬県内の学生によって構成される「学生NPO法人」として注目を集めた．前身となる学生による中小企業の魅力発信を行うCANWORK事業のほかに，群馬県若者就職支援センター（ジョブカフェぐんま）の設立・運営への参画，ラジオ高崎での「ラジコム」という番組でのパーソナリティの担当など，教育や地域活性化に関するプロジェクトを展開した．当初は，高崎経済大学地域政策学部の大宮登研究室が中心となって活動がなされていた．

現在のNPO法人DNAのビジョン

出典：NPO法人DNAウェブページより．

写真4-3 NPO法人DNAロゴ

は「群馬の10代一人ひとりが『学び』を通じて，自らの価値と可能性を感じられる社会を．」であり，ミッションは「群馬の10代に，しなやかな学びを」である（写真4-3）．そのために，「社会のつながり」と「豊かな対話」を軸とした教育活動を展開している．

(2) 沼田氏の経歴とNPO法人DNAの第二創業期

沼田翔二朗氏は，北海道士別町出身であり，2011年から現在に至るまでNPO法人DNAの代表理事を務めている[25]．2021年から2024年にかけて群馬県の教育委員会委員[26]，2022年から群馬県地域づくり協議会会長，などを歴任している．

沼田氏は，高崎経済大学地域政策学部に進学後，1年生の時にひきこもりとなってしまった．生活費を稼ぐために始めたアルバイトで先輩から感謝された言葉がきっかけとなり，2年生から大学に戻ることができた．2年次からの大学生活のリスタートとなり，遅れを取り戻したい思いもあり，中身の濃い経験を大宮登ゼミとNPO法人DNAに求めた．しかし，この時のNPO法人DNAは，大宮登先生の定年退官が近づき，大宮登研究室を中心としてきたこれまで通りの活動を継続できないという課題に直面している時期であった．また，人を雇用できるような事業規模ではなかった．新しい事業を起こさない限りは，新たな未来を作れないことは明らかであった．

そのような状況の中で，沼田氏はNPO法人DNAの代表理事となることを決心する．「今の学生は非常に個人化した社会で生まれ育っているため，多様な人や多様な現場と関わる力が弱く，社会と関係を作っていく力が弱い」と憂慮し，学生と社会の接点を作ることを目的として大宮先生はNPO法人DNAを発足させた．大宮先生の，自分で考えることと相互に交流して学ぶことの両方が必要であるという教育観は，実体験からも本当に大切なものであると沼田氏は感じていた．それを誰かが引き継ぐべきであると考え，自分が引き受けることを決断した．その際，現在まで一緒に活動を続けているNPO法人DNAの後輩である辻岡徹也氏に声をかけ，事務局長になって

もらった.

第二創業期として教育事業を立ち上げる契機となったのは，4年生の時に参加したNPO法人ETIC.[27]が主催するアメリカン・エキスプレス・リーダーシップ・アカデミー（以下，リーダーシップ・アカデミー）であった．沼田氏は，代表理事となるまではそれまで継続されてきた活動を続けることしか考えられていなかったが，代表理事となってからは新たな事業をどうするかについて考えるようになっていた．誰に相談すればよいのかもわからない中で，ウェブで検索してNPO法人ETIC.の活動を知り参加するようになった．その中で，リーダーシップ・アカデミーを紹介されて参加することにしたのである．

リーダーシップ・アカデミーの参加者には，既に社会的な事業を起こしていて，誰のどんな課題を解決するためにどんな事業をするかについて，ものすごく熱い想いで語っている人たちがいた．そういったことを語れない自分に劣等感を感じ，打ちのめされた．誰のどんな課題を解決するためどんな事業をするのかを問われる中で，高校生の自己肯定感や社会参画意識が低いという課題に突き当たった．実際に群馬の高校生600人ぐらいを対象にアンケート調査を実施すると，確かに自己肯定感や社会参画意識が低い結果が出た．

この課題に向き合い解決するためには，学校教育と協働することが必要であることがわかった．何かのイベントを開催しても，自発的に参加してくれるのは相対的に自己肯定感や社会参画意識が高い生徒たちである．自己肯定感や社会参画意識が低い生徒を対象とするためには，学校教育と協働する必要がある．

そこで，学校の現状を調べてみると，うまくいっている事例として，普通科ではない総合学科の高校では「産業社会と人間」という教科があって，地域社会と関係を持ちやすかったりキャリア教育の要となっていたりすることがわかった．さらに調べてみると，職業人講話のように学校外から人を呼んで話をしてもらっても，生徒にとっては先の話過ぎる内容となっており，そこにたどり着くまでのプロセスを学べないという課題があった．そこで，多

第 4 章　教育分野で活躍する地域リーダー　　　　　　　　　　71

出典：NPO 法人 DNA ウェブページより．
写真 4-4　NPO 法人 DNA の活動の様子

忙な学校の先生たちの代わりに，学校外の人の現在にたどり着くまでのプロセスから学べるような授業をコーディネートするという「未来の教室」事業を着想するに至った（写真 4-4）．また，群馬県少子化対策青少年課の委託を受け，「高校生のためのライフデザイン講座」を県内高等学校で実施することになった．こうして学校教育と関わっていくきっかけができ始めた．

　これまで継続していた事業から撤退し，新たな事業を軸としていくにあたって，NPO 法人 DNA の体制も変わっていった．学生だけの理事会から，教育や社会的事業などの分野に携わっている人からなる理事会に変えていき，理事会が機能するようにし，これからの方針を立てていった．法人としての事業報告会も外部に開いていき，次の方向性について情報発信を行い合意を形成していくという機運や文脈を作っていった．

(3)　コーディネート事業への移行

　現在は「未来の教室」のようなひとつの授業を行う事業から，学校のカリ

キュラム全体をコーディネートする事業へと軸足を移している．昨今の学習指導要領の全面改訂もあり，高等学校は教育目標を定め，資質・能力の育成に取り組み，「総合的な探究の時間」にも取り組まなければならなくなった．どんな生徒を育てたいかという教育目標や身に付けるべき資質・能力を言語化し，その教育目標を達成するためのカリキュラムを設計し，特に「総合的な探究の時間」について企画・運営するという業務を，それぞれの学校の状況に合わせて，合意やチーム形成まで含めて一緒に取り組むのが，コーディネート事業である．

これらは以前から NPO 法人 DNA が「地域社会とのつながりを持って学んでいくことがますます必要になるのではないか」と考え取り組んでいた内容でもあった．それが，学習指導要領が全面改訂され，探究学習が浸透し，受け入れられフィットするようになっていった．コロナ禍でこれまでのような対面での授業が行いづらくなる中で，NPO 法人 DNA の事業は大きくコーディネート事業へとシフトしていくこととなる．

NPO 法人 DNA が対象とする高等学校では，義務教育である小学校や中学校と比べて地域とのつながりが希薄である．そこで，地域の中小企業などに協力してもらいながら「総合的な探究の時間」を実施していく．企業などの人には，子どもたちがこれから幸せに自分の人生を歩んでいったり社会を担っていったりする力を身に付けることは，学校の普段の授業だけでは難しく，地域の人たちの力を借りなければ実現できないとお願いして，協力してもらっている．企業の側にも，若い従業員が，高校生や自社の経営者と関わっていく中で，モチベーションを高めたり，自身の仕事の意味付けや再定義ができたりするという，人材育成としてのメリットがある．また，次世代に関わることは企業の重大な使命であるとして取り組んでくれる企業も多い．

授業だけではなく，若い人が挑戦できるような環境を整えていくことが重要であると考えている．応援があってはじめて踏み出せることも多く，高校生が挑戦することを大人が本当に応援しているというメッセージも発信するようにしている．

学校と地域や社会を結びつけられるような人材は不足しており，現在の
NPO 法人 DNA は，キャリア教育コーディネーター協議会によってキャリ
ア教育コーディネーター育成機関として認定され[28]，キャリア教育コーディ
ネーター養成講座を開催することを通じて，学校と地域を結びつけられるよ
うな人材の育成にも取り組んでいる．

おわりに

取り上げた 3 つの事例から得られる示唆を述べて本章のまとめとしたい．

野崎氏も泉川氏も沼田氏も，それぞれの置かれた地域の状況において，学
校と地域や社会をつなぐ活動の必要性や意義を感じて取り組んでいた．それ
ぞれの方法やアプローチは異なるが，学校だけではなく地域の様々な主体が
関わって教育に取り組んでいく重要性が示唆される．

学校の教員である野崎氏や泉川氏は，問題意識をもって学校外に出ていき
地域や社会とのつながりを作っていった．その上で，学内外で授業やイベン
トやコミュニティをコーディネートする立場となっている．一方で，多忙さ
もあり，このような行動ができる先生がいない場合もある．そこで，群馬県
では，学校外の組織である NPO 法人 DNA が，コーディネートも含めた学
校の支援をする役割を務めている．

このような学校と地域や社会とつなぐ活動は，学習指導要領の改訂や「総
合的な探究の時間」の導入などの教育をめぐる環境の変化によって推し進め
られることとなった．もちろん，その背景には，より大きな社会の変化が存
在する．本章で取り上げた事例では，それぞれ異なる形で現在の教育の課題
を認識して取り組んでいる．

謝辞
お忙しい中，快くインタビュー調査に応じてくださった野崎浩平氏，泉川良基氏，
沼田翔二朗氏に心より御礼申し上げます．なお，本研究は，各年度の高崎経済大学

74

研究奨励費および JSPS 科研費 19K13804 の助成を受けています．

注

1) 本章の内容は，主に，2024 年 1 月から 2 月にかけて行われた野崎浩平氏，泉川良基氏，沼田翔二朗氏のそれぞれへのインタビュー，および，ウェブ上の情報に基づいている．そのため，本章の内容は特に記載がない限り，インタビュー時点のものである．なお，本章執筆にあたって参照したウェブページについては，2024 年 12 月に改めて検索・閲覧している．

2) 以下の内容は，野崎氏へのインタビューやそれぞれの箇所で引用しているウェブページのほか，以下のウェブページの内容にも基づいている．
   https://tosa-edu.com/
   https://note.com/nozkoh

3) https://hand2-on.org/

4) https://www.startup.kochi.jp/

5) https://voicy.jp/channel/3708

6) https://www.seriousplay.jp

7) https://prtimes.jp/main/html/rd/p/000000084.000023448.html

8) https://www.learning-innovation.go.jp/verify/d0081/

9) https://tosa-edu.com/index.php/about/

10) https://tosajuku-edu.note.jp/

11) https://startup-base.jp/

12) https://startuppark.org/

13) https://www.ryukyu-frogs.com/ および https://www.frogs-corp.jp/

14) https://www.gaiax.co.jp/pr/press-07212023/

15) 以下の内容は，泉川氏へのインタビューやそれぞれの箇所で引用しているウェブページのほか，以下のウェブページの内容にも基づいている．https://miyako-winterfes.com/

16) https://www.supratarka.org/

17) https://myahklab.com/

18) https://miyako-winterfes.com/

19) http://www.miyasou-h.open.ed.jp/2023/06/mevc-mevc-mevc-smile-coco-mevc.html

20) https://nishiharasbp.wixsite.com/ns2

21) NS²BP は，一般社団法人未来の大人応援プロジェクトのソーシャルビジネスプロジェクト（https://mirai-otona.jp/sbp/about/）をもとにしている．

22) https://crafters-market.localinfo.jp/ および https://www.instagram.com/crafters_market_miyakojima/

23) https://note.com/shimawo_tunagu

第 4 章　教育分野で活躍する地域リーダー　　　75

24）　以下の内容は，沼田氏へのインタビューやそれぞれの箇所で引用しているウェ
　　　ブページのほか，以下のウェブページの内容にも基づいている．
　　　https://npo-dna.org/
　　　https://researchmap.jp/shojironumata
　　　https://www.npo-homepage.go.jp/npoportal/detail/010000328
　　　https://yukemuriforum-gunma.jp/program/npnu
　　　https://takasaki-life.com/support/2265/
　　　https://takasaki-life.com/learn/2277/
　　　http://gunmaai.jp/network/italk/data/008/
　　　https://note.com/gunma_chidukyo/n/n8c66d5a4699e
25）　なお，NPO 法人 DNA は，2025 年 3 月 31 日までに全事業活動を終了して，解
　　　散する予定である．理由や経緯などの詳細については，NPO 法人 DNA のウェブ
　　　ページに詳しい．
26）　https://www.pref.gunma.jp/site/houdou/666299.html
27）　https://etic.or.jp/
28）　https://www.human-edu.jp/coordinator/become-a-coordinator/

第5章
観光分野で活躍する地域リーダー[1]

若 林 隆 久

はじめに

　本章では，観光分野で活躍する地域リーダーとして，一般社団法人おらが大槌夢広場の神谷未生氏と株式会社 Okibi の金井怜氏の事例を取り上げる．神谷氏は，一般社団法人おらが大槌夢広場の三代目の代表理事を務めている．一般社団法人おらが大槌夢広場は，岩手県上閉伊郡大槌町が東日本大震災から復興していくにあたって設立された民間の団体であり，幅広く地域づくりや観光に携わっているが，その主軸となる事業のひとつが独自のツーリズム事業である．金井氏は，自身が創業した株式会社 Okibi の代表取締役として，アウトドアやキャンプの領域で，地域や業界において特徴的な取り組みをしている．両者ともに必ずしも観光というひとつの分野におさまらない幅広い活動をしているが，観光における体験の価値やコミュニティに関わる独自の取り組みをしている点が共通している．

1.　一般社団法人おらが大槌夢広場：神谷未生氏[2]

（1）　一般社団法人おらが大槌夢広場
　一般社団法人おらが大槌夢広場（以下，おらが大槌夢広場）は，岩手県上閉伊郡大槌町が東日本大震災から復興していくにあたって 2011 年 11 月 1 日に設立された民間の団体である（設立時の代表理事は阿部敬一氏，事務局長は

臂徹氏)[3]．ウェブページには「当団体は皆がともに夢を見つけ，育て，叶える場所です．そのために，人が人をそだて，人がまちをつくる事業を行っています」とあり，「人が人を育て，人が町を育てる」というビジョンのもとに活動している．設立直後の2011年11月11日営業開始のおらが大槌復興食堂をはじめ，10年以上にわたる歴史の中で様々な事業に携わっている．2012年3月の本格的な開始から現在に至るまで取り組み続けている事業としてツーリズム事業があり，語り部ガイドによる震災伝承（写真5-1）も交えながら，大槌の人も含めて関わる人の意識を変化させる「学びのツーリズム」として続けられてきた．参加した企業の人事担当者からの企業研修としてのニーズがあるのではないかとの声もきっかけとして，狭い意味での被災地視察や復興ツーリズムとしてだけではなく，被災疑似体験プログラムという防災意識を高める研修や企業研修の特にリーダーシップ研修としても大槌を訪れる人を増加させていくコンテンツとなっている（写真5-2）[4]．なお，ツーリズム事業に当初から携わり，「学びのツーリズム」や後述する「決断のワークショップ」といったコンテンツの開発の中心を担ったのは，二代目

出典：公益財団法人日本生産性本部提供．

写真 5-1 語り部へのインタビュー（2023年1月6日）

出典：公益財団法人日本生産性本部提供.

写真 5-2 「おしゃっち」での視察（2023 年 1 月 6 日）

代表理事の臼沢和行氏である.

　おらが大槌夢広場は，大槌町の中心部で被災後も形が残った数少ない建物である「ルート 45」に集った人々の中から生まれ，2011 年 11 月 1 日の設立直後の 11 月 11 日からおらが大槌復興食堂の営業を開始している．当初はやれることは何でもやるというスタンスで，主要なものだけでも，復興館，大槌新聞，町方ドームハウス・コミュニティスペース，こども議会，古民家再生プロジェクト，独立開業支援，若者育成事業など多岐にわたって活動している[5]．2013 年 1 月には「平成 24 年度地域づくり総務大臣団体表彰」を受賞している[6]．町からの委託事業を中心に事業規模も初年度の 2 倍となり，雇用も 20 人程度になっていた．一方で，町の雇用創出事業の終了を見据えつつも，設立からの時間の経過と事業の拡大に伴う多忙化によって組織運営の壁にぶつかっていた．

第 5 章 観光分野で活躍する地域リーダー　　　　79

出典：一般社団法人おらが大槌夢広場ウェブページより．
写真 5-3　当時のおらが大槌夢広場のメンバー（神谷氏は左から 2 番目）

　そのような流れを受けて，2014 年 1 月から二代目の代表理事を臼沢和行氏，副代表理事を上野拓也氏，事務局長を神谷未生氏とした地元主体の新体制となり（写真 5-3），事務所を移転し，前述の学びのツーリズムや若者育成に注力するようになっていった．ツーリズム事業は 2014 年度の個人・団体の受け入れ人数が約 1 万人に上っており，夏にはそれまで試行してきた「決断のワークショップ」（写真 5-4）を正式に開始した．震災後に実際に大槌の町民や行政職員が直面した課題をテーマに，個人として，リーダーとしての決断を導き出していくという内容である．ツーリズム事業の担当者である臼沢氏が，企業の受け入れを通じて組織のリーダーや経営者と接し，「リーダーに求められる資質とは何か」という自問自答を繰り返す中でたどり着いた，「覚悟を持って決断し実行する力」がリーダーにとって重要であるという考えが根底にある．何度も実施する中で，正解がない課題に向き合うことの難しさと，選び取るために必要な覚悟の重さを体験してもらうこのワークショップが，リーダーシップを学ぶための有効な手段であると確信するよ

出典:公益財団法人日本生産性本部提供.

写真 5-4 決断のワークショップ（2023 年 1 月 7 日）

うになっていったという．

　コンテンツのみならずプロモーションにも力を入れることで，ツーリズム事業をおらが大槌夢広場の収益の柱とするための方策を講じたが，2015 年度の受け入れ人数は約 6,600 人まで減少していた．一度訪れた企業のリピート率は 8 割に上り，新規の問い合わせも増えており，企業研修や教育旅行の受け入れ人数は増加していた．一方で，震災から時間が経過し，各地で災害が続く中で，東北への関心は低下していき，個人客や観光バスのツアーは半減していた．ツーリズム事業以外の収益事業が必要であった．

　2017 年の年明けには，仮設建造物である移転後の事務所を秋までには退去するように国土交通省から通知を受け，これからおらが大槌夢広場をどうしていくかについて結論を出す必要に迫られた．おらが大槌夢広場が安定的に雇用できるのは一人だけであった．大槌で震災伝承に取り組む団体がなくなってしまうという危機感や，震災後に発足した地域づくり団体が減ってき

ている流れに抗いたいという想いから，「一人でもやっていきたい」とする
神谷氏が 2018 年 1 月から三代目の代表理事兼事務局長に就任することとなっ
た．

　神谷氏一人の体制となった後も，震災伝承とツーリズム事業は継続しながら，「おしゃっち」の愛称で親しまれ町のハブとなっていた大槌町文化交流センター[7]の指定管理者となり，現在は町内の女性を中心として 10 人強の雇用を持つに至っている．神谷氏は，彼女たちに「失敗してもいいからまずは挑戦する」ことを伝え，権限と裁量を与えて，彼女たちの成長できる場をつくっている．周囲の協力を得ながら試行錯誤し実行する経験を通じて，「おしゃっち」の運営やサービスは充実していき，また，彼女たちも自信をつけ成長していった．

　また，大槌町が移住促進の取り組みの一環として地域おこし協力隊制度を導入するにあたって，2021 年 4 月からは隊員の活動を支える地域おこし協力隊事務局業務，2021 年 10 月からは移住者や町に暮らし続けたいと思う町民のサポートをする移住定住事務局[8]の業務を大槌町から受託している．さらに，2021 年度に始まった「大槌町震災伝承プラットフォーム構想」に基づく「『震災語り部』の育成」と「震災教育・研修コンテンツ」の開発・整備」という 2 つのワーキンググループの受託もしている．現在のおらが大槌夢広場は，大槌町の地域づくりの民間側の中心的な担い手となっている．

(2) 神谷氏の経歴

　神谷未生氏は，愛知県名古屋市出身であり，一般社団法人おらが大槌夢広場の三代目の代表理事を務めている．もともとは国際的に活動していた看護師である．高校卒業後にアメリカの大学に留学し，看護師の資格を取得してアメリカの病院で働いていた．9.11 で一時的に帰国していた際に日本の看護師の資格も取得している．その後，アメリカの病院で，ミッション・チームと呼ばれる海外派遣医療団を経験して国際協力に興味を持つようになる．国際協力の分野で働くためには修士の学位が必要であり，青年海外協力隊とし

て2年間活動した後に，外務省から奨学金を受けてイギリス・ロンドンの大学院に進学することが決まった．青年海外協力隊の任期終了後に帰国したのが2011年3月であり，ロンドンの大学院への進学予定は2011年9月であったため，その半年間を被災地で活動することに決め，国際NGOのGood Neighbors[9]を通じて2011年4月から同年8月にかけて大槌町に派遣されることとなった．

その後，約1年間の留学を経て帰国した後に再び大槌町を訪れ，おらが大槌夢広場の活動に加わることになる．2012年12月から特定非営利活動法人ETIC.[10]の被災地支援の「右腕派遣プログラム」を活用して，まずは3か月活動することになった．3か月だけでは十分なことはできず契約期間を9か月延長して1年とした．そして，ちょうど地元主体の新体制に移り変わる時期であったこともあり，2014年1月からは二代目の事務局長としておらが大槌夢広場で活動を続けることになった．

この新体制となったタイミングで，理念とビジョンを策定し，助成や受託などを含めておらが大槌夢広場が何をしていくかを現場のメンバーも関わって決められるようにし，震災後の変化である多くの人たちが大槌町を訪れてくれる状態を継続できるように震災伝承をするツーリズム事業を軸にすることにした．

2018年1月に神谷氏が代表理事となってからは，これまで積み重ねた活動をもとに大槌町との関係性もより強固となり，前述のように様々な地域づくりやまちづくりの仕事を行うようになっていった．神谷氏自身も，これらの仕事を受けることで，若者の雇用を作り出し，若者にまちのことを知ってもらいながら育成できることを重視するようになっていった．それまでの活動を通じて，特に女性が活躍できる場がないことが問題なのではないかと感じていたことを，おらが大槌夢広場が仕事を受けることで変えられるのではないかと考えている．

都会では人が多いために年齢や役職で定められた場でしか活躍できないこともあるが，地方では人が少ないので自由に活躍する場や活躍の仕方を選ぶ

ことができる．そういう場に出会えたり，活躍できる場の広さを活かせたりする人が活躍する傾向にあるという．また，地方では，役職や立場とは関係のない人間関係がより重視されていて，誰とでもつながりやすく，ふとした機会に話しかけるようなちょっとした行動ができることが大きく影響する．

2. 株式会社 Okibi：金井怜氏[11]

(1) 金井氏の経歴と株式会社 Okibi

金井怜氏（写真 5-5）は，東京都出身であり，株式会社 Okibi[12]の代表取締役を務めている．大学卒業後に総合商社に入社し，国内外で，鉄鋼，エネルギー，鉄道関連を中心に 14 年間勤めた．2021 年 5 月から 2022 年 9 月末までアウトドア関連の会社での勤務を経て，アウトドア関連のコンサルティングや運営支援を仕事として独立した．顧客からの要望もあり，2023 年 1 月に株式会社 Okibi を設立した．現在はほぼ 1 人の会社であり，金井氏個人の仕事と株式会社 Okibi を切り離すことは難しいため，本項ではそれらを合わせて紹介する．

金井氏は，以前から趣味でアウトドアやキャンプに親しんでおり，転職後のアウトドア関連の会社での経験を経て，ビジネスを行う領域としての魅力を感じて，この領域での起業を決意した．アウトドアやキャンプのブームによる盛衰やそれに伴う業界の課題などを認識しつつ[13][14]，大企業における経験から見ると不足している点が多いことを伸びしろと捉えた．自分の培った能力を発揮して，社会に対して貢献してインパクトを与えられる可能性や程度が高い領域であると感じたことが最大の理由である．この領域での金銭的な収

出典：株式会社 Okibi ウェブページより．

写真 5-5 金井怜氏

入はどちらにせよ大きくないことから，雇用されるよりも起業をした方が上振れする可能性があるということも考えたという．

「アウトドアとキャンプが仕事」としており，現在は，キャンプ場再生人として，アウトドア事業者のコンサルティングや運営支援，施設運営，アウトドア商品開発，などを手掛けている．アウトドア事業者のためのビジネスWeb メディア「OUTSIDE Works」を立ち上げて編集長を務めている[15]．

株式会社 Okibi は，同社ウェブページによると，アウトドア支援，ウェブメディア，アウトドア物販，コンサルティングを事業としている．地球上のアウトドアをもっとたのしめるよう世界のアウトドアの領域を支援することをミッションとしている．そのためには，持続的なビジネスにすること，継続的にゲストに楽しんでもらうことが大切であり，その支援を行うことが事業内容である．アウトドア事業者をビジネスの側面から支援することで，もっと自然を楽しめる社会を目指している．焚き火やキャンプファイヤーで燃え盛った炎の後の「熾火（おきび）」が，静かに熱を持ちながら燃え続けるようにアウトドア事業者のビジネスを支援したいと考えたことが社名の由来である．

(2) 地域や業界における特徴的な取り組み

以下では，金井氏および株式会社 Okibi による，地域や業界における特徴的な取り組みとして，① Sacco Sagazawa と②シェラ X プロジェクトを取り上げる．それぞれ性格が異なるものであるが，金井氏および株式会社 Okibi が解決したい課題やそのためのアプローチの独自性を表している．

① SACCO Sagazawa[16]

SACCO Sagazawa（サッコサガザワ，写真 5-6）は，金井氏が運営する山梨県上野原市秋山にあるキャンプ場施設であり，その運営方法に特徴がある．都内から中央道で 60 分という立地にある「さがざわキャンプ場」を，知人のつてで借りて運営できるようになった．先着 10 組限定の月額 8,800

円でさしあたりは 2025 年 7 月までの運営を試行している[17].SACCO Sagazawa という名前はケニアの相互扶助の仕組み「SACCO (Saving and Credit Cooperative Organization)」に由来し,SACCO Sagazawa は「Sotoasobi and Camping Co-Operative Sagazawa」であるとされている.

「みんなの裏山」というコンセプトで「キャンプ以上,サバイバル未満の裏山遊び」をうたった会員制の裏山として,地域の裏山やキャンプ場を楽しみな

出典:Sacco Sagazawa の Instagram より.

写真 5-6 Sacco Sagazawa

がら共同運営することを目指している.キャンプを楽しむだけからキャンプする場作りに興味が移ってきた人たちをターゲットとして,「山を買うほどじゃないけど,運営に携わりたい,手触り感が欲しい」というニーズに応えている.これまでのキャンプ場が実施している一般型やサブスクリプション型の事業者側が維持管理や設備投資をすべて行うモデルと対比して,組合型として運営や設備投資を会員と事業者で分担する新たな仕組みである.事業者である株式会社 Okibi は,エリアの情報共有,プロジェクトの発信,定期的なイベント開催と,外部委託による月に 1,2 回の共有部に関する最低限の清掃とメンテナンスだけを担う.

みんなで管理・運営し,みんなで楽しく遊び,みんなで良くしていく場所であるため,会員規約と Values & Rules(図 5-1)がきちんと定められており,これらに同意と共感・遵守することが求められる.

会員は代表者を決めれば最大 3 名までで持ち合うことができ,自身の家族

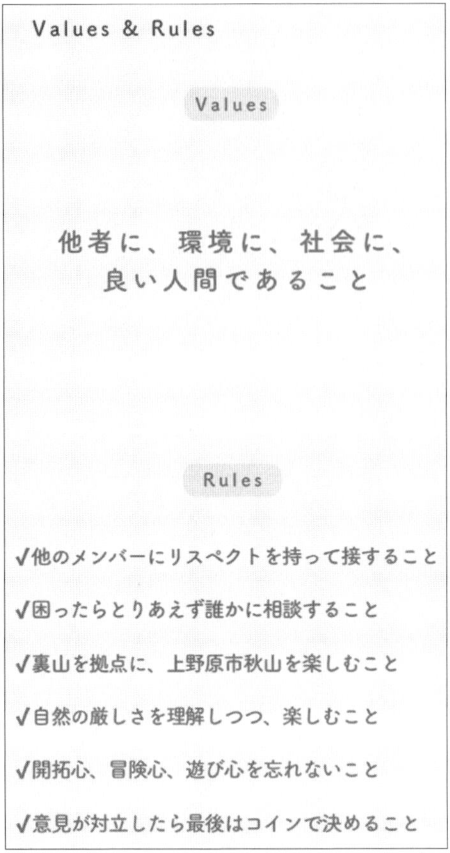

```
Values & Rules

        Values

他者に、環境に、社会に、
良い人間であること


        Rules

✓他のメンバーにリスペクトを持って接すること

✓困ったらとりあえず誰かに相談すること

✓裏山を拠点に、上野原市秋山を楽しむこと

✓自然の厳しさを理解しつつ、楽しむこと

✓開拓心、冒険心、遊び心を忘れないこと

✓意見が対立したら最後はコインで決めること
```

出典：株式会社 Okibi ウェブページより．

図 5-1　サッコサガザワ Values & Rules

以外に一度につき 2 組（4 名）までを呼ぶことができる．これによって会員の友人や知人にギフトを楽しんでもらう体験ができる．SACCO Sagazawa やその近くでできることとしては，キャンプ，BBQ，サウナ，沢遊び，山登り，畑いじり，ロードバイク，釣り，自然教育，作品制作，DIY，仕事，ゴルフ，などが挙げられている．組合型として会員が長期的に関わるのみならず，複数人で持ち合ったり，友人知人を呼べたりできるようにし，キャンプ場外の地域でも活動することを奨励することで，地域の交流人口や関係人口を増やし活性化に資することを目指している．従来のキャンプでは，一人あるいは一家族が一時的にキャンプ場に滞在し，限定された場所で消費をするだけになってしまうという点を克服している．

②シェラ X プロジェクト

　シェラ X プロジェクトは，キャンプブームが到来し，キャンプ人口やキャンプグッズメーカーが増加したことによって生じている様々な問題をコミュニケーションの問題と捉え，キャンプ道具のシェラカップ（アウトドアで，食器や調理器具として使用される金属製の小型カップ）を使って遊びながら

第 5 章　観光分野で活躍する地域リーダー　　　　　　　　　　87

面白がりながらコミュニケーションを取って問題を解決しようというプロジェクトである．シェラ X にこめられた意味は，シェラカップで Express（表現）・Exchange（交換）・Explore（探索）する，すなわち，コミュニケーションを取るということである（図 5-2）．

具体的な取り組みとしては，キャンプにまつわる名言が書かれているシェラカップである「名言シェラ」（図 5-3）と，シェラカップのアタッチメントである「シェラのれん」（図 5-4）という商品の開発を行っている．2024 年 5 月 11 日から同年 6 月

出典：金井怜氏 note より．

図 5-2　シェラ X ロゴ

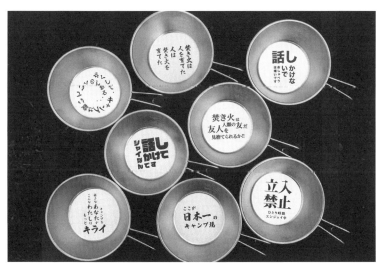

出典：金井怜氏 note より．

図 5-3　名言シェラ

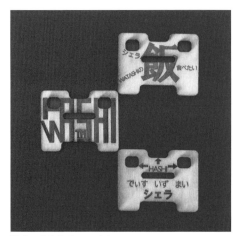

出典：金井怜氏noteより．
図 5-4 シェラのれん

1日にかけてクラウドファンディングを実施し，目標金額を3%上回る247,440円の支援を得ることに成功している[18]．作成された商品は，ECサイトで販売されている[19]．金井氏のnoteでは，今回の取り組みの結果報告と振り返りがなされている[20]．

おわりに

取り上げた2つの事例から得られる示唆を述べて本章のまとめとしたい．

神谷氏も金井氏も，その活動は観光というひとつの分野におさまらない幅広い活動をしている．自身が関わる地域や業界における課題を捉えて，そこに独自のアプローチで取り組んでいる点は共通している．その背景には，両者ともに国外も含めた幅広い地域や組織で経験を重ねていることがあるのかもしれない．

それぞれの観光に関する取り組みに着目すると，おらが大槌夢広場の「学びのツーリズム」や「決断のワークショップ」や，株式会社Okibiの「SACCO Sagazawa」は，訪れる人の体験の価値をより高める，他にはない独自のコンテンツや仕組みを開発している点に共通する特徴がある．

また，両者ともにコミュニティやコミュニケーションに関わるような取り組みをしている．おらが大槌夢広場はその名前が示す通り，その事務所を含め，復興食堂や「おしゃっち」に代表されるような人が関わりコミュニケーションができる場の提供や運営に携わってきている．代表理事の神谷氏は，若者を中心に人々が活躍し成長できるような場をつくることを意識している．株式会社のOkibiの「SACCO Sagazawa」は，それ自体がコミュニティを

形成しながら，地域のコミュニティへも開かれているものである．また，
「シェラ X プロジェクト」は，アウトドアやキャンプの業界という広いコミ
ュニティにおけるコミュニケーションの問題を解決しようとする取り組みで
ある．

　両者で異なる特徴的な点にも触れておくと，「人が人を育て，人が町を育
てる」という新体制になって策定したビジョンにも表れているように，神谷
氏は人を育てるということに重きを置いている．必ずしも大槌町に限定され
る想いではないであろうが，その舞台はあくまで大槌町という特定の地域で
ある．一方で，金井氏は，アウトドアやキャンプのそれぞれのサイトは地域
的なものである一方で，あくまで業界全体に関心をおいて活動をしている．
そのため，「SACCO Sagazawa」や「シェラ X プロジェクト」といった取
り組みは，他の地域や場所にも移転可能な仕組みとして抽象度を高めて考え，
普及や拡大させることを見据えている[21]．

謝辞

　お忙しい中，快くインタビュー調査に応じてくださった神谷未生氏と金井怜氏に
心より御礼申し上げます．また，神谷氏へのインタビューを実施するにあたって，
公益財団法人日本生産性本部の茅根滋氏に現地訪問の機会とご紹介をいただいたこ
とを，ここに記して感謝申し上げます．なお，本研究は，各年度の高崎経済大学研
究奨励費および JSPS 科研費 19K13804 の助成を受けています．

注

1)　本章の内容は，主に，2024 年 1 月から 2 月にかけて行われた神谷未生氏と金井
　怜氏のそれぞれへのインタビュー，および，ウェブ上の情報に基づいている．そ
　のため，本章の内容は特に記載がない限り，インタビュー時点のものである．な
　お，本章執筆にあたって参照したウェブページについては，2024 年 12 月に改め
　て検索・閲覧している．
2)　以下の内容は，神谷氏へのインタビュー，『おらが大槌夢広場 10 周年記念誌』
　（一般社団法人おらが大槌夢広場，2022 年），それぞれの箇所で引用しているウェ
　ブページのほか，以下のウェブページの内容にも基づいている．また，公益財団
　法人日本生産性本部経営アカデミー組織変革とリーダーシップコースにおける 1
　月 6・7 日のフィールドワークで大槌町を訪問し神谷氏のご案内を受けている．

http://www.oraga-otsuchi.jp/

3) おらが大槌夢広場については，朝日新聞の連載である「311 その時そして」にも詳しい（2013 年 1 月に掲載された 613-644 までの 32 回）．http://www.asahi.com/area/iwate/articles/list0300070.html

4) https://peraichi.com/landing_pages/view/oragaotsuchiws

5) 前掲書，『おらが大槌夢広場 10 周年記念誌』120-21 頁．

6) 受賞にあたって YouTube の「地域づくり TV」でもおらが大槌夢広場が紹介されている（2014 年 2 月 25 日）．https://www.youtube.com/watch?v=3Or2WOChE6g

7) https://www.oshacchi.com/

8) https://otsuchi-iju.com/live/%E3%81%8A%E3%82%89%E3%81%8C%E5%A4%A7%E6%A7%8C%E5%A4%A2%E5%BA%83%E5%A0%B4%E7%A7%BB%E4%BD%8F%E5%AE%9A%E4%BD%8F%E4%BA%8B%E5%8B%99%E5%B1%80/

9) https://www.goodneighbors.org/

10) https://etic.or.jp/

11) 以下の内容は，金井氏へのインタビューやそれぞれの箇所で引用しているウェブページのほか，以下のウェブページの内容にも基づいている．

https://note.com/ryokanai_outdoor

https://lit.link/ryokanaioutdoor

https://x.com/ryokanaioutdoor

https://www.instagram.com/ryokanaioutdoor/

https://www.instagram.com/saccosagazawa/

https://www.instagram.com/sierrax_pjt/

12) https://okibi-inc.com/ および https://x.com/okibi_inc

13) https://note.com/ryokanai_outdoor/n/nb2f8821bf61b

14) アウトドアやキャンプの業界の歴史や基礎知識については，例えば下記の文献を参照のこと．明瀬一裕『日本のオートキャンプ：JAC50 年の歩みとともに』一般社団法人日本オートキャンプ協会，2019 年．『オートキャンプ　ロケーションガイド』一般社団法人日本オートキャンプ協会，2023 年．

15) https://note.com/outside_works および https://www.instagram.com/outside_works/

16) 以下のウェブページ参照．

https://okibi-inc.com/sacco-sagazawa/

https://lit.link/saccosagazawa

https://www.instagram.com/saccosagazawa/

17) 正規の料金としては，エリア利用メンバーは月額 25,000 円，小屋利用メンバーは月額 35,000 円，大型小屋利用メンバーは月額 75,000 円を予定している．

第 5 章 観光分野で活躍する地域リーダー 91

18) 以下のウェブページ参照．
https://camp-fire.jp/projects/755762/view
https://note.com/ryokanai_outdoor/n/nd9992cf0f882
https://prtimes.jp/main/html/rd/p/000000003.000142514.html
https://www.instagram.com/sierrax_pjt/
19) https://mercari-shops.com/shops/m4SnZGDGxsZ57Ach7FyNRZ
20) https://note.com/ryokanai_outdoor/n/nb3f4948832a8
21) シェラ X プロジェクトを考案した経緯の説明では，物事が流行るための三要素として「モノ」「所作」「概念」が重要であるということに言及している．https://note.com/ryokanai_outdoor/n/nd9992cf0f882

第**6**章

芸術分野で活躍する地域リーダー[1]

若　林　隆　久

はじめに

　本章では，芸術分野で活躍する地域リーダーとして，a/r/t/s Lab の郡司厚太氏と特定非営利活動（NPO）法人きづがわネットの久保田マルコ氏の事例を取り上げる．郡司氏は，群馬県で小学校教員をしながら，a/r/t/s Lab の代表を務めている．久保田氏は，日本語教師として働きながら，NPO 法人きづがわネットの代表を務めている．郡司氏はインプロ（即興演劇）を中心とした演劇活動，久保田氏はアート・クラフトを中心とした活動ということで取り扱う芸術分野は異なるものの，どちらも子どもを中心とした一般市民向けのワークショップを開催している点が共通している．文化や芸術といった分野は都市と地方で格差が生まれやすい傾向にあり，地域における一般市民向けのイベントを開催して文化的な豊かさや体験を提供している地域リーダーであるといえる．

1.　a/r/t/s Lab：郡司厚太氏[2]

（1）　a/r/t/s Lab

　a/r/t/s Lab は，郡司厚太氏が 2018 年 8 月に立ち上げた団体である．「a/r/t/s」は「artists/researchers/teachers」を略した言葉であり[3]，a/r/t/s Lab という名称には，芸術を広い意味で「実践する/探求する/教え学び合

第 6 章　芸術分野で活躍する地域リーダー　　93

出典：a/r/t/s Lab ウェブページより．

写真 6-1　a/r/t/s Lab のインプロショーの様子（一番右が郡司厚太氏）

う」すべての人のための実験室でありたいという願いが込められている．a/r/t/s Lab では，群馬を中心に，インプロを軸として演劇ワークショップを開催したり，公演を企画したり，読書会を行ったりすることで，多くの人がそれぞれの距離感で演劇を楽しみ，演劇を通して自分の「当たり前の世界」をほんのちょっと揺さぶってみることを目的として活動を行っている（写真6-1）．a/r/t/s Lab のウェブページには，郡司氏を含めて 8 名のメンバーの名前が掲載されている．2023 年 3 月 4 日には，高崎経済大学にて，郡司氏と同じ高尾隆先生門下であるインプロアカデミー代表の内海隆雄氏とともに，「インプロ（即興演劇）から学ぶ表現とコミュニケーション」という講演会を開催している（写真 6-2）．

(2)　経歴

郡司厚太氏は，栃木県那須塩原市出身であり，群馬県で小学校教員をしながら，a/r/t/s Lab を設立し代表を務めている．その他に，群馬大学の非常

出典：a/r/t/s Lab 提供.
写真 6-2　高崎経済大学における公開講演会の様子（講演する内海隆雄氏）

勤講師や，アーツカウンシル前橋[4]のリサーチャーを務めている．
　郡司氏は，高校に入学するタイミングがちょうどザスパクサツ群馬のユースチームができるところで，群馬の高校へと進学することとなった．その後，1年の浪人を経て群馬大学教育学部に入学し，大学時代から群馬大学演劇部や群馬の地域の劇団のいくつかで演劇活動に熱心に取り組み始めた．卒業後も演劇を続けたいと考えていたところ，東洋史の先生から演劇を研究すれば演劇を続けられるという助言を受けた．「演劇　教育」で検索をしたところ佐藤信先生の『学校という劇場から』[5]に出会い，その中で同じ東京学芸大学（当時）の高尾隆先生のことを知ることとなった．そして，高尾先生に連絡を取り，インプロと出会い，ゼミにも参加させてもらいながら演劇教育に関する卒業論文の指導も受けることとなった．群馬県の教員採用試験に合格した後に2年間の保留制度を利用して，東京学芸大学大学院教育学研究科に進学し高尾先生のもとで演劇と教育について研究することとなった．そこから演劇の視点から教育について考えることが増え，世田谷パブリックシアタ

ーにも出入りするようになった．郡司氏は教員になることが決まっていたので，学校教育の中での演劇を通じた教育に取り組むことになる．演劇には，ものごとの見え方をずらしたり揺さぶったりするという側面がある．郡司氏は，演劇を教育に取り入れることで，教育現場に遊び（遊び心）や余白が生じると考えている．そのことこそが，現代の学校教育にとって重要なのではないかと考えているのである．

(3)　小学校教師としての取り組み

しかし，大学院を修了した 2017 年の 4 月に小学校教員になると，1 学級の児童数の多さや制約の多さにより，自分の色を出すようなことはなかなかできなかった．2 年目になり少し余裕ができたところで，a/r/t/s Lab を名乗り，ウェブページや SNS で情報発信をするようになった．小学校でインプロや演劇を通じた教育が実践できない中で，地域での活動を展開していった．そして，2 回目のインプロショーの公演が終わった後，これまで 1 人で活動していた a/r/t/s Lab にメンバーを募り一緒に活動をしていくことにした．

教員になってから 3 年が経過した 2020 年 4 月に別の小学校に異動すると，最初に赴任した小学校に比べると自由度が高く，異動して 2 年目に受け持った高学年の学級が比較的少人数であったことから，余剰時数となる学級活動の時間を使って 6 月からインプロに取り組んでみることとした．その結果，インプロを児童たちと行うことは，児童にとってだけでなく，教師にとっても大事なのではないかと気づいた．なぜなら教員である自分がインプロのことを知っていても，どうしても既存の教師としての枠組みにもとづいたあり方で振る舞ったり児童たちと関係性をもったりしてしまう．ところが，児童たちと一緒にインプロをすることで，一緒にインプロをしたという経験を共有し，普段とは異なるあり方や関係性でいることができる．すると，普段はなぜこのようにできないのだろうかという疑問を持つことができる．また，児童間の関係性や児童と教師の関係性に困難が生じたとしても，インプロを

する時にはその困難を感じないということが，より一層通常の教師と児童の
あり方や関係性の問い直しを促進する．こういった，芸術にもとづいた関係
性の構築をすることで，これまでとは異なる関係性が開かれる可能性がある
のではないかと考えている．

（4）　地域での取り組み

　郡司氏は，小学校で行っているように，いまのあり方や関係性や視点につ
いて，演劇やインプロを通じて枠組みをずらしたりゆさぶったりする取り組
みを，地域でも展開していきたいと考えている．群馬には演劇と教育の観点
からワークショップを開催する団体は少ないので，自分はそういったことに
取り組みたいと考えている．a/r/t/s Lab でも，ファシリテーションを毎回
郡司氏が行うのではなく，全員ができるようになるために，ファシリテータ
ーを交代制で務めるようにしている．a/r/t/s Lab で開催するワークショッ
プのほかに，例えば，育英短期大学や群馬大学などで演劇ワークショップを
行っている．

2．　NPO 法人きづがわネット：久保田マルコ氏[6]

（1）　NPO 法人きづがわネット

　久保田マルコ氏は，京都府京都市出身であり，日本語教師として働きなが
ら，NPO 法人きづがわネット（以下，きづがわネット）の代表を務めている．
　きづがわネットは，京都府木津川市に位置する 2013 年 8 月に設立された
団体である．きづがわネットのウェブページによれば，「現在は，木津川市
の子どもたちに心に残るアート・クラフト体験を提供し，地元のアート・ク
ラフト作家と子どもたちをつなぎ，アートの裾野を広げる活動を中心に行っ
ている団体」であり，10 年以上にわたり活動を継続している[7]．木津川市は，
京都にも大阪にも交通の便が良いベッドタウンとして，現在も京都市で唯一
人口が増えている市である．相楽木綿や鹿背山焼など古くから文化芸術があ

第 6 章　芸術分野で活躍する地域リーダー　　　97

出典：きづがわネットウェブページより．
写真 6-3　きづがわクリエイティブ学校の活動の様子

り，現在もたくさんのアート・クラフト作家が木津川市を拠点として活動している．木津川市の子どもたちに，楽しく夢中になるアート・クラフト体験をたくさん積み重ねてほしいとの想いで活動しているという．

　現在の主たる活動は，きづがわクリエイティブ学校，きづがわクリエイティブ WORKSHOP，キノツクラフト展が挙げられる[8]．京都府地域交響プロジェクト交付金（協働教育）[9]の助成も受けながらこれらの活動を実施している．きづがわクリエイティブ学校は，木津川市のものづくり作家による木津川市の小学生のための 90 分のワークショップで，木津川市内に在住の小学生を対象に毎年夏休みに実施している（写真 6-3）．きづがわクリエイティブ WORKSHOP は，木津川市のものづくり作家による 20 分程度のワークショップで，対象を限定せずに年に 10 回程度イオンモール高の原で開催している（図 6-1）．キノツクラフト展は，木津川市在住のアートクラフト作家による小品展であり，20 名弱の作家が参加している（図 6-2）．

出典：きづがわネットウェブページより．

図 6-1　きづがわクリエイティブ WORKSHOP の案内

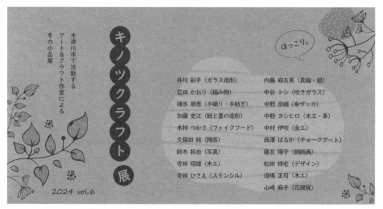

出典：きづがわネットウェブページより．

図 6-2　キノツクラフト展の案内

（2） これまでの取り組みと経緯

NPO 法人きづがわネットを立ち上げるきっかけとなったのは，現在も木津川市で開催されているアートイベントである木津川アート[10]である．木津川アートは 2010 年に第 1 回が開催されて以来，2011 年，2012 年と連続で開催された以降はほぼ隔年で開催されており，2023 年に第 8 回が開催されている．この木津川アートを発案し初期の総合プロデューサーを務めていた佐藤啓子氏との出会いから受けた刺激と，木津川アートの来場者向けの飲食店案内のために創刊されたフリーペーパーである『Kizugawa Amble』を引き継いだことが，きづがわネットを立ち上げるきっかけであった．

木津川アートを発案し周囲を巻き込みながら実現した佐藤啓子氏は，この時期に多くの人に刺激を与え，お互いが知り合う機会を創り出し，何かをしてみようという人たちの背中を押すこととなった．佐藤氏は 2018 年に亡くなっているが，その後も氏の影響を受けた当時のコアメンバーや木津川市によって，木津川アートが現在も継続するに至っている．

久保田氏も佐藤氏と木津川アートから刺激を受けた 1 人である．前述の『Kizugawa Amble』がそれから継続するかは不明であったが，創刊号と銘打たれて刊行されていたために，他の 1 人と引き継ぎフリーペーパーの刊行を継続することとした．そこで，2013 年 8 月に NPO 法人きづがわネットを立ち上げ，まちとひとをつなぐコミュニティマガジンとして人に焦点を当てて，半年に一度程度のペースで刊行を継続した．また，きづがわネットが現在も継続している活動以外にも，市民と市長の座談会の開催や婚活イベント「森コン」の主催など，様々な活動に取り組んだ[11]．一方で，多くの人に手伝ってもらいながら活動を行っていたが，人の出入りも頻繁であり，想いでつながって活動を継続することの難しさも感じたという．久保田氏自身の仕事上の転機が訪れたこともあって，2015 年頃からは当初から継続していたアート・クラフト関連の活動に絞って，関わる人の出入りが少ない体制で現在まで活動を実施している．

久保田氏によれば，佐藤啓子氏は初期の木津川アートの活動をきっかけと

して，新しい取り組みを始めた人は多いという．何かしら新しいことを始め
てみたいという人は一定数いて，そのような人たちにお互いが知り合う機会
を創り出し，新しい取り組みをしてみようという気持ちを芽生えさせたり背
中を押したりしたというのは，地域にとって大きなできごとだったようであ
る．佐藤氏が発案・実現した木津川アート自体の継続もその一部であるが，
木津川アートとは関係のない様々な取り組みが木津川市で始まるきっかけと
なったのである．その意味では，ともすればこうした取り組みのほとんどか
らは十分な収益が得られないことを鑑みると，地域や社会への貢献のような
意識もありつつも，個人が自分の動機ややりたいこと・やってみたいことを
阻害せずにいかに発露させるきっかけや仕組みを作るかが重要であるといえ
る[12]．

おわりに

取り上げた2つの事例から得られる示唆を述べて本章のまとめとした．

取り扱う芸術分野は異なるものの，郡司氏も久保田氏も，自身の出身とは
異なる地域で，子どもを中心とした一般市民向けのワークショップを開催し
ている点が共通している．文化や芸術といった分野は都市と地方で格差が生
まれやすい傾向にあり，地域における一般市民向けのイベントを開催して文
化的な豊かさや体験を提供している地域リーダーであるといえる．

両者で異なる点を確認すると，郡司氏は自身が演劇やインプロを実践する
立場であるが，久保田氏はデザインなどは行うものの自身は狭い意味での芸
術家や作家ではない．郡司氏は自身が本業とする小学校教員としても芸術に
関する取り組みを行っているが，久保田氏は本業ではそのような取り組みは
行っていない．

個人以外の面に着目すると，どちらの事例でも，組織や地域の中で，担い
手となる人物を増やしていくという影響力や動きがみられた点に共通する特
徴がある．郡司氏はa/r/t/s Labでファシリテーターとなれる人物を意識的

に増やそうとしているし[13]，木津川市においては木津川アートというアートイベントにおける佐藤啓子氏の活動を通じて様々なその後の取り組みが生じていた．何らかの活動に取り組む担い手のネットワークが形成されるだけではなく，影響や刺激を受けて担い手となる人の数を空間的や時間的に増やしていくことも，担い手が不足しがちな地域にとっては重要であることが示唆される．

謝辞

　お忙しい中，快くインタビュー調査に応じてくださった郡司厚太氏と久保田マルコ氏に心より御礼申し上げます．なお，本研究は，各年度の高崎経済大学研究奨励費および JSPS 科研費 19K13804 の助成を受けています．

注

1)　本章の内容は，主に，2024 年 2 月に行われた郡司厚太氏と久保田マルコ氏のそれぞれへのインタビュー，および，ウェブ上の情報に基づいている．そのため，本章の内容は特に注意書きがない限り，インタビュー時点のものである．なお，本章執筆にあたって参照したウェブページについては，2024 年 12 月に改めて検索・閲覧している．

2)　以下の内容は，郡司氏へのインタビューやそれぞれの箇所で引用しているウェブページのほか，以下のウェブページの内容にも基づいている．
https://artslab2018.wordpress.com/
https://x.com/arts_lab2018

3)　「artists/researchers/teachers」を「a/r/t/s」と表現することは，アートベース・リサーチにおける A/R/Tography で，A が Artist，R が Researcher，T が Teacher を意味しているという表現に基づいている．
Rita L. Irwin, Alex De Cosson eds.（2004）. *A/R/Tography: Rendering Self Through Arts-Based Living Inquiry*, Pacific Educational Press.
笠原広一＆リタ・L・アーウィン編『アートグラフィー：芸術家/研究者/教育者として生きる探求の技法』BookWay，2020 年.
小松佳代子編『アートベース・リサーチの可能性：制作・研究・教育をつなぐ』勁草書房，2023 年.

4)　https://www.facebook.com/profile.php?id=100064741714474

5)　佐藤信編『学校という劇場から：演劇教育とワークショップ』論創社，2011 年.

6)　以下の内容は，久保田氏へのインタビューやそれぞれの箇所で引用しているウェブページのほか，次のウェブページの内容にも基づいている．https://www.

facebook.com/kizugawa.art

7) https://kizugawanet.jimdofree.com/%E7%A7%81%E3%81%9F%E3%81%A1%E3%81%AB%E3%81%A4%E3%81%84%E3%81%A6/

8) 定款に記載されている目的は下記のとおりである.「この法人は,木津川市を中心とした周辺地域の住民に対して,住民主体の未来へ続く安心・安全かつ豊かな社会生活が営めるように,地域に根ざした教育・子育て・福祉・文化・芸術・環境保全・まちづくり・中間支援事業を行い,地域住民をつなぎ,地域の子育て環境及び学習環境の向上,次世代の子育てについての啓発,地域の福祉環境の向上,地域に根ざした文化・芸術の振興,地域の農商工業の活性化,またこれによる地域社会の活性化及び住みよいまちづくり,住民ひとりひとりの暮らしの質の向上に寄与すると同時に,木津川市や関西文化学術研究都市を広く全国に発信し広めていくことを目的とする.」
https://www.npo-homepage.go.jp/npoportal/detail/026000528

9) これらの活動の様子の一部は YouTube 上でも公開されている. https://www.youtube.com/@npo6169

10) https://www.pref.kyoto.jp/chiikikokyo/koufukin.html

11) https://kizugawa-art.com/

12) 若林隆久「人が集まる場所としての空き家の利活用:担い手のモチベーションと地域間の人材をめぐる競争」高崎経済大学地域科学研究所編『空き家問題の背景と対策:未利用不動産の有効活用』日本経済評論社,2019 年,第 9 章.

13) 他にも,高尾隆先生を中心として取り組んでいる群馬大学における非常勤講師の授業においても,徐々に門下生が任せられる部分が大きくなっているという話も聞かれた.

第7章
多文化共生・国際分野で活躍する地域リーダー[1]

若 林 隆 久

はじめに

　本章では，多文化共生・国際分野で活躍する地域リーダーとして，株式会社ヘラルボニー，一般社団法人 kuriya の海老原周子氏，B-JET という外国人 ICT 技術者人材育成プログラムの事例を取り上げる．株式会社ヘラルボニーは，知的障害のある人たちのアートを取り扱って，新たな文化を創り出し社会を変えていこうとしている会社である．近年は本社を置く岩手県盛岡市でも積極的に活動し，多様性を尊重する共生社会の実現を目指している．海老原氏は，2009 年からの新宿アートプロジェクトをはじめとして，アートワークショップを用いながら外国ルーツの若者たちの支援を行っており，2016 年に一般社団法人 kuriya を立ち上げて，定時制高校での居場所作りから政策提言に至るまで幅広く活動をしている．B-JET は，2017 年から 2020年にかけて JICA 技術プログラムとして取り組まれ，2021 年 10 月からは宮崎大学，North South University，株式会社 B&M，BJIT Group，株式会社新興出版社啓林館，の連携事業体が引き継いで取り組んでいる，バングラデシュで ICT 人材を育成し日本企業での就職までをつなげるプロジェクトである．いずれも，多文化共生や国際分野というますます重要性が高まる分野で先進的な取り組みをしている事例である．

1. 株式会社ヘラルボニー[2]

(1) 会社概要

　株式会社ヘラルボニー（以下，ヘラルボニー）は，松田崇弥氏と松田文登氏という重度の知的障害を伴う自閉症の兄を持つ双子の兄弟によって 2018 年 7 月 24 日に設立された，岩手県盛岡市に本社を置く会社である．ヘラルボニーという会社名は，設立者である松田兄弟の兄が生み出した言葉である．「異彩を，放て．」をミッションとして掲げており，当初は福祉実験カンパニー，現在は異彩を放つ作家とともに新しい文化をつくるクリエイティブカンパニー，を名乗っている．国内外の主に知的障害のある作家 241 名による 2,000 点以上のアートデータのライセンスを管理し，現在はアートを纏い社会に変革を起こして新たな文化を作るブランド事業と，企業と共に新しい文化をつくる共創事業に加えアート事業といった主に 3 つの事業を展開し，社会にさまざまな形で異彩アートとの出会いをつくっている．

　支援ではなく対等なビジネスパートナーとして，作家の意思を尊重しながらプロジェクトを進行し，知的障害のある作家に対して，正当なロイヤリティを支払う仕組みを構築している．管理しているアートデータを用いて企業の取り組みをプロデュースし，パートナー企業からヘラルボニーが報酬を受け取り，収益の一部を作品使用料として作家に支払っている．

　2020 年に意見広告「# 障害者という言葉」を発表するなどの取り組みもしつつ[3]，2024 年 4 月にはロゴデザインを一新して創業第 2 期として事業に取り組んでいる[4]．

(2) 地域での取り組み

　ヘラルボニーは，東京にも拠点を置きながらも，設立者である松田兄弟の出身県である岩手県の県庁所在地である盛岡市に本社を置いて活動している．HERALBONY GALLERY という常設ギャラリーや，地元の老舗百貨店で

あるカワトクの常設店舗などを運営しており、盛岡市内で仮囲いアートを展開したり[5]、盛岡市内で 2022 年に開業したホテルマザリウムのアートプロデュースをしたり[6]、2023 年には市内を走るバスや電車をアートラッピングしたりなど様々な活動を実施している。岩手の市民や企業と協調しながら、多様性が尊重される地域に根差したまちづくりの実現に取り組んでいる。社内に岩手事業部を設けて岩手での活動に取り組んでおり、2023 年には元テレビ岩手アナウンサーの矢野智美氏が入社して岩手コミュニティマネージャーに就任している[7]。

2023 年 12 月には、盛岡市と多様性を尊重する「共生社会の実現」を目的に包括連携協定を締結した[8]。協定を通じて、①福祉を起点としたまちづくりに関すること、②アートを生かした地域振興に関すること、③産業振興に関すること、④ふるさと納税の推進に関すること、⑤その他目的を達成するために必要な事項に関すること、に取り組む。

2024 年 4 月からは、「岩手から異彩を、放て。」をコピーとする岩手異彩化プロジェクトを開始している[9]。「異彩の力で産業を創り、社会を前進させる。」をプロジェクトのミッションとしており、地域企業との協働により、アートを使ったまちづくりなどで、岩手に暮らす一人ひとりがありのままに活躍できる包括的な社会の実現を目指している。

2024 年 9 月には、盛岡市とともに「インパクトスタートアップ宣言」を発表しており、盛岡アクセラレータープログラムや株式会社イノベーションラボと組織する「盛岡スタートアップコミュニティ」に取り組んでいる[10]。

2025 年春には盛岡の百貨店カワトクにヘラルボニーとして初の旗艦店「HERALBONY ISAI PARK」をオープンする予定で、ショップ、ギャラリー、カフェなどの機能を持つ複合施設を運営することで多様な人が混じり合うことができる空間の実現を目指している。

2. 一般社団法人 kuriya：海老原周子氏[11]

（1） 経歴

海老原周子氏は，一般社団法人 kuriya を 2016 年に設立し代表を務め，外国ルーツの若者，特に小中学生と比べて支援の手が届きにくいとされる高校生から 20 代前半の若者の支援を行ってきた．海老原氏は，3 歳から 5 歳までペルーで過ごし，小学校時代を日本で過ごした後に，イギリスで中学生から高校 1 年生までを過ごす．すぐには友達ができなかった当時の経験，自分の好きな絵を通じて話のできる友達に出会えた経験，外国につながりを持つ人々の社会包摂が充分とはいえない日本の現状に気づいたことが，現在の活動につながる原体験となっているという．大学在学時から国際的な活動に取り組み，卒業後に民間企業に勤めた後，国際機関である国際移住機関（IOM）ヘルシンキ事務所で 3 か月間のインターンを経験し，難民の第三国定住事業に携わる．

その後，海外での文化・芸術交流や海外における日本語教育を行う国際交流基金（ジャパンファウンデーション）に勤務し，社内新規事業を立ち上げて「新宿アートプロジェクト」に携わることになる．新宿区に在住する外国に繋がりを持つ中高生および日本人の中高生を対象とした映像共同制作ワークショップを 2009 年に実施した．その後，映像，写真，ダンス，音楽などの様々なアートワークショップを 2013 年まで実施したが，単発のワークショップでは，共通の「経験」は共有できるものの，異国ルーツの子どもたちが抱える「課題」は解決できないという限界に直面した．

（2） 一般社団法人 kuriya

そこで，アートワークショップを要素として取り入れつつも，教育や人材育成の方向に舵を切り，2016 年に一般社団法人 kuriya を設立する．「kuri-ya」という名前は，「厨」という漢字に由来しており，「様々な多様性を持

った若者が集まるキッチンのような場」という意味が込められている.

　海老原氏は,アーツカウンシル東京や東京都と協働しながら,「Betweens Passport Initiative」というプロジェクトに取り組むことになる. 定時制高校で部活動を通じて外国ルーツの高校生の居場所作りに取り組んでいた角田仁先生の活動を詳しく知るようになり,「Betweens Passport Initiative」の事業のひとつとして,角田先生が赴任した都立一橋高校の定時制で,高校・大学・NPO が協力して多言語交流部「One World」という部活動での居場所作りを進めていくことになった. 部活動の目的としては,①友達や先生などさまざまな大人とつながる場,②高校生もともに活動づくりに参加することによりライフスキルを磨く場,③日本人の生徒も参加でき,多様な文化や言葉を体験する学び合いの場,が設定された. 高校は学内のコーディネートや生徒たちへの呼びかけ,大学は留学生などを投入したプログラムづくり,実態調査,サービスラーニングを活用した仕組みづくり,NPO は大学・高校とのコーディネート,プログラムづくりと実施,高校生・留学生の育成を役割分担とした.

　このような現場での活動を続ける中で現場の限界も感じて,2018 年からは積極的に政策提言も始めることとなる. 外国ルーツの高校生の中退率や進路決定率などのデータを可視化することから始め,高校中退,大学進学,在留資格といった壁をなくすための提言を行っていった. また,外国ルーツの若者を対象とする制度を整えるだけではなく,日本人を対象とした既存の取り組みに多文化対応を取り入れる必要性も感じて取り組んでいる.

3.　B-JET[12]

(1)　JICA の取り組みとしての B-JET

B-JET (Bangladesh-Japan ICT Engineers' Training Program) は,もともとは 2017 年から 2020 年にかけて JICA 技術協力プロジェクトとして取り組まれた. 外国人 ICT 技術者人材育成プログラムであった. バングラデシュで

は人口が増える中で政府が ICT を成長分野として人材育成を進める一方，国内における若者の就業機会が不足しているという課題があった．一方で，日本では ICT 人材が不足している状況であった．そこで，日本の国家資格である情報処理技術者試験（ITEE）を導入して人材育成目標と ICT 人材の能力の証明とをできるようにする取り組みがなされた．

　そんな中，宮崎県宮崎市にある株式会社教育情報サービス[13]の荻野社長がバングラデシュ人のエンジニアを 2 人採用したことをきっかけに，宮崎での ICT 人材不足の解決の一助になるのではないかと宮崎市，地域企業，宮崎大学が考えて，「宮崎—バングラデシュ・モデル」が生まれていくことになる．宮崎市では，企業誘致を行う際に交通インフラなどの地理的な理由から製造業よりも ICT 企業の立地が多くなっていた．ICT 企業の誘致が成功しても，優秀な人材は東京などに行ってしまうこともあり，宮崎では企業数に対して ICT 人材が不足するという課題が生まれていた．また，外国人 ICT 技術者の雇用に際しては，ICT に関する教育だけでは日本で働くためには不十分であり，日本語教育を中心に日本文化に関する教育や日本での生活の支援が必要であった．そこで，2016 年 12 月に宮崎大学の国際連携センターで産官学の関係者が顔をそろえた会議が開催され，バングラデシュで ICT および日本語に関する教育をした後に，宮崎に来た後も日本に関する教育や支援を実施して，バングラデシュの ICT 人材の日本での就職を支援するという「宮崎—バングラデシュ・モデル」の原案が作られることとなった．B-JET のプログラムに加えて，宮崎では，宮崎大学が宮崎市の協力を得た「日本語×IT インターンシッププログラム（Japanese×IT Internship Program：JIP）」で B-JET 修了生の短期留学を受け入れ，企業でのインターンシップと日本語教育を行い，地域就業・定着を支援した．この時，来日にかかる手続きはすべて企業や自治体に委ね，採用，雇用，渡航，研修などの費用に JICA の支援が一切入っていないことが，後の事業承継までもつながる重要な点であった．

　2017 年 11 月から 2020 年 10 月までの 8 期間で 265 名が修了し，うち 57

名が宮崎大学での JIP に参加した．この中の 50 名は宮崎県内に就職しており，受入企業は延べ 24 社となっている．これは，日本に就職した B-JET 修了生 186 人の中で，東京都に次いで全国で 2 番目に多い就業者数となっており，特色ある地方人材導入支援の取り組みとして注目を集めている．

(2)　事業承継後の B-JET

JICA 技術プログラムとして B-JET は 2020 年に終了し，宮崎大学と協定を結んでいる North South University（NSU）を申請代表とし，宮崎大学，株式会社 B&M，BJIT Group，株式会社新興出版社啓林館の連携事業体が B-JET の事業承継の採択を受け，2021 年 3 月に現地政府機関 Bangladesh Computer Council（BCC），NSU，宮崎大学の三者で B-JET の事業承継にかかる基本合意書（MOU：Memorandom of Understanding）を締結した．また，宮崎大学と NSU は教育協力に関する MOU と B-JET 実施に関する覚書を締結している．プログラムは現地教育の B-JET Basic Course と渡日後の Advanced Course の 2 つがそれぞれ宮崎大学の履修証明プログラムとして開講された．B-JET Basic Course は宮崎大学に設置された株式会社新興出版社啓林館の寄附講座の特別教員が中心となって NSU とともに運営した．Basic Course の修了生が宮崎へ留学して学ぶ Advanced Course は宮崎大学の国際連携センターが運営した．

育てたい人材像としては「Be Giver」および「Vision：中長期のビジョンをかかげ」「Mission：主体的なアクション・挑戦ができ」「Collaboration：多様なステークホルダーと協働できる人材」を掲げ，「バングラデシュと宮崎の社会課題や可能性に挑戦する人や組織，その繋がりが継続的に生まれ，両国が相互に発展する世界」を担い活躍する人材を育成したいと考えている．例えば，外国人材雇用企業への ICT スキルを活かしたビジネス面での貢献，地域コミュニティへの参加と異文化理解の促進，日本とバングラデシュ両国の友好関係の構築といった場面で活躍する人材像が想定されている．

North South University のキャンパスで開催され，開講時期は 4 月から 8

月にかけての前期と 10 月から 12 月にかけての後期の 2 期が実施された．授業時間数は，当初，1 期あたり①必修講座 300 時間と②課外講座 150 時間の計 450 時間であった．しかし，学習期間が半年と長く，学習意欲の維持に個人差があることや生活の困窮により継続に支障が生じる場合があったことなどから，2023 年 4 月からは 1 期あたり①必修講座 195 時間と②課外講座 97.5 時間とした．なお，それらを修了した者については，希望制により①必修講座 105 時間と②課外講座 52.5 時間の追加コース Basic Course plus を提供し，合計 450 時間となるようにした．

B-JET の取り組みが注目を集め，視察を受け入れる回数も増えてきたが，地域の特徴や偶然性の影響もあり「宮崎―バングラデシュ・モデル」をそのまま取り入れることは，どの地域でも難しいようである．「モデル」というとそのまま導入しようとしてしまう傾向がある．宮崎の関係者は，他の地域への広まりと宮崎地域での取り組みを意識する中で，このモデルは宮崎の地域性などから生まれた取り組みであったと認識し，こうした事業は各地域に適した形で企画・実施されるものと捉え直しており，現在では「宮崎―バングラデシュ・スタイル」と名乗っている．

おわりに

取り上げた 3 つの事例から得られる示唆を述べて本章のまとめとしたい．

三者ともに，多文化共生や国際分野というますます重要性が高まる分野で先進的な取り組みをしている事例である．それぞれの事例がグローバルに活動したり認められたりしている事例である．一方で，地域での取り組みも行われており，国や世界のレベルでの潮流や課題を見据えながら，そこにつながる地域や現場のレベルでの活動を実施していくという，まさにグローカルな事例であると整理できる．B-JET の「宮崎―バングラデシュ・モデル」を他の地域ではそのまま取り入れられなかったように，地域の特徴やそこにある現実を捉えて取り組むことの重要性が示唆される．さらに，ヘラルボニ

ーと B-JET の事例からは，継続して地域や社会に影響を与えていくために
は，ビジネスとして成立することや独立採算であることの重要性が窺える．

謝辞

　お忙しい中，快くインタビュー調査に応じてくださった株式会社ヘラルボニーの
岩手コミュニティマネージャーである矢野智美氏，海老原周子氏，伊藤健一氏，鵜
澤威夫氏に心より御礼申し上げます．また，海老原氏へのインタビューを実施する
にあたって，特定非営利活動法人 Design Net-works Association の代表である沼田
翔二朗氏にご紹介をいただいたことを，ここに記して感謝申し上げます．なお，本
研究は，各年度の高崎経済大学研究奨励費および JSPS 科研費 19K13804 の助成を
受けています．

注

1)　本章の内容は，主に，2024 年 1 月から 3 月にかけて行われた矢野智美氏，海老
　　原周子氏，伊藤健一氏，鵜澤威夫氏のそれぞれへのインタビュー，および，ウェ
　　ブ上の情報に基づいている．そのため，本章の内容は特に記載がない限り，イン
　　タビュー時点のものである．なお，本章執筆にあたって参照したウェブページに
　　ついては，2024 年 12 月に改めて検索・閲覧している．

2)　以下の内容は，矢野氏へのインタビューやそれぞれの箇所で引用しているウェ
　　ブページのほか，以下の書籍やウェブページの内容にも基づいている．
　　https://www.heralbony.jp/
　　https://note.com/heralbony
　　松田文登・松田崇弥『異彩を，放て．：「ヘラルボニー」が福祉×アートで世界を
　　　変える』新潮社，2022 年．

3)　https://www.heralbony.jp/topics/1712

4)　https://www.heralbony.jp/topics/2200

5)　https://www.heralbony.jp/topics/439

6)　https://www.heralbony.jp/topics/1119

7)　https://www.heralbony.jp/topics/777

8)　https://www.heralbony.jp/topics/447

9)　https://www.heralbony.jp/topics/2220

10)　https://www.heralbony.jp/topics/2848

11)　以下の内容は，海老原氏へのインタビューやそれぞれの箇所で引用しているウ
　　ェブページのほか，以下の書籍やウェブページの内容にも基づいている．
　　https://tarl.jp/people/ebihara/
　　https://tabunka.tokyo-tsunagari.or.jp/topics/close/close_2304.html
　　一般社団法人 kuriya『Stories Behind Building Community for Youth Empower-

ment：高校・大学・NPO の連携による多文化な若者たちの居場所づくり　都立定時制高校・多文化交流部の取り組みから』アーツカウンシル東京，2018 年.

海老原周子『外国ルーツの若者と歩いた 10 年』アーツカウンシル東京，2021 年.

徳永智子・角田仁・海老原周子『外国につながる若者とつくる多文化共生の未来：協働によるエンパワメントとアドボカシー』明石書店，2023 年.

12)　以下の内容は，伊藤氏と鵜澤氏へのインタビューやそれぞれの箇所で引用しているウェブページのほか，以下の書籍やウェブページの内容にも基づいている.

https://bjet-home.studio.site/

https://www.jica.go.jp/bangladesh/bangland/b-jet.html

https://bjet.org/

https://globalgeeks.co.jp/service_bjet/

https://www.youtube.com/watch?v=tBOyZ1JkGvc

https://www.youtube.com/watch?v=J0NEBHYqjKM

https://www.youtube.com/watch?v=SvMOnPoCR-A

狩野剛『バングラデシュ IT 人材がもたらす日本の地方創生：協力隊から産官学連携へとつながった新しい国際協力の形』佐伯印刷，2021 年.

伊藤健一・田阪真之介・森下祐樹・鵜澤威夫「日本市場を目指す高度 ICT 外国人材の渡日前教育と短期留学を活用した地域就業支援の取り組み」『留学生交流・指導研究』24, 65-79，2022 年.

13)　https://www.e-kjs.jp/

第**8**章

ソーシャルデザインおよびソーシャルアクション
の分野で活躍する地域リーダー[1]

若 林 隆 久

はじめに

　本章では，ソーシャルデザインおよびソーシャルアクションの分野で活躍
する地域リーダーとして，ミズベリングおよび岩本唯史氏の事例を取り上げ
る．ミズベリングは新しい水辺の活用の可能性を切り開くための官民一体の
協働プロジェクトであり，水辺に関する取り組みに長く携わってきた岩本氏
がミズベリング・プロジェクトのディレクターを務めている．10 年間以上
に亘って継続し発展してきたソーシャルデザインおよびソーシャルアクショ
ンの成功事例として，また，全国各地のまちづくりや水辺づくりに携わる地
域リーダーを発掘・支援してきた仕組みとして，この事例を取り上げその成
功要因について触れる．

1. 岩本唯史氏の経歴

　岩本唯史氏（写真 8-1）は，一級建築士であり，株式会社水辺総研[2]の代
表取締役である．水辺荘[3]共同発起人，建築設計事務所 Raas DESIGN[4]主宰
であり，ミズベリング・プロジェクトのディレクターを務めている．2017
年に東京建築士会これからの建築士賞受賞とまちなか広場賞奨励賞を受賞し
ている．

出典：株式会社水辺総研ウェブページより．

写真 8-1 岩本唯史氏

岩本氏は早稲田大学卒業後に同大学大学院修士課程に進学し，修士課程在学中に交換留学の制度を用いてバウハウス大学ワイマール校で1年間学んだ．日本の建築教育の発想力はドイツに負けないと感じたが，ドイツにおける公共空間をうまく使いこなしたり，建築家でない人々がDIYをしながら自らの手で生活を日々豊かにしたりする様子に影響を受け，建築家だけが社会を作るのではない方法や，公共空間を扱うことに興味を持った．帰国後八丁堀を拠点に活動をしており，空き家の再生を通じて社会を変質させることに取り組んでいたが，ドイツでの経験も影響し，次は公共空間を取り扱いたいと思っていた．日本は歴史的な経緯もあって公共空間での警察権は強く，広場や道路などの公共空間に人が集まって楽しむということより秩序が重んじられているようであった．当時住んでいた八丁堀の近くを散歩していた時に，亀島川がユトレヒト運河に似ているところがあると思い，警察権が及びづらい水辺で何かできないかと考えるようになった．

　こうして水辺に関する取り組みに携わっていくようになり，2004年からBOAT PEOPLE Association[5]に参加し，2005年に横浜トリエンナーレに出展したこともきっかけとなり，2012年から横浜で水辺荘の活動を開始した．水辺荘の活動は，「都市部の水辺の利用を身近にしていきたい」という想いから，「より多くの方が都市の水辺を楽しむこと」を目的としていた．現在は，SUP（Stand Up Paddle）という水上アクティビティを中心に，「水辺という公共の場を体験し，町と繋がり」ながら，「参加者が水辺の環境や働き方，住まい方，健康，コミュニティー，都市の公共性に関心を広げる」機会を得るための「水辺のサードプレイス」を提供している．この水辺荘での活動が目に留まり，ミズベリングの始まりとなる「水辺とまちのソーシャルデ

ザイン懇談会」に招かれることになる．

2. ミズベリングの概要

　ミズベリングは，まだまだ十分に活用されていない日本の水辺について，新しい水辺の活用の可能性を切り開くための官民一体の協働プロジェクトである．ミズベリングの語源は，「水辺＋RING（輪）」，「水辺＋R（リノベーション）＋ING（進行形）」であるとされている．水辺に興味を持つ市民や企業，行政が三位一体・ひとつの輪となり，持続可能な水辺の未来に向けて改革していくという意味が込められている．

　それまで切り離されて考えられてきたまちと水辺が新たに関係性を持ち，規制緩和のもとに行政主導ではなく市民主導によるまちづくりと水辺づくりが求められるようになった．このような背景から，2013年12月に「水辺とまちのソーシャルデザイン懇談会」が開始された．①まちにある川や水辺空間の賢い利用，②民間企業等の民間活力の積極的な参画，③市民や企業を巻き込んだソーシャルデザインという3つのコンセプトに沿って，水辺とまちの未来の形をデザインしている．ミズベリングは，この3つの基本コンセプトに従って，水辺を「つくる」だけでなく水辺やその周辺地域・文化を「つかいこなす」ことを視野に入れて，持続可能な水辺の未来創造に貢献している（写真8-2，8-3）．

3. ミズベリングの事務局の役割

　ミズベリング事務局は，市民・企業・行政に対して，「つなげる，提示する，伝える，開く，共有する」の5つの役割を果たしているという．

　「つなげる」としては「○○会議・サポート・情報提供」を実施している．人材や地域，異分野の業界をつなぐために，行政・企業・市民などさまざまな立場の人が，肩書や立場を超えて議論できる場を創出している．その代表

出典:筆者撮影.

写真 8-2 ミズベリング盛岡・中津川「風のガーデン」の掲示（盛岡市）

出典:筆者撮影.

写真 8-3 ミズベリング盛岡・中津川「風のガーデン」の様子（盛岡市）

が「ミズベリング○○会議」（○○には「東京」などの地名が入る）であり，そこでは，全国の水辺の事例，ご当地の水辺改善のためのヒントを提供するほか，国や地方自治体などの行政のキーマンとの橋渡しも行っている．

「提示する」としては，「イベント・PR」を実施している．イベントを通して，新たな方向性とやり方を形にして見せ，参加者に水辺の新しい可能性を感じてもらい，自分にもできるという納得感や自信を持ってもらうようにしている．その代表としては，毎年開催している「全国一斉水辺で乾杯」と

いう誰でも気軽に参加できるイベントがあり，毎年 1 万人近くが集う初夏の風物詩にもなっている．

「伝える」としては，「Web 編集，SNS 運営」を行っている．水辺現場を取材して記事を執筆し Web 公開を行う．また，マスコミ向けの広報活動も担っている．Web サイト内では独自の記事コンテンツに加えて，楽しい水辺のイベントの告知，新しい水辺スポットやカルチャーなどを紹介している．新聞・TV・ラジオなどのマスコミがチェックする水辺の情報ハブとしてメディア機能を築き上げている．

「開く」と「共有する」については，「定例会・戦略会議」を実施している．「開く」は新たなビジネス環境や水辺とのつき合い方を開くことを意味し，「共有する」は専門知識を有するキーマンと全国のミズベリング・ネットワークの中で共有することを意味する．これらを体現するために，定例会・戦略会議で活動方針を定める役割を担っている．参加者は企業・行政担当者のほか，市民，研究者，プランナーなど多様であり，それぞれの視点からオープンに日本全国の水辺で起こる事象や課題，アイディアを共有している．

4. ミズベリングの立ち上げと 10 年間の取り組み

ミズベリングを開始するにあたって，まずは実現可能性にとらわれずに妄想することと陳情ではない形で地域についてざっくばらんに対話する機会を作ることが重要であると考え，ワークショップの手法を用いた会議からキックオフするということにした．そこで，2014 年 3 月に，創造的に関わる水辺をテーマとした公共会議であるミズベリング東京会議を実施した．そこでは，約 600 人の参加者の前で，出てきたアイディアをラピッドイメージシェアという手法でその場で描いていった．その結果，自分たちが手応えを感じつつ，参加者に期待感を持ってもらうこともできた．水辺に関するまったくの素人ではなく，既に何かしらの取り組みをしていて後押しが欲しい人をターゲットとして焚きつけることを想定していた．この「ミズベリング○○会

議」[6]というフォーマットは，その後に全国の様々な地域で展開することを念頭に置いていた．

その後，2014年に「川ろうぜ！」というコピーが生まれ，2015年には，MIZBERING INSPIRE FORUM，水辺で乾杯，ミズベリング世界会議 in OSAKA が開催された．この頃から社会実験が全国で活発に行われるようになった．2018年には後述する『MIZBERING VISION BOOK』を作成し，GOOD DESIGN 賞の金賞を受賞している．ミズベリングは2023年で10年目を迎え，2023年12月15日に開催された MIZBERING INSPIRE FORUM 2023[7]では，これらの10年間の振り返りもなされている（図8-1）．

MIZBERING INSPIRE FORUM 2023 で，岩本氏がラジオ DJ に扮して発表した「MIZBERING 10 years top10 COUNT DOWN」では，10年間のニュースとして「1 魅力的な水辺を楽しむ人たちの出現，2 新たな担い手の出現，3 地域ビジョンとの統合，4 ギリギリアウトを目指せ，5 連携の形，6 新たな公務員像，7 発注形態の多様化，8 たくさんのキャラ登場，9 社会実験が当たり前に，10 規制緩和が進んだ」（数字はランキングの順位を示す）が発表され，10年間における活動の広がりや進化が示された．

また，岩本氏扮する水辺総一郎というキャラクターにより，公共空間の利活用という普遍的なテーマについて，ミズベリングはこの10年間で着実に

出典：MIZBERING INSPIRE FORUM 2023 講演資料より．

図 8-1　ミズベリング10年ヒストリー年表

実績を積み重ねてきたことが強調された．10年間の積み重ねの証として，当初はやる気が課題であったのが，やる気を持った人と行政が連携することが課題となり，次に地域がその価値を認めることが課題となり，さらには事業として成立させるという課題や文化として持続可能にしていくという課題が生まれてきているという課題のステップアップも示された．

5. ミズベリングの成功要因

(1) ミズベリングキット[8]の提供

ミズベリングの成功要因のひとつとして，ミズベリングウェブページでのミズベリングキットの提供が挙げられる．ミズベリングのウェブページでは，①ロゴを掲げる，②ミズベリングを学ぶ，③イベントに参加するという簡潔な参加方法が示された上で，ロゴやバナーのデータを配布し，地域名を入れたロゴ作成の依頼ができるようになっている．その上で，ミズベリングキットとして，ミニパンフ，コンセプトペーパー，コンセプトムービー，ミズベリングシール，MIZBERING SOUDAN BOOK，MIZBERING START BOOK，MIZBERING GUIDANCE BOOK，MIZBERING VISION BOOK などが配布されている．

特に，2013年から2017年の初期の5年間にかけての取り組みをまとめた164ページにわたるMIZBERING VISION BOOKでは，ミズベリングの説明，歴史，事例，関連する法制度が紹介されているだけではなく，水辺での活動を楽しく発展させるための方法論が提供されている．これまでの取り組みで培われたセッションメソッドという様々な方法やコンセプトが紹介されていたり，河川管理者，地方自治体，市民，民間といったそれぞれの役割を理解し自分の役割を理解できるロールプレイがあったり，「推進チーム編成，調査，戦略仮説構築，社会実験，評価，実装」からなる水辺利活用プロジェクトの進め方が解説されていたりする，という点に特徴がある．

（2） ミズベリングにおけるリーダーシップ[9]

　岩本氏は，ミズベリングの成功要因として，誰でも妄想が話し合えるテーブルを持つ，トライ・アンド・エラーを許す，ビジョンと戦略を持つ，行政だけなく民間も責任を持つ，ということについてひとつの筋道を示せたことにあるとする．ジョブ・ローテーションによる担当者の交代や根拠政策の変更がある中で，声を出して意思を示さなければ，10年間も継続することはできない．この人たちのことを無視するわけにはいかないと思わせないと，トライ・アンド・エラーの積み上げを残していくことはできない．これを行政の職員だけに任せてしまうと，行政の職員は疲弊してしまう．

　様々な方法論を持つことも重要であるが，心構えとしてのリーダーシップを持った人が地域に数人でもいるだけでよい．リーダーに求められるものは様々であるが，得意なことは人や立場によって異なるので，段階に応じて中心となる担い手が移り変わっていき，それを地域全体が見守っているのが理想である．また，公共空間を取り扱うので，官と民の両方がいた方が良い．

　地域には必ず能力や意欲がある人がいるので，その地域を担っていくことが期待されているような人たちが，能力や意欲がある人たちに理解を示して機会を与えて活躍させてあげているかどうかが重要である．優れたアイディアだけではうまくいくとは限らず，そういった地域における地縁や血縁をうまく活用できるかが成否を分けることになる．

　ミズベリングの活動のようにまちづくりなどの自治的な取り組みへの市民の参画が進むと，行政権が市民の手に戻ってきて自己決定が行われるようになってくる．自己決定権が拡大することで，幸福度が高まったり生活のあり方が変わってきたりすることへの期待がある．市民による自治や自己決定の難しさはあるものの，単純に成功・失敗とレッテルを貼って捉えるのではなく，地域の中で情報を編集して捉えていくことが求められるかもしれない．

謝辞
　お忙しい中，快くインタビュー調査に応じてくださった岩本唯史氏およびミズベ

リング事務局の皆様に心より御礼申し上げます．なお，本研究は，各年度の高崎経済大学研究奨励費および JSPS 科研費 19K13804 の助成を受けています．

注

1) 本章の内容は，主に，2024 年 2 月に行われた岩本唯史氏へのインタビュー，および，ウェブ上の情報に基づいている．そのため，本章の内容は特に記載がない限り，インタビュー時点のものである．なお，本章執筆にあたって参照したウェブページについては，2024 年 12 月に改めて検索・閲覧している．以下の内容は，岩本氏へのインタビューやそれぞれの箇所で引用しているウェブページのほか，以下の書籍やウェブページの内容にも基づいている．
   https://mizbering.jp/
   http://mizubes.com/
   https://x.com/iwamotts
   https://note.com/kanto_machinote/n/n45c04ac50562
   https://note.com/kanto_machinote/n/nc0ada059fd46
   篠原修編『都市の水辺をデザインする：グラウンドスケープデザイン軍団奮闘記』彰国社，2005 年.
   泉英明・嘉名光市・武田重昭編『都市を変える水辺アクション：実践ガイド』学芸出版社，2015 年.
2) http://mizubes.com/
3) https://mizube.so/
4) http://raas-design.com/raas-design/HOME.html
5) https://www.facebook.com/BoatPeopleAssociation/
6) https://mizbering.jp/shucchou
7) 以下のウェブページ参照.
   https://mizbering.jp/archives/29898
   https://www.mlit.go.jp/report/press/mizukokudo04_hh_000217.html
   https://www.youtube.com/watch?v=MTLXLHvRduk
8) https://mizbering.jp/kit
9) 本項の内容は，主に岩本氏へのインタビューの内容に基づいている．

第 II 部　現代の地域におけるリーダーシップ

第**9**章

自治体職員は「地域リーダー」になり得るか
―公務外の地域貢献活動に至るプロセスとそのメカニズムの分析―

佐 藤 　 徹

1. 研究の背景と目的

　本章の目的は，公務外で地域貢献活動を行う自治体職員に焦点を当て，彼らが地域貢献活動を行うに至った動機やきっかけ及びそのメカニズムを明らかにし，「地域リーダー」としての自治体職員の潜在性を探求することである．

　さて，総務省によると，2023 年 10 月 1 日時点のわが国の総人口は 13 年連続で減少し，自然減は 17 年連続で 83 万 7,000 人と過去最大となった[1]．年齢別では 65 歳以上が 29.1％と最高値を更新した．また，国立社会保障・人口問題研究所によれば，2033 年には 1 世帯あたりの人数は平均 1.99 人で，初めて 2 人を下回ると推計している[2]．少子高齢化，核家族化が進行する中で，町内会の解散が危ぶまれる自治体も現れており，災害時の共助や伝統行事の継承などを考慮すると，地域コミュニティーをどのように維持するかは喫緊の課題である[3]．

　それでは，誰が地域のリーダーとなりうるのであろうか．この点につき，自治を推進するトップリーダーとしては首長と議員が挙げられる．わが国の地方自治は，住民による直接公選のもと，首長と議会による二元代表制を採用しているからである．一方で，自治体職員は首長の補佐だけでなく，全体の奉仕者又は公共の担い手として，住民に対するサービスの提供や自治体の運営に関する各種業務を遂行している．職業柄，地域の実情や課題を把握し，

法制度や行政実務に精通した自治体職員は「地域リーダー」としての潜在性を秘めており，今後ますますの活躍が期待される.

翻って，自治体職員と地域との関わりに関してはこれまで様々な観点から論じられてきた. かつて，大森は，「企画に先立つ調査活動を既存の情報・資料で間に合わせるとか，とおりいっぺんの住民意向調査ですませがちである. 自治体における調査とは地域認識であるはずなのに現地・現場主義による調査活動が行われていない」と，現地・現場主義の重要性を指摘した[4].

2000 年代後半ごろに突入すると，団塊世代の大量退職が始まり，「地域デビュー」という概念が提唱され，注目を集めるようになった. これは新たな生きがいを求める定年退職者と，地域の担い手を必要とする社会との間で共通のニーズを満たすものであり，民間企業の退職者だけでなく，自治体職員にも地域デビューが推奨されるようになった[5]. 2008 年秋頃には，公務員の地域貢献活動や社会貢献活動を促進するため，「地域に飛び出す公務員ネットワーク」が発足し[6]，メーリングリスト上の意見交換を中心とした活動が今日でも続けられている. さらにこうした活動を後押しする形で，2011 年 3 月には「地域に飛び出す公務員を応援する首長連合」が発足した[7]. このように地域活動に自主的に参加する公務員を，稲継は「地域公務員」と称している[8].

一方，ラテン語の「Pro bono publico（公共善のために）」を語源とする，米国発祥の「プロボノ」がわが国でも徐々に注目されるようになっていった. 社会人が自らの経験や知識を活かし，働きながら社会貢献活動に取り組むものである. 当初は大手の民間企業が社会的責任（CSR）の一環として，社員のプロボノ活動を支援するなどしていたが，やがて自治体においても広がっていった. 2017 年 4 月には全国の自治体に先駆けて，神戸市が「地域貢献応援制度」を創設した. 同制度は，職員が社会通念上妥当な範囲で報酬を受け取り，地域団体や NPO 法人等が運営する事業に従事したり，ソーシャルビジネスを起業したりすることを想定したものである[9].

しかし，職員の地域参加を拡大すれば，地方公務員法上の「営利企業への

従事等の制限」と抵触する可能性がある．同法第 38 条 1 項には，一般職員が，①営利企業を営むことを目的とする会社その他の団体の役員に就任すること，②自ら営利企業を営むこと，③報酬を得て事業又は事務に従事することに相当する場合，任命権者の許可（兼業許可）を受けなければならないと規定されているためである．この点につき，総務省の『営利企業への従事等に係る任命権者の許可等に関する実態調査』（2019 年 4 月時点）によれば，兼業許可に係る基準を設定している自治体は都道府県及び市区町村のうち 4割程度に留まり，各自治体において詳細かつ具体的な許可基準を設定すべきとされた．さらに，2023 年 12 月，総務省は自治体に対して，議会で条例を定めるなど住民の理解を得ることを条件に，職員の特別休暇として「地域貢献活動休暇」を新たに創設できる旨を通知した[10]．同省は，このような動きが広まれば，地域の担い手不足の解消とともに，職員が地域活動の実態を知ることにもつながると期待している．

　以上のように，少子高齢化に伴う人材不足，多様で柔軟な働き方へのニーズの高まりなどを背景に，自治体でも民間企業と同様に兼業や副業が推奨されるようになっている．それゆえ，今後は自治体職員が地域貢献活動の担い手として，さらには地域リーダーとしての活躍が期待される．だが，そのような役割を果たす自治体職員はいまのところごく僅かであり，稀有な存在である．

　それでは，公務外で地域貢献活動を行う自治体職員とはどのような人物なのか，また彼らはどのような動機やきっかけで地域貢献活動を行うに至ったのであろうか．この点が本研究のリサーチクエスチョンである．

2. 先行研究の検討

　自治体職員は所属部署や職種等によって，その担当業務は実に多岐にわたる．庶務や内部管理を主たる業務とする職員も存在する一方で，地域課題の解決に向けた活動を担当業務の一環として行う職員も少なくない．

また，住民との対話・交流を通じて地域課題の解決に住民の意向を反映させ，職員の意識を住民本位に転換させることを目的として，各地区の担当者として職員を配属し，住民とともに地域課題の解決を図る地区担当職員制度を導入している自治体もある．同制度は，全国に先駆けて昭和43年に習志野市が行政主導型の地域課題の解決から，住民参加を前提としたボトムアップ型の地域課題の解決を目指して創設されたものである[11]．地区担当職員制度の下で任命された職員は，通常業務と兼務しながら，担当地区における地域の会合や行事等への参加や支援などを行い，地域と行政のパイプ役として両者のコミュニケーションを促進し，地域課題の解決や協働のまちづくりの推進に貢献している．

こうした自治体職員の地域貢献活動はほとんどが公務の一環で行われているが，以下では，本研究のテーマである自治体職員の公務外での地域貢献活動に着目した近年の研究を検討する．

日本都市センターは，都市自治体における自治体職員の地域活動等に関係する施策等の現状や，そうした職員の地域活動等への参加について関係者がどのような認識を持っているのかを把握するため，首長，人事担当課，市民協働推進課，NPO，自治会を対象にアンケート調査を行っている[12]．この調査結果を踏まえて，稲継は，地域活動等への参画の意義として，①職員の能力向上（住民とのコミュニケーション能力，組織運営能力），職員の意識の変革，行政様式の変容などを通じて，自治体の組織力が向上し，ひいては住民サービスの向上につながること，②地域活性化運動の活発化を助けることにもつながること，③地域活動団体と行政職員との間の相互理解や信頼関係が深まることによって，市民協働の推進につながること，④職員自身にとっても，生きがいの再発見となることを挙げている[13]．

また，宮田は地域活動だけでなく，民間企業における越境学習のように組織の枠を越えた活動（組織外活動）に自発的に参加している自治体職員149人を対象にアンケート調査を行い，組織外活動が職務意欲にプラスの影響を与える可能性があることを示唆している[14]．

公務員の副業・兼業といった観点からの調査としては，東京市町村自治調査会による調査報告書がある[15]．多摩・島しょ地域39市町村を対象としたアンケート調査を行い，副業・兼業に対する行政の制度担当者の考え方や課題，職員自身の経験やニーズ・課題，職員の副業・兼業に対する住民の認識やニーズなどを明らかにしている．また，副業・兼業に関して独自の規定を定めている神戸市，生駒市，宮崎県新富町へのヒアリング調査を行っている．さらに，杉岡は福知山市（京都府）における副業やプロボノを活用した人材育成の具体的な取り組みとその到達点，課題を論考している[16]．

インターネットによる大規模アンケート調査によって，わが国における公務員の社会貢献活動の実態を把握しようとした研究もある．小田切は，公務員の社会貢献活動にみられる特徴として，男性のほうがよりボランティア活動への参加やNPO等への所属の割合が高いこと，地方公務員に比べ国家公務員のほうがより社会貢献活動を行っていること，税務職系の職種や管理職クラスの役職が社会貢献活動へ積極的であること，労働時間が長いほど社会貢献を行っている傾向があることなどを挙げている[17]．

また，広報担当職員の業務外活動に着目した研究として，黒田の研究がある[18]．熊本県内の市町村担当者へのアンケート調査の結果を踏まえ，広報という目的に沿った政策ネットワークを用いて，自らの不足する資源を獲得したり提供したりする相互行為が組織の外のネットワークを通じて行われている点に業務外活動の意義があるとしている．さらに黒田は，広報担当職員以外に対象を広げ，実際に業務外活動を行っている市町村職員10人へのインタビュー調査を行っている[19]．当該活動が多くの職員あるいは住民等から肯定的に受け入れられるようになっており，職員は単に“外”に出て活動しているのではなく，多様な主体とノットワーク（knot-working）しながら意味ある関係性を構築し，職員のアイデンティティも“外”での活動から再帰的に形成されている点が示唆されたとしている．

さらに，過疎農山村地域の自治体において，職員が地域活動にどのように関わっているのか，またそこにどのような課題があるかを明らかにしようと

した研究もある．丸山らは，長野県天龍村の若手職員へのインタビュー調査と全職員へのアンケート調査を手がかりに，地域活動への参加に関してはベテラン職員のほうが若手職員よりも積極的であり，都市自治体の職員と比較して天龍村の職員は「地域住民として参加は当然である」との規範意識が強い点を指摘している[20]．

また，内平らは神戸市職員を対象としたWEB調査のデータを分析し，報酬を得て地域貢献活動を行っている職員に対しては，地域貢献応援制度の情報発信や報酬が得られることを前面に出した参加促進は有効でなく，得意活動の貢献をマッチングする支援が活動継続や新たな貢献の場の獲得に有効であるなどと指摘している[21]．

以上の先行研究では，自治体職員の公務外の地域貢献活動の実態や課題，地域貢献活動を支援する制度の課題とその改善策などが明らかにされているが，公務外で地域貢献活動を行う自治体職員がそうした活動を行うに至った動機やきっかけ，そのメカニズムについては，依然として未解明のまま残されている．そこで本研究では，当事者の活動体験を詳細に分析することによって，上記の問いへの解を探ってみたい．

3. 研究の方法

(1) 分析対象

本研究の対象は自治体職員の公務外の地域貢献活動である．しかし，前述のとおり，「組織外活動」「社会貢献活動」「業務外活動」などという類似の概念が併存している．そこで，これらの概念と本研究の対象である「公務外の地域貢献活動」との違いを明瞭にしておきたい．

日本都市センターの調査では，「自治会やPTAといった居住地域内の活動だけでなくNPOやボランティア活動など居住地域にとらわれない活動を含む一般的な活動」を「地域活動等」とし，地元の強制参加の清掃活動など半ば強制的に参加しなければならない活動は除かれている[22]．また，内平ら

は「公務員が一人の市民として地域課題の解決に参画すること」を「地域貢献活動」としている[23]．

宮田は，民間企業における越境学習のように組織の枠を越えた活動を「組織外活動」としており，地域活動だけでなく，有志職員による自主勉強会や他自治体の職員同士が集う交流イベントへの参加なども含めている[24]．また，小田切は，「社会貢献活動」の例として，伝統行事や地域イベントの振興に関する活動，地域ブランドや地場産品のプロモーション活動，地域の防災，防犯に関する活動，スポーツや文化芸術活動の指導・支援，教育や若者自立支援に関する活動，住民の生活支援や福祉に関する活動，環境の保全や監視に関する活動，移住者受入れや定住促進に関する活動等を挙げている[25]．

黒田は，組織や地域を"飛び出して"様々な活動を時間外に行うことを「業務外活動」とし[26]，「市町村職員が多様なステークホルダーと協働し，当該地域の地理的境界や業務の枠を超え，専門性にとらわれることなく自発的に非公式な立場で課題解決に寄与する創造的な活動」を「創造的業務外活動」と定義している[27]．さらに，地域貢献的性格の強い自治会や消防団等の活動を「伝統的業務外活動」とし，自治体のルールの下で業務として実施されている地域担当職員制度など公式な業務外活動を「制度的業務外活動」とした上で「創造的業務外活動」とは区別している．

翻って，自治体職員の「地域貢献活動」は，図9-1のとおり，有償か無償か（縦軸），公務内であるか公務外であるか（横軸）によって4つに分類される．

第Ⅰ象限（公務内・有償）は通常の業務の一環で行う地域貢献活動である．庶務や内部管理

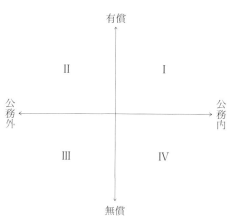

出所：筆者作成．

図 9-1 自治体職員の地域貢献活動

を主たる業務とする職員もいるため自治体職員の業務がすべて地域貢献活動に直結するわけではない．だが，地域課題の解決に向けて地域の諸アクターとともに協働しながら業務を遂行する職員も少なくなく，そのような活動がこれに該当する．

第II象限（公務外・有償）と第III象限（公務外・無償）はいずれも公務外の地域貢献活動である．前者は副業や兼業の許可を得て行う公認の地域貢献活動である．活動の対価として常識的な金額の謝礼や報酬を受け取るが，副収入を得ることが目的ではなく，あくまで地域貢献に主眼がある．前述のプロボノもこれに含まれる場合が多い．一方，後者は謝礼や報酬をほとんど受け取らずに行う地域貢献活動であり，ボランティア活動などがこれに含まれる．

第IV象限（公務内・無償）は公務として地域貢献活動を行うが，職員に謝礼や報酬等が支払われない場合である．基本的に公務であれば職員に給与が支払われるか，時間外手当や代休措置が講じられる．しかし，地区担当職員制度の下で任命された職員に報酬が支払われない自治体もある．また，許されざる行為だが，公務で行う地域貢献活動がサービス残業で行われるような場合もこれに含まれる．

これらのうち，本研究の分析対象は「公務外の地域貢献活動」であるため，第II象限（公務外・有償）及び第III象限（公務外・無償）である．ただし，「組織外活動」や「社会貢献活動」ではあっても，それ自体は地域貢献との結びつきが弱いと考えられる活動（職員同士の自主勉強会，大学の非常勤講師など）については，本研究の対象範囲に含めないものとした．また，本研究では，前述の日本都市センター調査における「地域活動等」[28]（居住地域内の活動だけでなくNPOやボランティア活動など居住地域にとらわれない活動）に加え，有償の副業・兼業やプロボノを分析対象に含めることにした．なお，人事課等の認可を得ていない地域貢献活動は懲戒処分の可能性もあり，本研究の対象には含めないものとした．

（2） データ収集

　公務外で地域貢献活動を行う自治体職員は，どのような動機やきっかけで活動を始めたのだろうか．この点を明らかにするためには，公務外で地域貢献活動に取り組む自治体職員に関する情報を幅広く収集する必要がある．しかし，そのような職員を見つけるのは容易ではない．

　そこで，本研究では『飛び出す！公務員：時代を切り拓く98人の実践』[29] に注目した．この書籍は，出版社の紹介文によれば，「役所から飛び出し，地域活動やNPOに参加したり，民間や他の自治体，さらには独立する公務員が増えてきた．後押しする制度改革も進んでいる．そこで，とびっきりの飛び出し公務員98人に，自らの体験を基にその楽しさ，得られたものを率直に書いて頂いた．これから飛び出そうとする人達を勇気づけ，道しるべとなる本」と評していたためである[30]．

　同書は，「はじめに」と「座談会」を除き，7つの章で構成され，98人の公務員（1グループを含む）が体験手記を寄稿している．各章では，1ケースあたり4ページにわたる手記（以下，「A群」とする）がメインとして掲載されており，各章末には1ケースあたり1ページの手記（以下，「B群」とする）が掲載されている．ただし，B群はA群の4分の1の情報量であり，執筆者の略歴についても記載がなかったため，分析対象をA群に限定した．

　また，本研究の趣旨に鑑みて，分析対象を選定する際には，①自治体職員であること，②現職が自治体職員でない場合は元職が自治体職員であること，③政府からの出向者ではないこと，④市町村職員か都道府県職員かを問わないこと，そして⑤公務の延長線上ではなく，公務外の地域貢献活動が具体的に読み取れることを基準とした．このようにして選定された対象者の手記をすべてテキスト化し，分析データとした．

（3） 分析フレーム

　自治体職員が公務外で地域貢献活動を行うメカニズムを，つぎの3つの観点から捉え，これを本稿の分析フレームとする．

第1は「動機」である．動機とは，個々人の心理的要因に根ざしたものであり，その内的要因に基づく行動の推進力と言える．自治体職員が公務外の地域貢献活動に参加する動機としては，自身のスキルや知識を活かして地域社会に貢献したいという自己実現欲求，地域社会に対する愛着や帰属意識，新しい経験を通じて自己成長を図りたいという個人的な願望などが考えられる．

第2は「きっかけ」である．きっかけとは，外部からの影響や具体的な出来事に基づいて行動を促す外的な契機である．自治体職員が地域貢献活動を始めるきっかけとしては，地域のニーズ，地域社会からの具体的な要請や問題提起，同僚や友人などの周囲の人々からの参加への誘い，地域でのイベントやキャンペーンなどが想定される．

第3は「専門性やスキル」である．自治体職員が地域貢献活動に活かすことができる専門性やスキルとしては，法律・条例や制度，行政実務に関する知識，住民や事業者等とのコミュニケーション能力，イベントやプロジェクトの計画・運営能力などが考えられる．

以上を図式化したものが図9-2である．このモデルは，内的な動機が外的なきっかけによって引き起こされ，自治体職員が自らの専門性やスキルを活かして地域貢献活動を行う様子を示している．ただし，自治体職員が公務外の地域貢献活動に参加する過程は，実際には複数の異なる要因が並行して影響を及ぼし合い，最終的な行動に至る可能性が高い．このため，複線型モデルの方が現実に即した表現となることが多いと考えられるが，分析のフレー

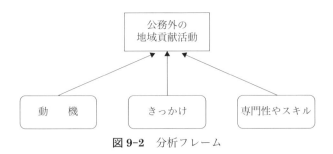

図 9-2 分析フレーム

ムとしては，まず図 9-2 のような単線型モデルを仮定するものとする．なお，分析に際しては，内容の異同性に着目し，帰納的又は演繹的アプローチによって分類し，複数のカテゴリーを作成する．

4. 分析と考察

(1) 分析対象者

前述の基準に従って分析対象者を選定した結果，A 群の 12 ケース（12 人と 1 グループ）が分析対象となった（表 9-1）．なお，A 群については各個人の略歴が掲載されていたが，共通のテンプレートに従って記述されていなかったため，年齢，性別，学歴，職歴，所属部署などの情報は網羅されていない．また，上記 12 ケースはほとんどが現職の自治体職員であったが，元職（定年退職者や早期退職者）も含まれている．生年に関しては，1950 年代から 1980 年代までと幅広い．氏名から性別を推測したところ，男性の割合が過半数を占めていた．

(2) 活動分野

A 群の 12 ケース（12 人と 1 グループ）における公務外での地域貢献活動には，どのような分野が含まれているのだろうか．この問いに答えるために各ケースを検討した．実際のところ，活動内容は非常に多様であり，一義的なカテゴリーへの分類は難しいが，その特徴を踏まえると，概ね次のような活動分野に整理することができる．

第 1 は，文化・伝統の保存と振興である．奥田晃巳氏は，鳥取県米子市で地元の伝統芸能「淀江さんこ節」の保存会事務局長として活動している．「淀江さんこ節」は北前船交易を通じて九州から伝わった民謡が起源であり，地域住民や子どもたちへの指導を通じて次世代への継承を目指している．また，公演活動は国内外で実施され，その回数は 1,700 回を超える．また，前田昇氏は，鳥取県日吉津村で「本の学校」と「むきばんだ応援団」という 2

表 9-1　分析対象者（敬称略）

No.	所属 （執筆時）	氏名又は 団体名	プロフィール
3	東京都	藤田正樹	1981 年生まれ．東京都職員．自治体職員自主活動グループ「ノンパ」管理人．
19	兵庫県尼崎市	江上昇／ 桂山智哉	尼崎市職員で，元松竹芸能の江上と元吉本興業の桂山を中心に結成したユニット．お堅い行政課題を漫才等でわかりやすく伝える活動を展開．
28	静岡県	石川晴子	2009 年 4 月から静岡県の林業職員．普段はヘルメットとポールで山を駆けています．プライベートも林業のことを考えてばかりです．
29	岐阜県関市	関市役所スイーツ部	2012 年 3 月に誕生した関市役所スイーツ部．「頼まれごとは笑顔で YES！」の精神で，楽しく，甘〜く，ゆるく活動を続けている．現在，部員 24 人．
30	元鳥取県日吉津村	前田昇	1958 年生まれ．明治大学卒業．日吉津村役場入庁．総務課・企画課・教育委員会・住民課など勤務し，2019 年定年退職．2020 年より村議会議員．
32	群馬県太田市	大橋志帆	1993 年に太田市役所入庁．勤続 20 年目の 2012 年に地域活動をスタート．活動テーマは「NPO 活動支援・テレワーク推進」．
33	元島根県古賀町	吉中力	1952 年生まれ．企画課や教育委員会に所属．2013 年に退職．自遊人を気取った田舎自慢を楽しんでいる．高津川清流ネットワーク代表他．
35	鳥取県米子市	奥田晃巳	1961 年鳥取県淀江町生まれ．1985 年武蔵大学経済学部卒業．1986 年淀江町役場運転手採用．2005 年米子市との一市一町合併．現在，米子市経済部文化観光局長．
45	山梨県北杜市	浅川裕介	1980 年生まれ，旧大泉村入庁．2004 年 11 月に町村合併し北杜市が誕生．2010 年に「食と農の杜づくり課」を立ち上げる．
48	山口県下松市	原田幸雄	1965 年生まれ，岡山大学卒業．下松市役所に入庁．生涯学習振興課長，秘書広報課長，総務部次長を経て，現在は地域政策部長．地域では任期のない自治会長，学校運営協議会委員等の地域活動に従事．
90	滋賀県栗東市	竹山和弘	1972 年生まれ，龍谷大学法学部卒業．栗東市役所に入庁．社会人大学院での研究活動と地域活動の両輪で学位を取得し，大学講師や地域活動を実践．
92	エーゼロ株式会社 （元滋賀県）	清水安治	1961 年生まれ，滋賀県庁で建築課や企画調整課に在籍し，高島市出向を経て 2015 年に早期退職．エーゼロ（株）の創業に参画し，高島市森林組合の組合長も務める．

注：No. は椎川ら編（2021）における掲載番号．
出所：椎川ら編（2021）をもとに筆者作成．

つの NPO に関わっている．後者の NPO では事務局長として弥生時代の大集落「妻木晩田遺跡」の保存・活用に取り組んでいる．この遺跡は地域住民にとって誇りとなる資源として位置づけられ，多くの住民が関わる活動へと発展している．さらに，原田幸雄氏は山口県下松市で「花岡福徳稲荷社稲穂祭」に関わり，この祭事の運営や進行係として地域住民との協働を進めている．この祭事は地域の歴史と文化を象徴するイベントであり，多くの地域団体が参画する下松市を代表する行事へと発展している．

第2は，自然環境の保全と創造である．吉中力氏は，高津川流域で水質保全や環境教育活動を行う「高津川清流ネットワーク」を主導している．高津川は水質日本一に7度輝いた清流であり，小学生向けの環境教育プログラムや魚類調査など多様な活動を展開している．これらの取り組みは，地域住民との絆を深めるとともに，ふるさとの誇りを醸成する役割も果たしている．

第3は，地域共生社会の実現である．江上昇氏と桂山智哉氏は，「お笑い行政講座」を通じて障がい者福祉や行政課題について住民にわかりやすく伝える啓発活動を行っている．漫才という手法を活用し，市民向け講座や福祉イベントなど140回以上開催し，多くの住民との交流を実現している．また，「新喜劇」など新たな形式にも挑戦し，市長も巻き込んだ形で福祉啓発活動を進めている．一方，大橋志帆氏は群馬県太田市でテレワークを活用したひきこもり支援「文書編集チーム」を立ち上げた．このチームでは文章校正やインタビュー記事編集など多様な業務を行いながら，ひきこもり経験者に「居場所」と「出番」を提供している．この取り組みは自己有用感や自己肯定感の向上につながり，人々が社会とのつながりを再構築する契機となっている．

第4は，地域経済・地域活性化の推進である．岐阜県の関市役所では「スイーツ部」が結成され，地元特産品を使ったスイーツ開発やイベント参加を通じて地域ブランド価値向上に貢献している．「パッション大福」など独創的な商品開発が注目され，市内外から高い評価を得ている．また，市内イベントへの積極的な参加や地元洋菓子店とのコラボレーションも行い，多くの

人々との交流を生み出している．一方，清水安治氏は滋賀県高島市で地元木材を活用した建築プロジェクトや古民家再生に取り組んでいる．これらの活動では地域産材の利用促進だけでなく，新しい雇用機会の創出や地域経済振興にも寄与している．また，早期退職後に自身が設立に関わった民間企業では林業や農業分野で新たな価値創造に挑戦するとともに，障がい者と連携する農福連携による地域福祉活動にも取り組んでいる．また，竹山和弘氏は滋賀県の栗東市でNPO法人「くらすむ滋賀」を設立し，独自の空き家利活用に向けた諸活動を行っている．浅川裕介氏も山梨県の北杜市で農業振興策に取り組む中，自ら農業を始めて，同じ農業者という土俵で農家と対話を重ねながら，地域の農業振興に貢献している．

第5は，地域交流によるネットワーク形成である．これは特定の分野に限定された活動ではなく，地域住民との交流に重点が置かれている．石川晴子氏は，「林業女子会＠静岡」を立ち上げ，木材を使ったアクセサリー作りや椅子作りのワークショップ開催など，地域住民や学生との交流を深めている．また，静岡市主催の「まちづくり人材養成塾」に参加し，出会った仲間たちと地域課題解決に向けた取り組みを進めている．藤田正樹氏は，首都圏の自治体職員を中心として活動する自主研究グループ「ノンパ」を通じて，教育現場や子育て支援，若者支援，障がい者雇用といった地域課題に詳しいゲスト講師を招いての勉強会を開催している．青空読書会や漫画によるダイバーシティ学習会など，誰もが参加しやすく，親しみやすいイベントも開催している．これらの活動では，公務員だけでなく地域住民とも連携し，人々との交流が広がっている．

(3) 動機

公務外での地域貢献活動に参加する「動機」とは，どのようなものだろうか．この点について手記から読み取れる「動機」を分析した結果，以下のように分類された．

第1は，自己実現欲求である．すなわち，自身のスキルや知識を活かして

地域社会に貢献したいという欲求が動機となるケースである．例えば，奥田晃巳氏は地元伝統芸能「淀江さんこ節」の保存会事務局長として活動しているが，同氏は「私自身の公演回数は30年間で1,700回を超えている．毎回，公演の2時間前には会場入りする．舞台準備，衣装の着付け，メイク，音合わせを行いながら，『公務員』から『芸能人』に変身する大切な時間である」と述べている．自身の芸能スキルを活かし，多くの人々に喜びを届けることが自己実現につながっていると考えられる．また，「お笑い行政講座」を展開している江上昇氏と桂山智哉氏は「お笑いはあくまで『公務員として活動するための一手段』です．『公務員×お笑い』という組み合わせのインパクトで注目してもらい…」と記している．自身の得意分野である「お笑い」を活用し，行政課題解決に貢献したいという動機が見られる．清水安治氏に関しては「地域産材の家づくりや古民家再生のネットワークを組織し，本格的に地域に飛び出す公務員活動を開始した」と述懐している．このことから，自身の建築技術や経験を活かし，地域社会で成果を上げることが自己実現につながっていると考えられる．関市役所スイーツ部もまた，「楽しいことが大好きな私たちはすぐに参加を決め，研究を始めました．すると，地域の現状についても見えてきた」としている．自分たちが得意とするスイーツ作りというスキルを活かして地域社会と関わることで自己実現を果たしている．

　第2は，地域愛着や帰属意識である．地域社会に対する愛着や帰属意識から生じる動機であり，例えば，前田昇氏は「遺跡の発見によって，2,000年前から国のかたちをもった大集落が存在し，対岸地域と交易をしていたことを知り，ふるさとの誇りを見つけた思いで…」と述べている．このことから，地域遺産への誇りが活動への原動力となっていると考えられる．また，原田幸雄氏は「私は幼少期から，きつねの嫁入り行列の子ぎつね役や鼓笛隊としてこの祭事に関わり…」と述べており，幼少期から親しんできた祭事への愛着が活動への強い動機となっている．吉中力氏は「ふるさとの美しい原風景や豊かな自然のなかで過ごした子ども時代の楽しい思い出はUターンを考えるときの貴重な判断材料となるだろう」と記述しており，地元環境への深

い愛着が活動への推進力になっていると考えられる．

　第3は，自己成長意欲や未知への探求心である．言ってみれば，新たな経験を通じて自己成長を図りたいという個人的な願望である．例えば，石川晴子氏は「基本的に『やってみたい』『面白そう』と思ったら一歩を踏み出してしまう」と述べており，新しい挑戦や学びへの好奇心が活動への原動力となっている．藤田正樹氏は「そもそも『飛び出す活動』のきっかけとなったノンパの名称自体『Non-Purpose（目的なし）』から来ていたので…」と述べており，好奇心と「ワクワク感」が活動への主要な推進力となっている．また，大橋志帆氏は「安心安全な場をつくり，お互いの考えを尊重しながら，一緒に学ぶこと，経験を増やすことを重視している」としており，他者との協働や学びによる成長が活動への重要な要因となっている．

（4）　きっかけ

　それでは，公務外での地域貢献活動に参加する「きっかけ」とは，どのような要因によるものだろうか．この点について，手記から読み取れる内容を分析した結果，いくつかのパターンに分類できることが明らかとなった．

　第1は，地域課題認識である．地域社会が抱える課題やニーズを認識し，それに応える形で活動を始めた事例としては，奥田晃巳氏が挙げられる．同氏は，1993年から沖縄県読谷村との交流事業が始まり，祭り会場の舞台で踊った際，地元のおばあさんから「芸能は人を殺さないからねぇ．芸能を大事にしなさいよぉ」と言われた経験が大きな転機となった．この言葉は，地域文化保存への期待と課題認識を同氏に強く印象づけ，地域の伝統芸能「淀江さんこ節」の保存活動の原動力となった．一方で，吉中力氏の場合は，高津川流域で環境保全活動を行う「高津川清流ネットワーク」を主導するきっかけとして，「下の子が保育園の頃，地元若者クラブの仲間たちに呼びかけて高津川の環境調査をした」ことが挙げられる．この調査は流域で進行していた水質汚染への課題意識から始まり，その後の活動につながった．また，テレワークを活用したひきこもり支援「文書編集チーム」を運営している大

橋志帆氏は 2018 年，大阪の NPO 法人で活動する友人から「校正ができる人財を育ててほしい」と提案されたことがきっかけであった．こうした具体的な要請が，同氏の活動開始を促し，その後も継続的な取り組みへと発展している．

第 2 は，周囲からの誘いや要請である．同僚や友人，地域住民などからの誘いや要請がきっかけとなった事例としては，前田昇氏が挙げられる．同氏が「本の学校」や「むきばんだ応援団」の活動に関わるようになった背景には，「役場に入ってまもなく，青年団に誘われ県の代表も務めた」経験がある．この誘いが地域活動への第一歩となり，その後の多様な取り組みへとつながった．また，原田幸雄氏が「花岡福徳稲荷社稲穂祭」の運営に携わるようになったきっかけとして，「幼少期から，きつねの嫁入り行列の子ぎつね役や鼓笛隊としてこの祭事に関わり…」という幼少期からの経験が挙げられる．地域社会との長年の関わりが活動継続につながっている．さらに，「お笑い行政講座」を展開する江上昇氏と桂山智哉氏の場合，そのきっかけは桂山氏がゼミ形式の研修で『お笑いを活用したまちの魅力発信』をテーマにしたことであった．同僚との協働による企画が，このユニークな取り組み開始につながっている．

第 3 は，イベントや活動との出会いである．地域で行われたイベントやキャンペーンなどへの参加が契機となった事例も見られる．例えば，「林業女子会＠静岡」を立ち上げ，多様なイベントやワークショップを実施している石川晴子氏は，「2010 年 1 月，京都で『林業女子会』というものができたと聞いた…『これなら私でもできそう』と思い参加した」と記している．他地域で行われていたイベントへの共感と参加が契機となっている．藤田正樹氏の場合，自主研究グループ「ノンパ」に参加したことが地域貢献活動への第一歩となった．「友人から『気分転換にどうか』と誘われて参加してみた」という経験が，このグループへの参加につながり，その後の多様な地域活動へと発展している．また，清水安治氏は，自宅となる木造住宅を建築するという人生のイベントにおいて「地域にある資源や受け継がれてきた歴史の価

値に気づいた」と述べている．この経験を通じて，古民家の再生や，先祖が植えた地元の山の木を使用した家づくり，さらに地域の職人による伝統技術を活かす活動へと発展した．関市役所スイーツ部もまた，「2012年3月，とある料理実習室．関市役所の2大パティシエのもとへ無類のスイーツマニアたちが集まりました」と記されており，スイーツ教室が発展し，その後の地域貢献活動へとつながっていった．このように趣味的な活動から始まった取り組みが地域貢献へと発展している点は注目に値する．

（5） 専門性やスキル

各人の「専門性やスキル」は，公務外での地域貢献活動にも活用される可能性が高い．この点について詳細に分析した結果，手記から明確に読み取れる事例は少なかったものの，いくつかのパターンに分類できることが判明した．

第1は，公務を通じて培った知識や経験である．公務で得た専門知識や実務経験が地域活動に活かされた最も顕著な事例としては，清水安治氏が挙げられる．同氏は「公共建築にもこの経験を活かし，複数の建築プロジェクトで地元の木材を使う具体的な成果を発揮することにもつながった」と述べており，建築分野で培った専門知識と実務経験が地域資源活用プロジェクトに大きく寄与している．このように，公務で得た知識や経験が地域社会への貢献に直接結びついていることが示されている．

第2は，個人が持つ特技や趣味である．職務とは別に個人がもともと持っていた特技や趣味を活かした事例として，奥田晃巳氏は地元伝統芸能に精通した技術と知識が普及活動に活用されていることがわかる．個人として持ち合わせていた芸能スキルが地域文化保存に大きく寄与している．また，江上昇氏と桂山智哉氏については，「漫才という手法で行政情報を発信し，市民との対話を促進している」と述べられており，お笑いという特技を活かして住民とのコミュニケーションを深める活動につなげている．このようなユニークな特技は，公務員としての役割とも融合し，新しい形で地域社会へ貢献

している．関市役所スイーツ部については，趣味的なスイーツ作りという特技が地域イベントや観光振興につながっている．このような活動は，職員個人の特技が地域社会への波及効果を生む好例と言える．

第3は，住民や事業者等とのコミュニケーション能力である．対話や交渉を通じて住民や事業者と協働し，課題解決を進めた事例としては，吉中力氏が挙げられる．前述の高津川での環境調査では地元若者クラブの仲間たちへの呼びかけによって行われており，地域住民との対話と協働によって環境保全活動が進められたことは明らかである．住民との信頼関係構築によって活動基盤が形成された好例と言える．また，江上昇氏と桂山智哉氏についても，元お笑い芸人としての経験を活かし，日常会話の技術やリアクションの技術を講座で伝えている．「漫才という手法で行政情報を発信し，市民との対話を促進している」とあり，お笑いというユニークな手法で住民とのコミュニケーションを深め，行政課題への理解促進につなげている．

第4は，イベントやプロジェクトの事業運営能力である．イベントやプロジェクトの企画立案から運営までを遂行する能力が発揮された事例としては，原田幸雄氏が挙げられる．「会議での意思決定から始まり，警察署，JR，バス事業者や医療機関等各種関係機関との折衝交渉が重要な鍵を握っている」と記されており，このことから地域祭事における計画立案から運営まで幅広い役割を担っていることがわかる．関市役所スイーツ部についても，「地域イベントでオリジナルスイーツを提供し，多くの参加者から好評を得た」と記されており，スイーツ作りという特技だけでなく，それをイベント運営へ結びつける企画力も発揮されている．さらに，藤田正樹氏についても，「漫画や本など，自身の好きなことと公務員として得た経験・ネットワークを組み合わせて地域活動につなげた」とあり，自主研究グループで培った企画力とネットワーク構築力によって，多様なイベントやプロジェクト運営に成功している．このような事例は，公務外活動における柔軟性と創造性の好例として評価できる．

（6） 公務外の地域貢献活動に至るメカニズム

　公務外の地域貢献活動に至るメカニズムとはどのようなものなのであろうか．この点を解明するため，「動機」「きっかけ」「専門性やスキル」の3つの要素に着目し，それらがどのように相互作用して活動を形成しているかを分析した．公務外での地域貢献活動には「動機」「きっかけ」「専門性やスキル」が複雑に絡み合い，それぞれ独自の形で活動を形成している．以下に，特徴的なパターンとして析出された5つの事例について詳述する．

　第1は，「自己実現欲求×地域課題認識×特技や趣味」である．自己実現欲求が原動力となり，地域課題への認識が具体的な行動を促し，それが特技や趣味によって支えられるパターンである．この典型例として，奥田晃巳氏が挙げられる．同氏は地元伝統芸能「淀江さんこ節」の保存活動に取り組んでおり，地元住民からの言葉を契機として地域課題を認識した．舞台準備や衣装，メイクなどの専門スキルを活用し，国内外で1,700回以上の公演を実現している．この事例は，地域文化保存への課題認識が自己実現欲求と結びつき，個人が有する特技によって活動が発展したことを示している．

　第2は，「地域愛着×幼少期からの関わり×イベント運営能力」である．幼少期から地域行事に関わり続けた経験がきっかけで地域への愛着が高まり，それがイベント運営能力によって具体化されるパターンである．「花岡福徳稲荷社稲穂祭」の運営に携わっている原田幸雄氏は，幼少期からこの祭事に参加しており，その経験が現在の活動の基盤となっている．また，警察署や交通機関との交渉など，多くの関係機関との調整能力を発揮し，この祭事を地域住民との協働による大規模イベントへと発展させている．この事例は，地域への深い愛着と長年の経験が活動継続を支えていることを示している．

　第3は，「未知への探求心×周囲からの誘い×事業運営能力」である．未知への探求心や好奇心が動機となり，周囲からの誘いによって具体的な行動へとつながるパターンである．藤田正樹氏は，友人から「気分転換にどうか」と誘われ，自治体職員が主催する自主研究グループに参加した．そこで，多くの人々と交流を重ねるうちに，幅広い人的ネットワークを構築していっ

た．この活動に対して，ワクワクして楽しいと感じるようになり，持ち前の事業運営能力を活かして，多様な活動を展開するに至っている．この事例では，好奇心が新たな環境に踏み出す行動を促し，活動に対する楽しさや内発的な喜びを見出すことで，自身の興味関心と職業上の知識や経験を融合させた活動へと発展させたことを示している．

第4は，「自己実現欲求×イベント×公務で培った知識・経験」である．地域社会に貢献したいという思いが動機となり，イベントや活動との出会いをきっかけとして公務で得た知識や経験が活動内容を支えるパターンである．清水安治氏は，自宅の建築というイベントを通じて地元木材や伝統技術の価値に気づき，それを契機として古民家再生や建築プロジェクトに取り組んでいる．同氏は建築技術職員として培った専門知識と実務経験を活用し，新しい雇用機会創出や地域経済振興にも寄与している．この事例は，公務員として得たスキルが直接的に地域貢献へ応用されていることを示している．

第5は，「自己実現欲求×特技・趣味×事業運営能力」である．趣味的な活動と自己実現欲求が結びつき，それがプロジェクト運営能力によって地域貢献へと昇華されるパターンである．関市役所スイーツ部は，スイーツ作りという趣味的活動から始まり，その後，地元特産品を使った商品開発やイベント参加へと発展した．「パッション大福」など独創的な商品開発は地域ブランド価値向上につながり，多くの人々との交流も生み出している．この事例は，趣味が高じて始まった活動がプロジェクト運営能力によって広範囲な影響力を持つようになった典型例である．

これら特徴的なパターンから，公務外での地域貢献活動は，以下のようなメカニズムによって成立していることが明らかになった．

第1に，「動機」が活動開始の原動力となる．自己実現欲求や地域愛着，新たな挑戦への意欲など，多様な内発的要因が個人を突き動かしている．第2に，「きっかけ」が具体的な行動への契機となる．地域課題認識や周囲からの誘い，イベント参加など外部要因が重要な役割を果たしている．そして第3に，「専門性やスキル」が活動内容を支え，その成果を高めている．公

務で得た知識や経験だけでなく，趣味や特技も重要な資源として活用されている．

　これら分析結果から，公務外での地域貢献活動には以下のような意義と示唆が見出される．まずは，自治体職員個々人が有する多様な資質と地域社会との連携強化が重要であることが示された．特に，公私双方で得た経験や能力が相互補完的に作用することで，多様な形態の地域貢献活動が可能となっている．さらに，外部からの刺激・きっかけの重要性も浮き彫りになった．周囲からの誘いや地域課題の認識は，自治体職員個々人が新たな一歩を踏み出す際に大きな推進力となっている．また，公務外活動では公務とは異なる柔軟性や創造性が発揮されており，それらは公務にも好影響を与える可能性がある．

おわりに

　本稿では，公務外で地域貢献活動を行う自治体職員に焦点を当て，彼らがどのような活動を展開しているか，その背景にある「動機」「きっかけ」，さらに活動を支える「専門性やスキル」の特徴を明らかにするとともに，これら3要素が相互作用するメカニズムについて分析した．その結果，自治体職員が公務外で地域貢献活動を行う際には，個々人の資質や地域社会との関係性が重要な役割を果たし，多様かつ独自の活動形態が形成されることが示された．

　本研究の知見は，自治体職員が公務外で行う地域貢献活動が単なる個々の善意や努力の積み重ねではなく，「動機」「きっかけ」「専門性やスキル」が複雑に絡み合う中で生まれる複合的相互作用プロセスであることを示している．このプロセスは，自治体職員が「地域リーダー」として潜在的な役割を果たす可能性を秘めていることを浮き彫りにした点で重要である．特に，彼らが地域課題の解決やコミュニティの活性化に寄与する事例は，公私双方の資源を統合的に活用する新たな公共サービス提供モデルとしても注目される

べきであろう.

しかしながら, 本研究においても明らかになったように, 公務外で地域貢献活動を行う自治体職員は現状では極めて少数派にとどまっている. その背景には, 業務負担の重さや家庭生活との両立の困難さ, さらには職場内での理解不足といった課題が存在する. これらの課題を克服し, 自治体職員がその潜在能力を十分発揮できる環境を整備するためには, いくつかの方策が必要である. 具体的には, 職場内で地域貢献活動への理解と協力体制を促進するための啓発活動や研修プログラムの導入, 特別休暇制度や勤務時間の柔軟化といった「時間政策」としての制度設計が求められる. また, 地域社会側からも自治体職員との連携機会を増やし, 彼らの持つ専門性やスキルを活用できる場づくりが必要となろう.

さらに, 本研究は自治体職員による公務外での地域貢献活動が持つ可能性について示唆する一方で, その全容解明には至っていない. 本稿で取り上げた事例は限定的であり, さらなる研究によってより多様な事例やパターンを明らかにする必要がある. また,「動機」「きっかけ」「専門性やスキル」の3要素以外にも影響を与える要因(例えば組織文化や法制度)についても検討することで, この分野への理解は一層深まるだろう.

以上より, 本稿は自治体職員が公務外で行う地域貢献活動について, その意義と可能性を提示するとともに, それらを支えるための政策的・制度的課題について議論した. 本研究の成果は, 自治体職員が「地域リーダー」として果たすべき役割への期待感を高めると同時に, その実現には職場と地域社会双方からの支援が不可欠であることを強調している.

今後, この分野へのさらなる研究と実践的取り組みが進むことで, 自治体職員による公務外での地域貢献活動が一層活発化し, それによって地域社会全体の持続可能な発展へとつながることを期待したい.

注

1)　総務省「人口推計(2023年(令和5年)10月1日現在)」(2024年4月12日公

表） https://www.stat.go.jp/data/jinsui/2023np/index.html（2024 年 5 月 1 日閲覧）.

2) NHK NEWS WEB「【将来推計】2033 年に 1 世帯平均 2 人未満に未婚の高齢者も急増」https://www3.nhk.or.jp/news/html/20240412/k10014419901000.html（2024 年 2 月 14 日閲覧）.

3) 「社説：大館の 2 町内会解散　地域維持へ市も努力を」『秋田魁新報』2024 年 3 月 24 日.

4) 大森彌『自治体職員論―能力・人事・研修』良書普及協会，1994 年.

5) 日本都市センター編，稲継裕昭ほか著『地域公務員になろう：今日からあなたも地域デビュー！』ぎょうせい，2012 年.

6) 「地域に飛び出す公務員ネットワーク」メーリングリストの事務局は現在，一般財団法人地域活性化センターに置かれている．一方，同センターが主催する「全国地域リーダー養成塾」が 1989 年（平成元年）に旧自治省の協力を得て設立され，地域リーダーの育成を目的とした各種の研修プログラムを提供している．筆者も講師を務めている.

7) https://tobidasu-rengo.com/wp/about-us/（2024 年 2 月 14 日閲覧）.

8) 日本都市センター編，稲継ほか，前掲書.

9) 同年 8 月には，生駒市も同様に職員の社会貢献活動を認める基準を明確化した.

10) 「公務員の地域貢献には休暇 OK，総務省が自治体に通知…自治会・NPO・PTA など想定」読売新聞 2024 年 2 月 17 日.

11) 一般財団法人地方自治研究機構『地域担当職員制度に関する調査研究』2017 年.

12) 『都市自治体職員の地域活動等の参加に関するアンケート調査』は，2011 年 8 月 1 日から 19 日にかけて，全 809 市区の首長，人事担当者，市民協働担当課，および都市自治体職員 1,226 人，「地域に飛び出す公務員ネットワーク」メーリングリスト加入者 114 人，NPO 99 団体，自治会 92 団体を対象として実施された.

13) 稲継裕昭「自治体職員の地域活動等への参画の意義と課題」『都市とガバナンス』第 17 号，2012 年，75-82 頁.

14) 宮田裕介「地方公務員の職務意欲：「組織外活動」とワーク・エンゲイジメントとの関係性に着目して」『自治体学』第 33 巻第 1 号，2019 年，56-60 頁.

15) 公益財団法人東京市町村自治調査会『公務員の副業・兼業に関する調査報告書：職員のスキルアップ，人材戦略，地域貢献の好循環を目指して』2020 年，149-166 頁.

16) 杉岡秀紀「自治体における副業・プロボノ活用による人材育成：京都府福知山市を事例として」『福知山公立大学研究紀要』第 4 巻第 1 号，2020 年.

17) 小田切康彦「公務員における社会貢献活動の実態：アンケート調査に基づく基礎的考察」『徳島大学社会科学研究』第 35 号，2021 年，1-15 頁.

18) 黒田伸太郎「広報担当職員の業務外活動に関する現状と課題」『公共コミュニケーション研究』第 4 巻第 1 号，2019 年，66-88 頁.

19) 黒田伸太郎「市町村職員による創造的な業務外活動の意義」『自治体学』第35巻第1号，2021年，63-69頁.

20) 丸山真央ら「過疎農山村地域における自治体職員の地域活動の実態と課題」『人間文化』（滋賀県立大学人間文化学部研究報告）Vol. 51，2021年，2-15頁.

21) 内平隆之ら「公務員が報酬を得て行う地域貢献の支援制度とその課題：神戸市職員を対象とした地域貢献活動応援制度に関する2021年WEBアンケート調査」『日本建築学会計画系論文集』第88巻第810号，2023年，2372-2379頁.

22) 高橋清泰「『都市自治体職員の地域活動等の参加に関するアンケート調査』の結果について」『都市とガバナンス』第17号，2012年，95-103頁.

23) 内平ら，前掲論文.

24) 宮田，前掲論文.

25) 小田切，前掲論文.

26) 黒田，前掲「広報担当職員の業務外活動に関する現状と課題」.

27) 黒田，前掲「市町村職員による創造的な業務外活動の意義」.

28) 高橋，前掲論文.

29) 椎川忍・牧慎太郎ほか編『飛び出す！公務員：時代を切り拓く98人の実践』学芸出版社，2021年.

30) https://book.gakugei-pub.co.jp/gakugei-book/9784761513764/（2024年2月14日閲覧）.

第10章

地方自治体における政治的・行政的リーダーシップの諸相
―二元代表制の影響力構造とシェアド・リーダーシップの観点から―

増　田　　正

はじめに

　本章では，地方自治体内部の政治・行政的リーダーシップを考察の対象とする．自治体のガバナンス構造を見ると，我が国の地方自治制度は二元代表制を採用しているが，それはあくまで名目上のことであり，実際には首長優位（強首長制）である[1]．その意味では，自治体内部のリーダーシップは，最初から首長にあることは明白であるが，そうではあっても，地方議会が全くの無力というわけでもあるまい．議事機関である地方議会において，条例の制定や改廃などの際には公的な議決を要する以上，多数派を欠いた首長であれば，十分に権限を行使することが難しくなる．大統領制のアメリカでは，与野党がねじれる「分割政府」（divided government）がしばしば生じる．多数派を欠いた大統領が，政権運営に苦労することになることは，我が国の二元代表制の首長にも同じように生じ得る．

　地方分権改革以前のほとんどの地方議会は，総じて活動が不活発であり，長（都道府県知事及び市区町村長）の提案をそのまま追認するだけのラバースタンプにすぎなかった．しかし，近年では，地方議会改革が加速し，議員提案や2006年（平成18年）の自治法改正後は委員会提案が増加している．委員会提案は，うまく活用すれば，利害的に分断されがちな議員を制度的に協調行動させる仕組みになる．

　憲法93条は，我が国の地方自治を二元代表制と定めている．

「第93条　地方公共団体には，法律の定めるところにより，その議事機関として議会を設置する．2　地方公共団体の長，その議会の議員及び法律の定めるその他の吏員は，その地方公共団体の住民が，直接これを選挙する．」

条文上，二元代表制と書かれてはいないが，直接選挙された長と議員のうち，前者が執行機関，後者が議事機関である．我が国の二元代表制が，アメリカ大統領制と異なるところは，執行機関である首長が直接議案を議会に提出することである．アメリカでは，三権分立が厳格であるため，大統領は議会に教書を送るのみであり，自らの提案はできない．最初に言及したように，強首長制の地方自治制度である日本では，首長のプレゼンスが強調されすぎることはあっても，議会の試みを正当に評価しようとする論者は極めて少ない．

そこで，本章では，第1に，地方自治体における「首長優位」の枠組みを前提として，地方議会における審議の動態を具体的に観察することで，本来の恒常的なメンバーである「議員」，そしてその合議体としての「議会」において，地方議会においては当然に参加を要請される者ではないとされる「首長」が，いかにして強いリーダーシップを発揮しているのか否か，先行研究と事例研究を通じて明らかにしてく．

第2に，地方議会の影響力構造に着目し，高崎市と前橋市を事例として，両市の政策課題と市長のリーダーシップの表出を議会審議の計量テキスト分析を通じて確認する．

最後に，長ではなく，議員が主役となる「地方議会改革」の領域において，改革を促進させる「新しい（集合的）リーダーシップの形態」に注目する．即ち，一定の条件下では，議長や特定の議員ではなく，全員参加型のシェアド・リーダーシップが成立するとの仮説を立て，早稲田大学マニフェスト研究所議会改革度調査（総合ランキング）で4位（2019年）を達成した桐生市議会の事例に検証していく．

石川の整理によれば，シェアド・リーダーシップとは，「職場やチームのメンバーが必要な時に必要なリーダーシップを発揮し，誰かがリーダーシッ

プを発揮している時には，他のメンバーはフォロワーシップに徹するような職場やチームの状態である」[2]．地方議会議員は，我が国の選挙制度的にお互いがライバル関係にある．シェアド・リーダーシップが成立し得ない仕組みが制度的に組み込まれている中で，どのようにしたら，それを乗り越えることができるのであろうか．

1.　自治体の政治的リーダーシップに関する先行研究

　我が国自治体の影響力構造に関して，関係アクター間のアンケートを通じて量的に明らかにしたものとしては，小林良彰らの『地方政府の現実』がある[3]．それによれば，政策決定に焦点を当てた研究では，首長主導が主張されることが多い．一方で，大規模組織では，首長や議会などのアクターの影響力は相対的に低下し，担当部局の影響力が増すことが知られている．また，決定にあたっては，財政部門がリーダーシップをとり，画一的にコントロールするため，予算編成は増分主義的になるとされる．小林らは，諸アクターの影響力をスケール化した[4]．組織外を含む「外部モデル」の場合，影響力の強いアクターは，順に①市（区）長，②市（区）議会，③都道府県，国，自治体職員，④都道府県議会議員，国会議員，市民運動・住民運動団体，政党，経営者団体，農業団体，⑤マスコミ，消費者団体，婦人運動団体，文化人・学者，労働組合，であった．

　一方，組織内の「内部モデル」では，①市長，②助役，③市議会，④企画担当課長，⑤ブレーン，⑥財務課長，⑦担当課長，⑧審議会，⑨住民，であった[5]．内部では，市長が圧倒的な影響力を持ち，これに助役が続き，市議会を大きく引き離していた．

　久保は，研究グループによる主成分分析を踏まえ，影響力主体を8つに分類した[6]．具体的には，「政治行政主体」である①庁内幹部（首長，副首長），②庁内職員（担当部署，財務担当部署，職員組合），③議会，④審議会，⑤政府間関係：行政（中央省庁，都道府県，他の地方政府），⑥政府間関係：

政治（地元選出国会議員，都道府県議会議員），さらに「市民社会組織」として，⑦経済セクター（経済・商工団体，農林水産団体，外郭団体・第三セクター，企業），⑧市民セクター（自治会・町内会，NPO・市民団体，環境団体，福祉団体），である．これらの主体の影響力は，立案，決定，執行の政策段階ごとに，さらには政策分野によっても異なってくる．しかし，どのような切り分け方をしようとも，庁内幹部の首長・副首長が最有力であることは確かである．議事機関の議会を構成する議会議員は「決定」段階こそ，強めの影響力が観察されるものの，庁内職員の担当部署，財務担当部署よりも影響力は小さい[7]．影響力構造のパターンとしては，一元型（首長），二元型（首長・職員），三元型（首・職・議など），多元型の順となっている．辻中・伊藤『ローカル・ガバナンス』の立ち位置は，サブタイトルが示すように，「地方政府と市民社会」の関係を描き出すものだから，むしろ多元型の実態把握に関心を置いている．

　これらの研究は，自治体内部の影響力構造の研究であった．それでは，個別の研究では，アクターはどのように評価されているだろうか．

　Purnendra は，90 年代以降の地方分権改革を，60 年代以降の革新自治体の時代に続く第二の改革期ととらえて，知事のリーダーシップの在り方を検討している[8]．3 つの事例は包括的なリストではないが，行政の現代化を試行しながら，急進的ではなく，漸進的な改革を試みていることが評価されている．とくに三重，宮城は，情報公開と政治参加を武器に，いわゆる従来型の保守系知事のそれから政治文化を変革させた．この研究は，とりわけ改革派知事を対象とした研究であり，広域自治体（都道府県）の首長を網羅的に取り扱っているのではないことに留意する必要がある．

　Aqua は，三鷹市の鈴木平三郎市政（5 期：1955-75）に関する論考の中で，市長のリーダーシップについて言及した[9]．アイデア市長の鈴木は，下水道事業の 100％普及率を達成したことで知られる．鈴木はもともと社会党系だったが，自民党政権下では，むしろそのラベルを使わないように腐心した．Aqua は，市長が中央政府との関係からくる制約を受けるものの，地方自治

154

体レベルでは，唯一の権力アクターであるとする．そして，職員は市民より市長に従順で，保守的な職員であればその傾向が強まるとされる．この研究は，分権改革以前の事例研究であり，とくに都市部におけるカリスマ市長が発揮する，特殊なリーダーシップの作動環境と条件に焦点を合わせたものである．

阿内は，市町村の教育政策に限定して，影響力構造を調査・分析している[10]．その分析枠組みでは，政治アクター（首長，文教委員長），教育行政アクター（教育長，教育委員長），学校アクター（校長，PTA 会長）に 3 分割され，政治アクターには，首長と議会が両方とも含まれる．自治体に対するアンケート調査（悉皆）によれば，基本計画や統廃合計画に関して，影響力が強いのは，教育行政アクター＞政治アクターであって，最も弱いのが文教委員長であった．この結果は，教育委員会制度が存立する教育行政という特殊領域であり，それによって首長の影響力が限定されていることに注意を要する．

影響力構造の特定化は，結局のところ，観察手段の方法論に依存する．分析者が異なる側面を切り出すことによって，多様性が担保されているようにも見えるのである．

2. 地方議会の影響力構造：首長と議会

(1) 北関東主要 7 市（中核市レベル）における政治・行政関係

増田は，「行政答弁」と「議員発言」を量的に比較することで，北関東 7 市の政治・行政関係の基本構造を把握しようとした[11]．地方議会は，「議決機関」として，もともと議員間の討論が中心となるべきだが，実際には行政（首長）が当然のように会議に出席し，従たる行政答弁が主に見える逆転現象が生じている．

とはいえ，地方議会での議員発言は，一般質問などが議員個人の政治的アピールの場であるため，量的に議員発言が行政答弁よりも優位になることが

予想できる．北関東 7 市の事例では，熊谷（1.890），つくば（1.605），水戸（1.547），宇都宮（1.430），前橋（1.157）において議員発言が文字数ベースでは上回ったものの，高崎（0.835），太田（0.763）では下回った．一般質問は，持ち時間が自治体によって異なり，参加人数の枠も一定していない．そのため，それぞれの制度設計や慣行が結果を左右していると思われる．

結果を見る限り，地方議会を貫くような一般法則は存在しなかった．7 市全体では，議員発言は行政答弁の 1.245 倍の分量であった[12]．これらの結果は，単に量的な比較に留まる．

(2) 高崎市の政策課題と市長のリーダーシップ

ここでは，高崎市の政策課題と市長のリーダーシップの関係について，先行研究から抽出し再検証する[13]．

分析対象期間は，2011 年（平成 23 年）4 月〜2015 年（平成 27 年）3 月の 2 期 8 年間とした．高崎市の選挙の実施時期は，市長・議会ともに統一地方選挙型である．

分析対象期間の前後について述べる．その直前の 4 年間は，松浦幸雄市長が 6 選し，最後に引退した期間である．従って，本分析の 8 年間は，富岡賢治市長が①初当選（1 期目），②再選（2 期目）した期間である．

分析対象は，当該期間における一般質問である．議員が重視する政策課題は一般質問に現れるはずであるから，これを確認することで，議員の関心に紐づいた形とはいえ，当時の政策課題を浮き彫りにすることができる．

第 1 期では，改革争点としては「社会保障制度・税負担の在り方」「医療福祉」「集中改革プラン」「国家行財政」「三位一体改革」「働き方・公共性」等のクラスターが観察された．第 2 期では，同じく「地方分権」「総活躍」「社会保障と税」「構造と効率」「削減と給付」「国の労働政策」等のクラスターであった．

これらの改革を主導したのは誰なのか，高崎市のリーダーシップは，どこ（誰）にあるのか．第 1 期において「リーダーシップ」の出現回数は 36 回，

市長 22 回，強い 6 回，富岡 7 回であり，出現順を考慮すると「富岡市長の強いリーダーシップ」と読み解ける．第 2 期では，出現回数は 23 回に減少したものの，市長 11 回，富岡 8 回であり，「富岡市長のリーダーシップ」と解釈できる．

一方，会派によってスタンスは異なる．市長 VS 議員の出現回数は，改革クラブ，新高崎クラブ，たかさき市民 21 等で「市長」に言及する比率が高く，小会派ほど市長に言及するように読み取れる一方で，共産党はむしろ「安倍」（① 15 回，② 14 回）政権に言及する傾向が強い．

これらの分析結果は，市長の恒常的なリーダーシップを裏付けている．高崎市議会は議会改革志向でもないため，市長に政策実現を要望するスタイルが標準的な議員行動のパターンなのであろう．

（3）　前橋市の政策課題と市長のリーダーシップ

ここでは，前橋市の政策課題と市長のリーダーシップの関係について，同じく再検証する．前橋市は県都であり，高崎市のライバル都市としても知られている．行政制度の相互参照が行われやすい関係性を有する．

分析対象期間は，2009 年（平成 21 年）2 月～2017 年（平成 29 年）1 月の 2 期 8 年間とした．前橋市の選挙の実施時期は，市長選挙と市議会議員選挙が 1 年ずれている．市長選挙 1 年後に市議会議員選挙が行われる．分析対象期間中に，市長が高木政夫氏から山本龍氏に交代している．本分析の 8 年間は，高木政夫市長 3 年間，山本龍市長 5 年間である．

第 1 期では，改革争点としては「公立大学法人改革（前橋工科大学）」，「中核市移行」「保健所設置」「行財政改革」「地方分権改革」「機構・組織改革」等のクラスターが観察された．第 2 期では，同じく「社会保障と税の一体改革」「国保税」「地方分権」「行財政改革」「組織機構・市営住宅」等が確認できる．

改革を主導したアクターについては，前橋市の場合にはどうなっているであろうか．第 1 期において「リーダーシップ」は 23 回出現し，市長 8 回，

強い 7 回，発揮 7 回，高木 5 回となり，出現順を考慮すると，「高木市長が強いリーダーシップを発揮」と読み下せる．第 2 期では，「リーダーシップ」の出現回数は 19 回，市長 6 回，強い 4 回，発揮 6 回となり，「（山本）市長が強いリーダーシップを発揮」と解釈できる．

　会派ごとに見てみると，市長 VS 議長の視点からは，前述の高崎市に比べると，議員より市長への言及が多い．とくに共産党は第 1 期 10.23 倍，第 2 期 16.36 倍と突出している．共産党は政権への言及も多く，第 1 期野田（5 回），第 2 期安倍（16 回）となっている．政権批判の文脈のせいもあるのか，清新クラブは（民主党）菅政権，公明党は鳩山政権も取り上げている．

　これらの分析結果もまた，市長の入れ替わりにもかかわらず，連続した市長の恒常的なリーダーシップを裏付けている．市長が議会に対して優位である構造は，ほぼ例外なく，普遍的なものである．

3.　桐生市に見るリーダーシップ構造

(1)　桐生市議会改革のリーダーシップ

　桐生市議会は，2011 年 5 月以降，議会改革に取り組み始めた．朝日新聞は 2019 年 4 月 14 日朝刊（群馬版 21 面）において，「開かれた議会　桐生着々」とする記事を掲載した．それによると，2011 年 4 月の市議会議員選挙における投票率の急激な低下が議会改革に取り組む動機の一端であったとされる．しかし，投票率の低下は桐生市のみにおいて見られる現象ではない．議会改革のモチベーションは，議会内部に問うべきものであろう．議会改革は行政に依存しないものであるから，自分たちがその気になれば進めていけるものである．

　議会改革は，もともと群馬県内では低調であった．これは，自治基本条例の推進に民主党・地域主権改革的な党派性があったからであろう．しかし，議会基本条例に関しては，次第にイデオロギー性から脱却し，「栗山町議会基本条例の制定以降」やる気があれば，中小の議会でも改革を十分推進でき

ることが知られるようになると，改革が加速していった．2012 年 2 月，群馬県議会が同条例を策定すると，2013 年 9 月には桐生市議会も続いた．もっとも，桐生市議会は 2011 年から地域主権調査特別委員会を設置し，長期間にわたって審議・検討を進めていた．

早稲田大学マニフェスト研究所の「議会改革度調査」によれば，桐生市議会がランキングに登場したのは，2013 年の総合 189 位が最初である．それ以前は，総合 100 位以下は非公表であったから，それまでの実情は不明である．2014 年には，議会改革の成果が出たのか，総合 44 位に躍進している．しかし，2015 年は一転して 148 位に再転落している．この 1 年の急落が何によるものかは筆者にはわからないが，「情報共有」（220 位→ 351 位）と「機能強化」（16 位→ 174 位）の悪化が影響していることは確かである．

ところで，「議会改革度調査（西暦年）」とは，当該年（1 月 1 日から 12 月 31 日）全体を対象に，調査を速やかに（1 月末までに）実施し，年度末までに公表しているものである．増田・爲我井は，2021 年までのランキングを一覧表化し，掲載している．総合ランキングは，「情報共有」「住民参加」「機能強化」の個別得点を合計した総合得点順である．最新のランキングでは，「機能強化」のウェイトが高くなっており，機能強化すれば，単純に合計点が水増しされる問題があるように思われる．しかし，改革の総和と理解するなら，当改革度を無意味と言い切ることもできないだろう．

増田・爲我井は，2015 年度〜2018 年度の桐生市議会の「一般質問」を内容分析することで，「改革」の主体を探っている[14]．森山議長時代の「改革推進期」及び「改革継続期」においては，議会改革の成果は上がっているものの，議員個人の一般質問には「議会改革」のワードは 4 回しか登場していない[15]．

議会改革は，議員個人の改革姿勢を後押しするものではない．なぜならば，議員が議会改革に尽力したとしても，その成果は議員個人に還元されることはないからである．議会内部の機構改革が有権者に訴えるということは，我が国の地方議会の選挙制度（大選挙区単記非移譲式投票制・SNTV）を前提

にすれば極めて考えにくいことである．議員個人は，お互いにライバルであり，支持者との関係が深い組織政党を別とすれば，同一会派内であっても，緊密な協力関係は構築しにくい．個人のプレゼンスを高めることは，他の議員には快く思われない．候補者が名簿によって選出され，筆頭者が首長を務めるとか，互選で首長を選ぶとかのように，議会主義の要素が組み込まれていれば，議員同士の行動はグループ単位では協調的になる．

　だとすれば，改革のリーダーシップはどこから生まれたのであろうか．筆者は二元代表制のもつ執行部（市長）とのライバル関係が生み出したものと考えている．議会改革を市政改革につなげることで得をするのは，議長であり，委員長である．しかも，議会の大多数が改革に対するコンセンサスを持っていればいるほど，改革の進展は早くなり，改革の規模は大きくなる．しかし，こうした合意形成は，必ずしも簡単なことではない．

　次項では，議会改革のリーダーシップ構造を検討する．

(2)　シェアド・リーダーシップとしての議会改革

　改革度ランキングは，全国の自治体を強制的に序列化する．地方議会改革は，行政課題と切り離された形でも実現できるため，一部の議会では競争が激化している．どのようなランキングでも，序列化のルールには恣意性が残ることもあり，地域課題を置き去りにしてまで，改革にまい進するのは本末転倒である．

　しかし，構成員がランキングの上昇を経験すれば，それにさらに適応しようとするのは合理的な行動である．改革は逐一評価され，順位が上昇し，学習される．一旦，改革に動き出したら止まらないのである．これを PDCA サイクルが回り始めると言い換えてもよい．

　シェアド・リーダーシップが全員参加型のリーダーシップだとしても，それが特定のリーダーが存在しないということを意味するのではない．むしろリーダーは適宜入れ替わるのである．議長は，むしろ旧来的なリーダーシップを発揮する立場であるが，独任制の市長とは違って，同等の立場の同僚議

表 10-1 改革期の桐生市議会議長・副議長

2011 年市議会議員選挙後

①改革検討期

議長	副議長	議長選	在任期間
荒木恵司	周藤雅彦	19 票	2011.5.17〜

順位：2011：100 位以下，2012：100 位以下，2013：189 位

②条例制定期（前半）

議長	副議長	議長選	在任期間
相沢崇文	周東照二	17 票	2013.5.10〜

順位：2013：189 位，2014：44 位

③条例制定期（後半）

議長	副議長	議長選	在任期間
園田恵三	周東照二	18 票	2014.8.18〜

順位：2014：44 位，2015：148 位

2015 年市議会議員選挙後

④改革推進期

議長	副議長	議長選	在任期間
森山享大	小滝芳江	13 票	2015.5.19〜

順位：2015：148 位，2016：17 位，2017：6 位

⑤改革継続期

議長	副議長	議長選	在任期間
森山享大	福島賢一	20 票	2017.5.11〜

順位：2017：6 位，2018：6 位，2019：4 位

2019 年市議会議員選挙後

⑥改革達成期（4 年間）

議長	副議長	議長選	在任期間
北川久人	岡部純朗	20 票	2019.5.19〜

順位：2019：4 位，2020：45 位，2021：105 位，2022：107 位，2023：58 位

2023 年市議会議員選挙後

⑦ポスト改革期

議長	副議長	議長選	在任期間
人見武男	山之内肇	16 票	2023.5.18〜

順位：2023：58 位

員より権力的に勝っているわけではない．その意味では，構成員が感じる議長のリーダーシップの権威は危うい．我が国でよく見られる（単年度の）輪番制の議長であれば，なおさらであろう．桐生市議会の場合，慣例的には議長が 2 年任期であることから，議長のリーダーシップの中期的な基盤は維持されているものと考えられる．

ここで，議長・副議長ポストの変遷を確認してみる（表 10-1）．

なお，②相沢崇文氏は 2015 年（平成 27 年）8 月 18 日の臨時会において，議長の辞職を申し出た．また，2016 年（平成 28 年）2 月 20 日，議員を辞職した．いずれも，市長選挙への立候補を念頭に置いたものと推測される．条例制定期の相沢崇文議長は，個人的な動機から改革成果を得ようとして，議会改革にまい進した可能性がある．

桐生市議会の場合，議長ポストは慣例的に 2 年任期であった．任期 4 年務めたのは，森山享大

議長（2015・2017），北川久人議長（2019）だが，前者は会派の構成が変わり，改めて選挙されている．森山氏の再選と北川氏の選出は，いずれも20票を獲得しており，院内のコンセンサスに立脚しているものと推察される．

　北川氏の下で，最高位の全国4位（2019）を記録し，達成感を得たためか，それ以降の順位はじりじりと低下した．人見氏の下で，2023年の順位は58位まで戻したこともあり，ポスト改革期はどのような推移をたどるか，再び注目される．

　人見武男議長の人事が，かつての慣例の2年任期に戻るかは，現時点では見通せない．北川議長の在任中に順位が下降し，回復しなかったのは，リーダーシップの固定化よる弊害かもしれない．一般的には，総務省などでは議長の短期交代を問題視するが，ワンマン・リーダーシップより，輪番制のリーダーシップの方が議会全体の改革意欲を維持することに寄与している可能性がある．

　議長選の得票数は，議長に対する支持のバロメーターになり得る．しかし，議長の得票は与党系会派の規模を示唆するが，その構造は必ずしも安定的ではない．改革推進期の森山享大議長は，就任時の議長選挙では13票しか集められなかった．それにもかかわらず，ランキングで評価する限り，議会改革は大きく進展している．当時の森山享大議長の2度目の選挙結果（20票）からは，議会のコンセンサスが強化されたことが示唆される．

　次に重要だと思われるポストは，特別委員会の委員長である（表10-2）．桐生市議会の議会改革に関する特別委員会は，主たる課題が議会改革（単一争点型）であるものと，複合的なもの（議会改革は所管の一部分）の場合がある．

　特別委員会の委員は，議長の指名による．同時に設置される他の委員会との員数の関係もあり，単純に議会改革推進派が選任されるわけではないが，改革検討期の荒木恵司議長，条例制定期の相沢崇文議長，改革達成期（前半）の北川久人議長は，議会改革を所管する特別委員会のメンバーを兼任した．しかし，それ以外の委員会では，議長は別の特別委員会に所属していた．

表 10-2 改革期の議会改革関連特別委員会委員長・副委員長

2011 年市議会議員選挙後

①改革検討期

地方主権調査特別委員会（荒木議長所属）

委員長	副委員長	在任期間
小滝芳江	周東照二	2011.6.9〜

②条例制定期

地域政策調査特別委員会（相沢議長所属）

委員長	副委員長	在任期間
荒木恵司	福島賢一	2013.6.24〜

2015 年市議会議員選挙後

③改革推進期

合併及び議会改革調査特別委員会

委員長	副委員長	在任期間
周東照二	周東雅彦	2015.6.12〜

④改革継続期

地域政策及び議会改革調査特別委員会

委員長	副委員長	在任期間
小滝芳江	人見武男	2017.6.28〜

2019 年市議会議員選挙後

⑤改革達成期（前半）

議会改革調査特別委員会（北川議長所属）

委員長	副委員長	在任期間
園田基博	工藤英人	2019.6.10〜

⑥改革達成期（後半）

議会改革調査特別委員会（継続・委員指名）

委員長	副委員長	在任期間
近藤芽依	園田基博	2021.6.23〜

2023 年市議会議員選挙後

⑦ポスト改革期

議会改革調査特別委員会

委員長	副委員長	在任期間
近藤芽依	園田基博	2023.6.9〜

議長が委員会に直接参加することによって改革が加速したり，停滞したりする共通した傾向はないようである．

　桐生市議会の事例を観察した結果として，次の教訓を引き出すことができる．地方議会改革は議長，副議長のみならず，議会改革を所管する特別委員会の正副委員長の補完的リーダーシップを取り込み，さらには議会事務局が献身的に協力することによって，大多数の議員の協力と相まって，実現させていくことができたのであろう．それを可能にしたのは，究極的な評価者である「住民」の存在を強く意識したメディア戦略ではないか．桐生市議会が自己定義するところの「多様なメディアによる市議会情報の発信」である[16]．SNS 3 種（Facebook, Twitter, LINE），YouTube，メーリングリスト（桐生ふれあいメール），行政情報配信アプリ（マチイロ）が取り入れられており，利用者が自分の環境に合わせて選択できるようになっている．

　市議会内部の協力関係は，議長選挙の得票数でも推し量れる部分があるが，議決の一致度もまた，議会内コンセンサスのバロメーターになる．期間中の議案の採決結果を見ると，当然のこと

ながら，全議員が完全に一致して可決・同意・認定することはあるとしても，採決結果は一様ではない．

ただ，議員提出の議会改革関連の特別委員会設置（及び委員の指名）に関する決議案は，2013年以降は全会一致である．2011年の地方主権調査特別委員会の設置には2名の反対があったが，員数を減らされた無会派議員からの不満であった[17]．同委員会は議会改革関連のみを所管するものではないし，この時期には，まだ議会改革は桐生市議会の中心テーマとはなっていなかった．改革志向の議員を順次取り込んでいくことが改革推進継続化のカギとなるのであろう．

おわりに

本章では，自治体内部の政治・行政的リーダーシップを考察対象とした．第1節の先行研究と第2節の審議過程を見れば，首長のリーダーシップが優越していることは争いようがなかった．計量テキスト分析は，議員の認識を反映する一般質問の発言からも，「地方議会の影響力構造」を裏付けた．例えば，高崎市と前橋市の事例では，一般質問と答弁のやり取りにおいて，当然出席する議員が，出席を要請される市長（執行部）に対して，進んでリーダーシップを受容し，さらには押し進める姿勢を示し，受動的な姿勢に終始していた．両自治体は，必ずしも議会改革が進んでおらず，どちらかといえば，旧来的な地方議会の運営を踏襲している．その意味でも，審議形式，審議内容もその枠組みにきれいに収まっていたものと解釈される．

最後に，早稲田大学マニフェスト研究所・議会改革度調査（総合ランキング）で全国4位（2019）に飛躍した桐生市議会の「地方議会改革」の分野において，新しい（集合的）リーダーシップの形態である「シェアド・リーダーシップ」が発揮されたのか，正副議長ポスト，議長選得票数，特別委員会正副委員長ポストを時系列的・複合的に確認することで，仮説的に検証を試みた．2011年以降，現在までのすべての期間を貫く傾向を，厳密に検証す

ることは難しい．しかし，巨視的に見れば，桐生市議会においては，本来的に選挙的に競合する議員同士が，議会改革という共通課題を発見し，その達成に向けて代わる代わるリーダーシップを発揮していたことは確かである．展開されたリーダーシップの中には，個人的な政治的野心も含まれていたことは否定しようがないとしても，リーダーシップの循環こそが，改革の傾向を効果的に引き継がせていたことは無視できないであろう．特定の議長が推進したということより，議長，副議長，特別委員会がそれぞれのポジションから，期間限定のリーダーシップを発揮していたことがかえって「合議制」の議会に適合していたのではないか．

　他の議会ではなぜそうした好循環が起こりにくいのかという点については，本稿では検討していない．本稿は，改革が首尾よく進展した事例を取り上げ，「シェアド・リーダーシップ」の成功例として見なしているに過ぎない可能性もあるが，桐生市議会は，全国 4 位（2019）を頂点として，その後はいったん順位が下落したものの，ポスト改革期に再び盛り返し始めている．他の上位議会と組織構造を比較することや，対象時期を拡大して再検証することは筆者の今後の課題としたい．

注

1)　二元代表制において，地方議会が強い首長に対して抑制と均衡を図ろうとする仕組みは「強首長制」とも呼ばれる．眞鍋貞樹「地方議会と選挙」藤井浩司・中村祐司『地方自治の基礎』一藝社，2017 年，57 頁.
2)　石川淳『リーダーシップの理論』中央経済社，2022 年，199-200 頁.
3)　小林良彰・新川達郎・佐々木信夫・桑原英明『アンケート調査にみる地方政府の現実　政策決定の主役たち』学陽書房，1987 年，63 頁.
4)　同上 64 頁.
5)　同上 73 頁.
6)　久保慶明「影響力構造の多元化と市民社会組織・審議会」辻中豊・伊藤修一郎『ローカル・ガバナンス』木鐸社，2010 年，60 頁.
7)　同上 63 頁.
8)　Purnendra Jain, Local Political Leadership in Japan: A Harbinger of Systemic Change in Japanese Politics?, Policy and Society, Volume 23, Issue 1, January 2004, Pages 58-87.

9) Aqua, Ronald, Mayoral Leadership in Japan: What's in a Sewer Pipe?, ed., Terry E. MacDougall, 115-126. Ann Arbor: Michigan Paper in Japanese Studies No. 1, Centre for Japanese Studies, the University of Michigan., Political Leadership in Contemporary Japan, 1982.

10) 阿内春生「地方教育ガバナンスと影響力関係－市町村教育政策形成過程における影響力構造と黙示的権力」『早稲田大学教育・総合科学学術院　学術研究（人文科学・社会科学編）』61, 155-168 頁, 2013 年.

11) 増田正「我が国地方議会における政治・行政関係の計量テキスト分析」『地域政策研究』20-3, 1-19 頁, 2018 年.

12) 同上 18 頁.

13) 桐生市議会の議長, 副議長, 議会改革関連の特別委員会委員長, 副委員長のリストは, https://ssp.kaigiroku.net/tenant/kiryu/pg/index.html 及び会議録などを参照されたい.

14) 増田正・爲我井慎之介「桐生市議会一般質問に見る改革争点－対応分析を用いて－」『地域政策研究』（高崎経済大学）25-2, 39-56 頁, 2022 年.

15) 同上 51 頁.

16) 多様なメディアによる市議会情報の発信については, https://www.city.kiryu.lg.jp/shigikai/1007105/index.html を参照されたい.

17) 特別委員会の設置に関しては, 会議録, 議会だよりを参照するとともに, 桐生市議会事務局議事課担当者の協力を得た. 度重なる問い合わせにも丁寧にお答えいただいた. 記して感謝したい.

第11章

観光まちづくりにおけるシェアド・リーダーシップ
―かだる雪まつりのエスノグラフィー―

井 手 拓 郎

はじめに

　日本は2000年代に観光立国を掲げ，国民の国内旅行や外国人の訪日旅行の拡大，それを受け入れる観光地の魅力づくりを日本政府が支援してきている．その中で「住んでよし，訪れてよし」の地域を目指し，観光まちづくりが日本各地で取り組まれてきた．観光まちづくりとは，観光地づくりとまちづくりが一体化したものである[1][2]．より具体的に言えば，「観光客集客のための環境改善を図る "観光地づくり" と，住民の暮らしのための環境改善や地域愛着の増進を図る "まちづくり" を，融合するという考え方，およびその考え方を実現しようとする活動」[3]であり，その目標は「住んでよし，訪れてよし」の地域となることである．また，多くの既往研究では，観光まちづくりは外部事業者が開発を行うような観光振興活動ではなく，地域が主体となって活動することと指摘されている[4][5][6][7]．これが意味することは，観光事業者や観光行政担当者以外にも，観光事業とは直接的な関わりのない地域団体や住民も，観光まちづくりに関わるということである．すなわち，観光まちづくりには，地域の観光事業者・観光行政担当者・観光関連団体・まちづくり団体・地域住民といった多様な関係者が関わるのである．

　このように多様な関係者が集まって活動する中で，観光まちづくりを推進するための重要な要因の1つがリーダーシップである．これまでの観光地に関する研究においては，各地の事例分析においてリーダーの存在や行動が取

り上げられてきた．ただし，これらの研究は，カリスマと呼ばれるような1人もしくは数名のリーダーの存在に注目したものが多かった．しかし，リーダーシップの定義を「何をする必要があるか，どのようにそれを行うかについて，理解・同意するよう他者に影響を与えるプロセスであり，共通の目標を達成するための個人的かつ共同的な取り組みを促進するプロセス」[8]と考えれば，一部のリーダーに限らず，他のメンバーもリーダーシップを発揮することがあり得る．特に，多様な関係者が関わる観光まちづくりにおいては，組織から権限を与えられた特定のリーダーだけが他のメンバーに影響を及ぼすとは限らず，場合によってリーダー以外のメンバーが他者に影響を与える可能性がある．例えば，リーダーという役職に就いていなくても，デザイン能力に秀でたメンバーがプロモーション事業で他のメンバーを牽引するということがある．リーダーを補佐する参謀のような人物が，リーダー以外のメンバーに影響を及ぼすことはもちろんのこと，リーダーに影響を及ぼすこともあろう．すなわち，リーダーシップはリーダーだけが発揮すべき，というものではないのである．

　昨今は新型コロナウイルス感染症拡大や能登半島地震のような自然災害といった事態が起き，観光まちづくりに取り組む各地域はこれまでよりも一層，答えのない複雑な問題に対処する必要に迫られている．このような不確実性が高い事態には，特定の人物の知識や経験，それに基づいた影響力だけでは限界があり，多様な関係者がそれぞれに影響力を発揮し合い，総体として観光まちづくりに取り組んでいく必要がある．すなわち，リーダーであるかどうかにかかわらず，必要に応じてさまざまなメンバーがリーダーシップを発揮する状況が期待される．リーダーシップ研究においては，このような状況に適合した概念としてシェアド・リーダーシップ（共有型リーダーシップ）がある．石川によれば，シェアド・リーダーシップとは「チーム・メンバー間でリーダーシップの影響力が配分されている状態」[9]である．リーダーシップ研究においては1990年代後半から登場した概念であり，日本ではメーカーの研究開発チームを対象とした研究[10]や学生サークルを対象とした研

究[11]などがなされている．一方，観光地を対象とした研究においては，シェアド・リーダーシップに着目したものは見当たらない．

観光まちづくりにおけるシェアド・リーダーシップの実態はどのようなものか，その効果や課題はどのようなものか．不確実性が高い社会状況が続くなかで観光まちづくりを推進していくために，これらの問いに答えることは，地域社会の今後の発展に有意義であろう．そこで本研究は，シェアド・リーダーシップの実態を分析する事例として秋田県湯沢市秋の宮温泉郷の「かだる雪まつり」を取り上げ，観光まちづくりにおけるシェアド・リーダーシップの実態を明らかにし，その効果と課題の検討を目的とする．

1. 研究の方法

(1) 調査対象・方法

本研究の事例として，湯沢市秋の宮温泉郷で毎年2月に開催されている「かだる雪まつり」を取り上げる．毎年，地元の宿泊業・商店・農業・理容業・通信業・電気工事業・広告業・建設業・主婦等の多様な主体が実行委員となって開催されており，地域外からの観光客集客，秋ノ宮地域住民の地域活動の場となっている．まつりという期間限定のイベントであるが，その開催のために数か月前から実行委員が集まって企画の議論をしており，その目的はふるさとづくり活動と地域外からの誘客活動という観光まちづくりでもある．この実行委員会の委員長は2年ごとに交代する仕組みであり，本委員会のトップリーダーは固定化されていない．また，多様な主体が準備から片付けまで，雪まつりの運営に携わっている．すなわち，観光まちづくりにおけるシェアド・リーダーシップの実態を探索的に明らかにする上で格好の事例と考えられる．

調査方法はインタビューと参与観察である．かだる雪まつり実行委員会事務局に研究趣旨の説明をおこなって承諾を得てから，元実行委員2名・現実行委員7名に，2023年9月11日〜12日にインタビューをおこなった．また，

筆者は，新型コロナウイルス感染症拡大の影響で開催中止となった 2021 年を除き，2005 年から毎回かだる雪まつりに参加してきた．「かだる」とは秋田の方言で「参加する」という意味であり，筆者は地域外から「かだる」ことを続け，ミニかまくらづくりを中心とした会場設営や開催当日の運営に関わってきた．2009 年には，杏林大学生が「かだる」仕組を構築し，杏林大学在任中はその学生引率を務めた．本務校が杏林大学から高崎経済大学へ変わってからは，再び一個人として雪まつりに「かだる」ことを継続している．

（2）　インタビュー項目

　実行委員へのインタビューは，半構造化形式で実施した．事前に設定したインタビュー項目は，①かだる雪まつりに関わるようになった経緯，②かだる雪まつりにおける役割，③実行委員長交代制に対する考えである．①と②は語りの導入としての位置づけ，およびかだる雪まつりにおける調査対象者の役割を確認するため設定した．また，インタビューの流れのなかで，自身に限らずリーダーシップがかだる雪まつりにおいて発揮されたと感じた出来事についても尋ねた．半構造化インタビューの特性を活かし，対象者の話の展開次第で，項目の順番変更や質問の追加をおこなった．

　なお，調査対象者がリーダーシップをどのように捉えているか探索的に検討するため，あえて「リーダーシップとは何か」という定義を筆者からは提示せず，調査対象者に自由に語ってもらうことにした．調査対象者から何らかの定義を求められた場合は，Yukl の「何をする必要があるか，どのようにそれを行うかについて，理解・同意するよう他者に影響を与えるプロセスであり，共通の目標を達成するための個人的かつ共同的な取り組みを促進するプロセス」[12] という定義を準備していたが，調査対象者から定義は求められなかった．

（3）　分析方法

　調査対象者の承諾を得てインタビューを録音し，その内容を調査対象者ごとにテキスト化したデータにした．テキスト化したデータと参与観察の結果，およびこれまで実行委員会から筆者に提供された資料をあわせてかだる雪まつりの歴史を整理し，その歴史の中でいかにリーダーシップが出現してきたのか，明らかにした．

2.　かだる雪まつりとは

（1）　対象事例の概要

　秋の宮温泉郷は，秋田県南東部の湯沢市，そのなかでも最南東部に位置しており，宮城県との県境に近い温泉地である．栗駒国定公園内にあり，虎毛山や高松岳といった山々に囲まれ，近くを役内川が流れている．自然豊かな場所であり，温泉宿は秋田県と宮城県を結ぶ国道108号線沿いに点在している．秋の宮温泉郷の旧町名は雄勝町であったが，2005年3月22日の湯沢市・稲川町・皆瀬村との市町村合併により，湯沢市雄勝地域，その秋ノ宮地域にある秋の宮温泉郷となった．秋ノ宮地域の概要，秋の宮温泉郷の概要を以下に示す．

①秋田県湯沢市秋ノ宮地域の概要

　雄勝地域の最南部に秋ノ宮地域はある．1889年の町村制施行で秋ノ宮村が誕生し，1955年に院内町・横堀町・小野村と合併して雄勝町秋ノ宮地域となった[13]．その後，2005年の合併によって湯沢市の秋ノ宮地域となった．

　秋ノ宮地域では人口減少・少子高齢化が急激に進み，1954年に3校あった小学校は徐々に他校と統合され[14]，2015年に最後の1校である秋ノ宮小学校が雄勝小学校へ統合された[15]．中学校については，1974年に秋ノ宮中学校が廃校となった．こうして秋ノ宮地域から学校は消滅したのである．2015年に発表された「湯沢市人口ビジョン」によれば，2015年までの10年

間の人口減少率は湯沢地域（旧湯沢市）が12.2%，稲川地域（旧稲川町）が16.6%，雄勝地域（旧雄勝町）が20.8%，皆瀬地域（旧皆瀬村）が16.0%であり，雄勝地域の減少率が最も高かった[16]．同資料では小地域の人口減少率も示されており，秋ノ宮温泉郷がある秋ノ宮地域の減少率は20.5%で，2015年の人口は1,984人であった[17]．また，「令和2年国勢調査」によると2020年の秋ノ宮地域の人口は1,422人であり，5年間の人口減少率を算出すると28.3%であった[18]．同調査における全国・秋田県・湯沢市の統計を見ると，2020年までの5年間の人口減少率は，全国が0.7%，秋田県が6.2%，湯沢市が9.7%であった[19]．秋ノ宮地域の人口減少率の高さが際立つ．さらに，「令和2年国勢調査」の結果を用いて，2020年の秋ノ宮地域の総人口に占める65歳以上の割合，すなわち高齢化率を算出すると49.6%であった[20]．同調査結果によると全国の高齢化率は28.6%，秋田県の高齢化率は37.5%，湯沢市の高齢化率は40.3%であること[21]から，秋ノ宮地域の高齢化率の高さがうかがえる．なお，2024年3月31日時点での湯沢市人口は40,164人，同時点の雄勝地域の人口は5,629人である[22]．湯沢市の高齢化率は，2021年7月1日が41.6%，2022年7月1日が42.5%，2023年7月1日が43.4%であり，年々上昇している[23]．2021年以降の雄勝地域および秋ノ宮地域の高齢化率は不明だが，湯沢市全体の状況を踏まえると両地域においても上昇していると推測される．

　秋ノ宮地域のおもな産業は，稲作や野菜，秋ノ宮特産のいちご，林業，そして秋の宮温泉郷に代表される観光である[24]．2020年の産業別従事者数は，第1次産業166人（23.0%），第2次産業208人（28.8%），第3次産業345人（47.9%），不明2人（0.3%）であった[25]．

②秋の宮温泉郷の概要

　秋ノ宮地域にある秋の宮温泉郷は，奈良時代に僧・行基によって発見されたと伝えられ，秋田県内最古の温泉地とされている．明治時代以降は，地域の農民の湯治場として，また自然に恵まれた静かな温泉地として栄え，1978

年には国民保養温泉地に指定されている[26]．一般家庭の7割が温泉を引いているほど湯量が豊富であるが，秋の宮温泉郷の各宿はそれぞれに源泉を持って散在しており，それらが連携して誘客する機運は高まりづらい環境である．2000年代は12軒の温泉・宿泊施設が存在していたが，担い手不足や経営難により徐々に減少していき，2024年3月時点で5軒になっている．来訪者の温泉入浴以外の目的は，虎毛山や高松岳などの登山，役内川での渓流釣りがおもだったところである．鉄道の最寄駅はJR奥羽本線の横堀駅で，そこから秋の宮温泉郷までは，タクシーもしくは宿泊施設の送迎車を利用して25分ほどである．かつては秋の宮線というバス路線もあったが，2011年3月末に廃止となった．

秋田県観光統計[27]で確認できた秋の宮温泉郷への年間観光客数は，図11-1のとおりである．2007年までは増加傾向にあったが，2008年6月14日に起きた岩手・宮城内陸地震の影響を受けて2008年の観光客数は激減した．それからは微減傾向となり，近年は新型コロナウイルス感染症拡大の影響を受けつつも，2万人前後で推移している．

また，後述のかだる雪まつりの歴史にも関わる山葵沢地熱発電所について，

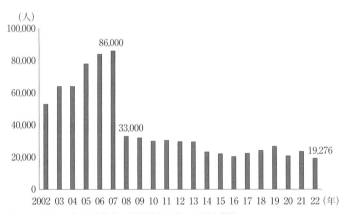

注：2011年より観光庁作成の共通基準に基づく調査開始．
出典：秋田県観光統計のWEBページ（注27）より筆者作成．

図11-1　秋の宮温泉郷観光客数（延べ人数）の推移

ここで概要をまとめておく．これは，秋の宮温泉郷から川原毛地獄・泥湯温泉に通じる国有林の中にある発電所である．1993-99年度にかけて当時の独立行政法人新エネルギー・産業技術総合開発機構（以降，NEDOという）が地熱開発促進調査をおこない，2004年度から三菱マテリアル株式会社が秋ノ宮地域で，2008年度から電源開発株式会社と三菱マテリアル株式会社が山葵沢地域でNEDOの井戸を借り受けて調査を引き継ぎ，2010年には電源開発・三菱マテリアル・三菱ガス化学の3社が共同出資して湯沢地熱株式会社が設立された[28]．そして，2011年から2014年まで環境影響調査がおこなわれ，2015年5月に地熱発電所の建設に着手，2019年5月に運転が開始された．発電所の建設・運転については近隣住民への説明，理解の促進，および合意を得ることが必要であり，住民との関係づくりのため湯沢地熱設立前後から，電源開発の社員数名がかだる雪まつりへ参加していた．発電所建設が着手され，2017年2月の第19回かだる雪まつりからは，湯沢地熱の社員数名がまつり開催の1週間ほど前から交代で毎日，会場づくりに参加するようになった．まつり当日には，出資者である電源開発・三菱マテリアル・三菱ガス化学の社員も数名ずつ秋の宮温泉郷へ訪れ，ミニかまくらづくりに参加している．

（2）　かだる雪まつりの歴史

　ここでは，かだる雪まつりの歴史を4つのフェーズで見ていく（表11-1）．筆者は転換期から関わり始めたため，転換期から縮小期はインタビューと参与観察の結果に基づいている．黎明期はインタビューの結果に基づき，記述したものである．

①フェーズⅠ：黎明期

　かだる雪まつりが誕生したのは1999年である．冬期の誘客を課題と考えていた秋の宮温泉組合が主催し，始まった．その背景は次のとおりである．1996年8月に，秋田県南部と宮城県北部を結ぶ鬼首峠をバイパスする鬼首

174

表 11-1 かだる

フェーズ	回	開催年	実行委員長		副実行委員長		副実行委員長		事務局
黎明期	第1回	1999年	A氏	宿泊業・町議					秋の宮温泉組合
	第2回	2000年	A氏	宿泊業・町議					秋の宮温泉組合
	第3回	2001年	A氏	宿泊業・町議					秋の宮温泉組合
	第4回	2002年	A氏	宿泊業・町議					秋の宮温泉組合
転換期	第5回	2003年	B氏	保険代理業					秋の宮温泉組合
	第6回	2004年	B氏	保険代理業					秋の宮温泉組合
	第7回	2005年	C氏	製造業					秋の宮温泉組合
	第8回	2006年	C氏	製造業					秋の宮温泉組合
	第9回	2007年	D氏	宿泊業					秋の宮温泉組合
成長・成熟期	第10回	2008年	D氏	宿泊業					秋の宮温泉組合
	第11回	2009年	E氏	通信業	F氏	宿泊業			秋の宮温泉組合
	第12回	2010年	E氏	通信業	F氏	宿泊業			秋の宮温泉郷イメージアップ推進協議会
	第13回	2011年	G氏	理容業	D氏	宿泊業	E氏	通信業	秋の宮温泉郷イメージアップ推進協議会
	第14回	2012年	G氏	理容業	D氏	宿泊業	E氏	通信業	秋の宮温泉郷イメージアップ推進協議会
	第15回	2013年	H氏	農業／元首長	I氏	宿泊業			秋の宮温泉郷イメージアップ推進協議会
	第16回	2014年	H氏	農業／元首長	I氏	宿泊業			秋の宮温泉郷イメージアップ推進協議会
	第17回	2015年	I氏	宿泊業	E氏	通信業			B氏
	第18回	2016年	I氏	宿泊業	E氏	通信業			B氏
	第19回	2017年	J氏	建設業	K氏	農業			B氏
	第20回	2018年	J氏	建設業	K氏	農業			B氏
	第21回	2019年	L氏	飲食業	J氏	建設業			B氏
	第22回	2020年	L氏	飲食業	J氏	建設業			B氏
縮小期	第23回	2021年	E氏	通信業					B氏
	第24回	2022年	E氏	通信業					B氏
	第25回	2023年	E氏	通信業					B氏
	第26回	2024年	E氏	通信業					B氏

注：BN：ブラッシュアップ・ネットワークの略.
出典：インタビュー調査・かだる雪まつり実行委員会提供資料に基づき筆者作成.

道路が，国道 108 号線に開通した．豪雪のため鬼首峠は毎年 11 月下旬から 4 月下旬まで通行不能であったが，その区間をバイパスする鬼首道路が整備され，国道 108 号線は年間を通して通行できるようになった．また，同年 7 月には国民宿舎秋の宮山荘が改築され，当時の雄勝町の出資を受けた第三セ

雪まつりの歴史

備考
秋の宮温泉組合主催，旧雄勝町観光課が後援
2002 年に秋の宮温泉郷 BN 発足→第 5 回から BN 中心の多様なメンバーによる実行委員会体制
2005 年 3 月 22 日に合併で湯沢市に（後援が市に）
「平成 18 年度雪対策功労賞特別賞」受賞（社団法人雪センター）
会場を修景広場から秋ノ宮スキー場斜面に変更
国道 108 号ミニかまくら灯夜街道開始（共催に秋ノ宮地域づくり協議会）
杏林大学観光交流文化学科学生かだる開始（4 名）
雄勝高校生かだる開始（2020 年度から湯沢翔北高等学校雄勝校）
北都銀行かだる開始
国道 108 号線雪まつりライン（笹子，秋の宮，鬼首）
鬼ノ國心鼓会（鬼首）演奏開始
地熱発電所関係者が本格的にかだる開始，山ちゃん一座（笹子）演芸会開始
共催に電源開発株式会社（J-Power ミニコンサート開催）
新型コロナウイルス感染症拡大の影響により開催中止
コロナ禍以前よりも内容・実行委員会を縮小して開催
大学生・高校生・地熱発電所関係者が再び参加
餅つき復活

クターが運営するスパ＆リゾートホテル秋の宮山荘がリニューアルオープンしていた．これらを契機に秋の宮温泉郷への冬期の来訪客増加が期待され，開通翌年の 1997 年は大きく増加したとのことである．しかし，その後は再び下降傾向となり，温泉宿にとっては冬期誘客の課題は解消されなかった．

そこで，冬期誘客のためのイベントとして，かだる雪まつりが企画された．

かだる雪まつりの発案者は当時の秋の宮温泉組合長であるA氏であり，まつりの実行委員長も第4回まで務めた．A氏は雄勝町議会の議員，市町村合併後には湯沢市議会の議員も務めた地域の有力者である．かだる雪まつりの命名もこの温泉組合長がおこなった．皆で一緒に何かするまつりにしようということで，秋田弁で「参加する」を意味する「カダル」という言葉を用いて「カダル雪まつり」とした．当初はカタカナの「カダル」であったが，後にひらがなの「かだる」へ変化した．その経緯は定かではなく，温泉組合事務局を当時務めていたN氏によれば「いつの間にか」変わったようである．

第4回まではおもに，湯沢市街地で毎年おこなわれている「犬っこまつり」のように，雪のお堂を2つ，国道108号線沿いに設置するものだった．「犬っこまつり」でお堂や犬の像を造っている職人に発注し，造設したものであった．それ以外には，お堂周辺の商店が出店することや，近隣住民がかまくらや雪像を思い思いに造ったようである．

②フェーズ2：転換期

第5回から，かだる雪まつりの実施主体は大きく変化した．主催はかだる雪まつり実行委員会となり，その主軸を担うようになったのは，2002年に発足した秋の宮温泉郷ブラッシュアップ・ネットワーク（以降，BNという）である．雄勝町の依頼を受け，2002年度に財団法人日本交通公社[29]が「秋の宮温泉郷ブラッシュアップ計画」を策定していく過程で，観光事業者のみならず，商店主・農業従事者など，広く秋の宮温泉郷の住民からなる地域活性化グループとしてBNは発足した[30]．10数名のBNメンバーが毎週月曜日の夜に，湯ノ岱小学校跡地の集会所へ集まり，温泉郷の魅力づくりについて話し合った．12か所の温泉に入浴できる「十二秘湯絵（ひとえ）めぐり」や，役内川の河川敷をスコップで掘って足湯にする「川原の湯っこ」など，さまざまなアイディアが出され，実行に移された．反発する事業者もいたが，

サービスについて各宿に「口を出す」こともおこなった．そのようななか，モデル事業の１つとしてかだる雪まつりの企画・運営を引き継ぐことになったのである．かだる雪まつりの実行委員長は，BN の会長であった B 氏が担った．その一方で，観光事業者の関わりの継続のほか，行政からの補助金の受け皿機能として，引き続き温泉組合が事務局を務めた．BN は次の３点を目的としていた[31]．

①観光関連業の枠をこえた民間・住民・行政のネットワーク強化
②「住んでよし，訪れてよし」の実践
③温泉地域のふるさとづくり活動と誘客促進活動の共存

これらの目的を達成するため，かだる雪まつりをモデル事業の１つとして実践の場にし，次の３点を実行に移した[32]．

①様々な主体がかかわる実行委員会体制の構築
②「住んでよし，訪れてよし」を実践する企画力・プロモーション力の養成
③ふるさとづくり活動と誘客促進活動の共存

　BN が主軸となり，かだる雪まつりの内容は大きく変化した．前述の BN 会議のように，雪まつりで何をおこなうか実行委員会でアイディアを出し合い，それを実現していくようになった．それまで職人に発注していたお堂の造設を止め，住民の手作りで回廊のようにミニかまくらを並べた．そこに，陽が落ちてからロウソクで火を灯し，幻想的な空間を出現させた．そのほか，役内川沿いの崖のライトアップや花火，商店主やそのほかの住民による出店，餅つきや菓子まきなど，さまざまなアイディアを実行に移していった．2007 年の第９回には，役内川沿いの谷間で開催していた会場を秋ノ宮スキー場のゲレンデに変更し，山の斜面に約 3,000 個のミニかまくらが並ぶ壮大な光景

へと変化した.

　筆者は，この転換期の 2005 年からかだる雪まつりに参加した．まつり開催の 1 週間ほど前から，会場の圧雪や大きなかまくらの作成，誘導看板の作成や菓子まきの準備がおこなわれ，2〜3 日前からミニかまくらづくりが始まる．これらは，普段の仕事や家事などとの折り合いをつけて 30 代から 70 代のさまざまな立場の住民が集まり，少しずつ手作業でおこなっていた．厳密に数えられてはいないが，まつり当日には 20 名ほどの住民がスタッフとなって活動に参加していた．

③フェーズ 3：成長・成熟期

　2008 年の第 10 回から，より多様な主体がかだる雪まつりに関わるようになっていった（図 11-2）．まず，かだる雪まつり実行委員会は秋ノ宮地域づくり協議会と調整し，秋の宮温泉郷に限らず秋ノ宮地域全域に居住する住民に協力してもらうようになった．具体的には，かだる雪まつりの開催にあわせて，国道 108 号線沿いにミニかまくらを作ってもらったのである．家庭によっては，雪だるまやアニメのキャラクターを模した雪像を作る住民もいた．国道 108 号線沿いのおよそ 10km に，雪を活かした回廊のようなものができ，暗くなるとそこにロウソクで火を灯し，幻想的な光景が続く道「灯夜街道

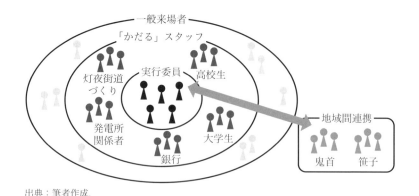

出典：筆者作成．

図 11-2　雪まつりに「かだる」さまざまな主体

第 11 章　観光まちづくりにおけるシェアド・リーダーシップ　　　179

出典：2019 年 2 月 2 日筆者撮影.
写真 11-1　かだる雪まつり開催日朝におこなう作業開始前の円陣

（とうやかいどう）」となった．

　また，2009 年の第 11 回からは，筆者の紹介により東京にある杏林大学の学生が毎年参加するようになった．人数は毎年 10 名ほどの参加で，まつり本番の前日からミニかまくらづくりや菓子まきの準備，当日は来場者の案内や菓子まき・餅つきの運営補助をおこなっている．翌年の第 12 回からは，近隣の高等学校である雄勝高等学校[33]の生徒も地域活動の一環として参加するようになった．まつりの当日朝から夕方まで，ミニかまくらづくりと点灯作業に参加しており，人数は毎年 10–20 名ほどである．高等学校の活動のため，夜の運営には参加しておらず，いったん帰宅した会場近隣の生徒は家族単位で再訪する様子が見られる．2012 年 1 月には，当時の雪まつり事務局を担っていた秋の宮温泉郷イメージアップ推進協議会と，先ほどの杏林大学・雄勝高等学校，地元の金融機関である北都銀行の 4 者で「まちづくり・観光事業に関する連携協定」を結び，同年 2 月の第 14 回かだる雪まつりには北都銀行の行員もミニかまくらづくりに参加した．

　さらに，2015 年の第 17 回からは，他地域の雪まつりとの連携も進んだ．秋の宮温泉郷を通る国道 108 号線沿いに宮城県大崎市の鬼首温泉があり，ここでも冬に雪まつりが開催されている．その逆方面には秋田県由利本荘市が

出典：第20回かだる雪まつり実行委員会提供.

図 11-3 第20回かだる雪まつりポスター

あり，その笹子地域でも雪まつりが開催されていた．これら国道108号線沿いの雪まつりを連続させることを意図し，第17回と第18回は，笹子（笹子雪まつり）・秋の宮（かだる雪まつり）・鬼首（大崎市スノーフェスティバル）の順で開催した．雪まつりの開催日が重複しないよう調整したのである．そして，雪まつりのポスターを作る際，これらの雪まつりを一体的にアピールする内容とし，各地域が連携してプロモーションした（図11-3右下部分）．2年後の第19回からは，2月第1週目の週末をかだる雪まつり，第2週目を笹子雪まつり，第3週目を大崎市スノーフェスティバルとした．そのほか第18回では，鬼首の太鼓団体が鬼の面をかぶって登場し，夜空に響き渡る和太鼓の演奏を披露した．この演奏はその後，コロナ禍直前の第22回（2020年）まで，毎年実施された．笹子の関係者もかだる雪まつりにコンテンツを提供してきた．笹子の山ちゃん一座による演芸で，2017年の第19回から2019年の第21回まで披露された．

　加えて，第2節1項②で述べたとおり，山葵沢地熱発電所の関係者も参加してきた．特に，発電所建設が着手されて以降，現地法人である湯沢地熱の社員のほか，出資企業の社員も雪まつり当日にミニかまくらづくりへ参加するようになった．2018年の第20回では，共催として電源開発が名を連ね，会場に隣接する秋の宮山荘でミニコンサートを開催した（図11-3）．その後

も，湯沢地熱の社員を中心にかだる雪まつりへ参加し続けている.

④フェーズ4：縮小期

地域内外のネットワークが拡大しながら成長してきたかだる雪まつりであるが，新型コロナウイルス感染症の拡大により大きな影響を受けた．2021年の第23回は，内容をミニかまくらの作成と点灯，どんと焼き（安全祈願祭神事），雪花火に絞って規模を縮小し，また開催時間を短くした．そして感染症対策をおこないながらの開催を模索したが，感染症警戒レベル引き上げによる湯沢市からの自粛要請，および湯沢保健所管内での感染者クラスターの発生を踏まえ，開催2週間前に中止を決定した．筆者がおこなった実行委員へのインタビューによれば，行政からの要請のみならず，秋ノ宮地域内においても開催有無について住民間でさまざまな意見があり，開催中止を求める声が少なからずあったようである．そのような状況を背景に，毎年20名ほどで構成していたかだる雪まつりの実行委員は減少し，数か月前から内容を検討しながら中心的に活動する実行委員については10名を切る人数となった．それでも，例えばB氏の「止めればもうできなくなるぞ．頑張ってやろうよ」といった実行委員への声がけや，J氏の「続けていくことによって，宣伝しなくても，毎年この時期は秋ノ宮でお祭りをやっていると，秋ノ宮や湯沢市内の人たちが覚えている．……それが隣の県だとかに広がっていくとは思うのです」といった考えから，かだる雪まつりは継続されている．

2022年の第24回も，引き続き感染症に留意する必要はあったが，前年に計画していた内容・感染症対策を踏襲した形で開催した．筆者も開催日前日からスタッフとして参加したが，マスクを着用しての斜面でのミニかまくらづくりは呼吸が困難で，コロナ禍以前よりもはるかに厳しい作業であった．秋ノ宮地域住民・湯沢地熱社員・筆者など10名ほどの人員で会場準備，および当日の運営をおこなった．ミニかまくらの数や各種イベント，出店の数などは例年の半分程度といったものであったが，来場者からは「開催してくれてありがとう」という言葉を筆者だけでも3名からもらった．新型コロナ

ウイルス感染症拡大の影響で周辺のイベントはいまだ中止とされる状況が相次いでいたため，規模は小さくとも，かだる雪まつりが開催されたことは来場者の心に残ったようである．なお，コロナ禍に実行委員会から離れたかつての実行委員数名が雪まつり当日に来場し，第24回の実行委員に労いの言葉をかけている様子が観察された．

2023年の第25回からは，杏林大学の学生と湯沢翔北高等学校雄勝校の生徒，地熱発電所の出資企業社員も再び参加するようになり，雪まつり当日は総勢30名超のスタッフ体制となった．感染症対策はしながらもミニかまくらや出店の数は増え，かつての「菓子まき」は密集することを避けるために「菓子引き」というくじ引き形式に変えて実施した．翌年の第26回には，餅つきとその来場者へのふるまいも復活した．コロナ禍前と全く同じ状況とまでは言えないが，徐々に戻ってきている．その一方で，雪まつりにおいて中心的に活動する実行委員のメンバーは2021年から固定化してきている．

3．かだる雪まつりにおけるシェアド・リーダーシップ

（1）実行委員長の変遷とリーダーシップ

転換期の第5回からかだる雪まつりの実施主体は大きく変化し，主催はかだる雪まつり実行委員会となった．第5〜6回の実行委員長は前掲表11-1のとおり，BNの会長であったB氏が担った．その後の第7回以降は縮小期に入る前まで，2年で実行委員長を交代する形となった．かだる雪まつり実行委員長の変遷を記述しながら，リーダーシップとの関係をみていく．

まず黎明期は，冬期の誘客を課題と考えていた秋の宮温泉組合が主催して雪まつりを始めたため，温泉組合長が実行委員長を兼ねていた．前述のとおり，職人に発注して設置されたお堂が中心のイベントであり，実行委員長が温泉組合員やお堂づくりの職人に指示をして開催・運営される雪まつりであった．地元商店や近隣住民も協力したが，温泉組合とともに雪まつりの企画・運営方法を議論するというものではなく，実行委員長から依頼や指示が

あってそれに対応するという関係性であった．したがってこのフェーズでは，リーダーが活動の方向性や具体的な作業を検討して決め，それを周囲の人々に伝える指示型のリーダーシップが出現していたと考えられる．

転換期に入り，さまざまな主体が関わる実行委員会体制となり，リーダーか否かにかかわらず，各実行委員が意見を出し合って雪まつりの内容を検討・決定し，各実行委員のしたいことや強みを活かして運営される形となった．当時の実行委員長であるB氏は，多くの住民の参加を促しつつ議論の活発化を図る存在であった．また，対外的に雪まつりのアピールをおこなう役割を担った．B氏は住民を巻き込む参加型のリーダーシップを発揮したと考えられる．B氏は2年間実行委員長を務めた後，自ら委員長交代を申し出る．その理由は次の2点である．1つは，秋田県内の行政や新聞社等のメディアからの注目がB氏に集中してしまうことへの懸念である．BNやかだる雪まつりが注目を浴びるにつれ，地域内から「おまえのおまつり，見にいくよ」や「おまえばかり良い立場で」といった声をB氏は耳にしていた．特定の人物に注目が集中してしまうことを良く思わない人がいるため，このままでは今後の活動に支障をきたすのではないかとB氏は考えた．もう1つは，よりさまざまな住民に雪まつりへ関わってもらうためである．委員長を固定化すると，そこを中心としたネットワークに限る恐れがある．委員長が代われば，その新しい委員長のネットワークから新しいメンバーが参加してくれるのではないかとB氏は考えた．かだる雪まつりの「かだる」というコンセプトを，文字どおり実現しようとしたのである．そして第7回からC氏を実行委員長とした．C氏はそれまで雪まつりにスタッフとして参加したことはなかったが，彼の母親が実行委員として中心的に活躍していた．直接的なつながりではなく間接的なつながり，言い換えれば弱いつながりであった人物をあえて実行委員長に据え，ネットワークの広がりやそれによる新たな視点の流入を期待したのである．特に，C氏がメンバーであった地元子ども会の参画をB氏は期待していた．後の第11〜12回の実行委員長を務め，縮小期に再び実行委員長を務めているE氏は，第7回当時C氏と子ども会

で一緒に活動しており，C氏が実行委員長に就いたことがきっかけで雪まつりに参加するようになった人物である．

実行委員長の任期は2年と定めた．これについてB氏は，「1年で終わったらかわいそうだよねという．何も分からないまま終わるという．2年目から少し見えてくるではないですか．だから2年がいいかなと．……2年はちょうどいいです．3年になったら重たくなってくるので」と述べている．ネットワークの広がりやそれによる新たな視点・知恵の流入は，実行委員長交代の仕組みによって促進されると考えられる．

第9〜14回は，「次はあの人だ」という実行委員の声の高まりによって，次の実行委員長が決まっていった．では，そのような声はどのように高まるのか．インタビューによれば，雪まつりにおいて各実行委員が取り組んでいる様子を実行委員は相互によく見ており，雪まつりでの頑張りを見て次期実行委員長を思い浮かべるようである．第9〜10回の実行委員長になったD氏は，自分が委員長になるとはまったく考えていなかったため，非常に戸惑ったと述べている．しかし，地域における先輩たちの推挙を断ることはできず，D氏は委員長を引き受けた．実行委員長となって最初におこなったことは秋の宮温泉郷の住民たちへの挨拶回りであったが，「どこの誰だ」と言われるような状況であった．それでも自分が何者であるか説明し，かだる雪まつりへの協力を依頼して回った結果，雪まつり当日には30〜40名もの住民が手伝いに集まった．これらの住民は60〜70代というD氏よりも年長者ばかりであったため，実行委員長として指示を出すという行為は難しかったようだが，彼らから協力を得られたことに「かなり感動しました」とインタビューで述べていた．その後，E氏・G氏と実行委員長が引き継がれていくが，D氏の経験から実行委員長をサポートする人材が必要であろうということで，副実行委員長が配置されるようになった．リーダーがすべてを担うのではなく，リーダーシップの機能を複数名で分担するシェアド・リーダーシップが発揮される仕組みとなったのである．

ここで強調しておきたいのが，かだる雪まつりにおけるシェアド・リーダ

第11章　観光まちづくりにおけるシェアド・リーダーシップ

ーシップは突然生じたのではないということである．筆者は転換期からだる雪まつりに参加してきた．初めて参加した第7回時から，実行委員長以外の実行委員は誰かからの指示をただ待つのではなく，状況に応じて何をすべきか各自で考え，行動する様子を見てきた．例えば，よりインパクトのある会場にすべくスキー場斜面最上部にミニかまくらで温泉マークを作ることや（写真11-2），来場者の安全確保のためのスキーネットの増設や位置の調整，休憩時間を充実させるため手作り菓子を用意してくることなど，実行委員長や雪まつり事務局からの指示ではなく，各自の考えで動いていた．このような行動を実行委員は相互に見ており，誰かがそのような行動をおこなえばそれを手伝いにいく人が出現する．あるいは，これらの行動に触発されて，他にできることはないかと行動する実行委員の様子が観察されてきた．ポスター制作や電気工事，出店などで収入が発生する実行委員も一部存在するが，それは実費程度であり，各自にとって大きな収益とはならない．また，彼ら以外の大多数の実行委員は無償で活動している．そのようななかで工夫を凝らし，追加作業も厭わないのはなぜか．「秋ノ宮地域を元気にするため」「来場者が喜ぶから」「自己実現のため」，さまざまな理由が考えられるが，インタビューや観察によれば，「○○さんの頑張っている様子を見て」という他

出典：2012年2月4日筆者撮影．

写真11-2　最上部に温泉マーク

者からの影響が大きい．しかも，その影響力は実行委員長や事務局に限らず，実行委員1人ひとりから発揮されている．チーム・メンバー間でリーダーシップの影響力が配分されているシェアド・リーダーシップが，かだる雪まつりの中で出現してきたのである．このように，シェアド・リーダーシップの土壌は，少なくとも筆者が関わるようになった転換期からあったと考えられる．特に，G氏が実行委員長2年目の第14回は，そのような様子が多く観察された．第14回は，開催準備のための実行委員会初回に，実行委員のある事業者が新企画をおこなうと宣言したが，その詳細や財源，安全管理などの運営方法は不明であった．そこで，実行委員長をはじめ事務局が幾度となくその確認・調整を行おうとしたが，詳細をうやむやにされることが続き，最終的に実行委員会の合意なく，メイン会場の脇でその企画は当該事業者によって実施された[34]．そのような混乱のなかで実施された雪まつりであったが，例年よりもさらに，実行委員が自ら活発に動いている様子が観察された．特定の事柄を挙げることが難しいほど，すべての活動において実行委員全員が自身の役割を全うし，なおかつ自身の役割以外のことにも積極的に関与する様子が見られた．第14回の実行委員長であったG氏自身，このときのことを「自然とみんながやってくれるから，本当に助けられました」と述べていた．

　こうして第14回は実施されたものの，前述した問題のわだかまりはその後も残り，かだる雪まつりは存続の危機に瀕した．そこで，第15～16回の実行委員長は特殊な流れで決定した．各実行委員の気持ちが雪まつりから離れつつある状況で，実行委員長経験者や事務局が相談をし，地域からの信頼の厚いH氏に実行委員長を依頼したのである．H氏はかつて，同地域が属する地方公共団体の首長をつとめた人物で，当時の雪まつり事務局である秋の宮温泉郷イメージアップ推進協議会の会長でもあった．「H氏が実行委員長なら」ということで多くの実行委員が実行委員会に残り，かだる雪まつりは存続された．H氏をトップリーダーとしつつ，現場を指揮するリーダーの役割で当時の実行委員会最若手のI氏が副実行委員長に就いた．H氏はI

氏に現場の指揮を任せつつも，準備から片付けまで雪まつりの現場で率先的に作業していた．例えば，自宅の除雪機を雪まつり会場に持ち込み，自らその運転をして会場づくりをおこなっていた．難局においてトップリーダーを引き受け，多くの実行委員を雪まつりにつなぎ止め，率先垂範によって雪まつりをリードしたのである．そのH氏を後ろ盾に，I氏は次世代のリーダーとなっていった．

第15〜16回で経験を積んだI氏が，第17〜18回の実行委員長となった．かつての実行委員長・副実行委員長であり，経験豊富なE氏が再び副実行委員長となり，I氏を支えた．第19〜20回の実行委員長J氏，第21〜22回の実行委員長L氏の時代についても，かだる雪まつりや地域での経験が豊富な人物が副実行委員長に就いた．他の実行委員も経験豊富になっていたため安定的に雪まつりが実施されるようになり，徐々に成熟してきた雪まつりであったが，新型コロナウイルス感染症拡大の発生によって大きな影響を受けることになった．

コロナ禍においてもかだる雪まつりを開催しようと，かつて実行委員長を務めたE氏が再び実行委員長に就き，第23回の準備をおこなってきたが，前節フェーズ4で述べたとおり中止となった．第24回から復活を果たしたが，実行委員会体制はコロナ禍以前の状況までには戻っていない．この間，かだる雪まつりの作業拠点兼来場者の休憩所であった旧秋ノ宮スキー場のロッジは解体された．そのため近年は，実行委員や地域内外の「かだる」スタッフの休憩所として隣接する秋の宮山荘の宴会場を借り，来場者の休憩スペースとして会場内にテントを立てて対応している．このように，規模を縮小しながらもさまざまな工夫が必要となっており，実行委員1人ひとりのリーダーシップが欠かせない状況が続いている．したがって，かだる雪まつり実行委員会のシェアド・リーダーシップはさらに強まってきていると言える．

（2）　実行委員長交代制の効果
シェアド・リーダーシップの土壌が転換期からあったことは前項で述べた

とおりだが，その醸成が進んだのは実行委員長交代制という制度の影響が大きいと考えられる．具体的には，実行委員長交代制により，さまざまな人物がリーダーシップを発揮するという実行委員会の姿勢が明確化されたことによる影響である．特定の人物が固定的にリーダーとなりリーダーシップを発揮するのではなく，さまざまな人物がリーダーとなりリーダーシップを発揮しうることが，暗黙知ではなく形式知として明らかにされたのである．いわゆる「暗黙の了解」ではなく，誰もが力を発揮できることが明示化され，さまざまな主体が参加し，その力を発揮しやすくなった．そのような開かれた状況は，各主体のチャレンジを引き出しやすく，結果的にシェアド・リーダーシップの土壌づくりを促進したと考えられる．

　また，実行委員長交代制の効果として，地域人材の育成が挙げられる．B氏はインタビューにおいて，実行委員長を2年間で交代していくと「10年間で5人のリーダーができるということ」と述べていた．リーダーを1人に限る必要はない．実行委員長交代制によって多くの人物がリーダーの立場を経験し，実行委員会や雪まつり全体をリードすることは，さまざまなリーダーを生むことにつながる．少子高齢化による課題を抱える地域に，多様なリーダーが何名もいる状況は，課題解決に向けたさまざまな発想や実行が創出される可能性を高めるだろう．さらに，実行委員長というリーダー経験を積んだことは，リーダーという立場でなくとも，その後の活動に大いに活かすことができる．実行委員長経験者の多くが，「委員長を経験したからこそ，委員長を降りた後でも何をすべきか，どう委員長や雪まつりを支えればよいかわかって行動できる」といったことをインタビューで述べていた．実行委員長の苦労や運営の実態を経験からよく理解しているため，その後の実行委員長や事務局の強力なサポーターになりうる．実行委員長を立てながら，実行委員長経験で培った視点を活かし，雪まつりをより良いものとするための影響力を発揮し続けるのである．実行委員長経験で培われた活動姿勢やスキルは，かだる雪まつりに限らず他の地域活動に活かすことも可能であろう．

4. シェアド・リーダーシップの効果と課題

　かだる雪まつりの発展プロセスを整理し，実行委員長交代制とリーダーシップの関係，なかでもシェアド・リーダーシップが出現した様子を見てきた．かだる雪まつりにおけるシェアド・リーダーシップの効果についてまとめたい．

　1点目は，さまざまな発想・行動の発生とその連鎖である．温泉マークの話題など，前節で例示したような事柄が実行委員それぞれから生まれ，それに触発されて，また新たな発想・行動が連鎖していく．「もっとこうしたら，来た人からミニかまくらが綺麗に見えるんでないか」「（滑り台で）最後ちょっとジャンプするようにしたら，わらしたちが喜ぶのでないか」（東北地方では子供のことを「わらし」という）などの各実行委員の発言を作業中によく耳にすることがあった．このような発言・工夫をきっかけに，他の実行委員もさまざまなアイディアを出し，行動する．実行委員長と事務局は雪まつりの大枠を提示するが，会場づくりや，餅つき・菓子まきといった出し物の段取りなど，各現場ではさまざまな実行委員がリーダーシップを発揮し，雪まつりをより魅力的にするための発想・行動が出現しているのである．

　2つ目は，　体感の高まりである．I氏がかだる雪まつりで活動する中で他の実行委員たちと「どんどん仲間になれたというのが一番大きいかなと思います」と述べるように，ともに何かを成し遂げることはメンバー間の絆を深める．特に，会場づくりから開催後の片付けまでのおよそ1週間は，朝から晩まで時間をともにし，実行委員同士は「同じ釜の飯を食う」間柄になっていく．その間柄から生み出される住民手作りの雪まつりは，家族が催してくれたかのような温もりを感じさせる．だからこそ外形的にはほぼ毎年同内容である雪まつりに「かだる」地域内外の人々があり，また幾度となく足を運ぶ県内外からの来場者がいるのではないだろうか．話を本筋に戻すと，誰かの指示に従ってそれをこなすのではなく，各実行委員がそれぞれの影響力

を発揮し（シェアド・リーダーシップの状態），それらを融合させて実施されるのが転換期以降のかだる雪まつりである．その結果，実行委員や地域内外の「かだる」スタッフの間で一体感が高まり，家族のような温もりのイベントになっていると考えられる．

3つ目は，ひとづくりへの寄与である．前節の最後に述べたとおり，実行委員長交代制は地域人材の育成機能を持つ．また，実行委員長経験者のみならず各実行委員においても，雪まつりに「かだる」ことによってさまざまな経験を積むことや，新たなつながりから刺激を受けることも十分考えられる．このような地域人材の成長への寄与は，雪まつりに限らず，秋ノ宮地域のまちづくりが活発になることにもつながりうる．かだる雪まつりは，まちづくりのためのひとづくりの場であるとも捉えられる．

以上のような効果が挙げられる一方で，かだる雪まつりにおけるシェアド・リーダーシップには課題も存在する．それは，効果の2点目で述べた一体感の高まりと関係する．第2節のフェーズ4で述べたとおり，コロナ禍において実行委員は減少した．それゆえ実行委員会のメンバーは少数で固定化され，一体感は一層高まってきており，このメンバー間でのシェアド・リーダーシップは年々強化されている．一方で，そのようなつながりが強くなればなるほど，新しい人材が実行委員会に入りづらい状況が生じている．D氏は「1日でもいいから来いよと声はかけているのですが，形ができているから，なかなか入りづらい人もいる」と述べている．I氏は「課題はやはり後継者がいないこと．……みんな参加してよと言いつつ，やはり少し閉鎖的になっているかなというところもある」と述べている．かだる雪まつりや秋ノ宮地域の次代を担うような新たな人材は，入ってきていないのが実情である．E氏が「それではこれから先は続かないと思うので，新しい人に何とか参加していただきたいなというのはあります」と述べているとおり，かだる雪まつりの大きな課題となっている．

また，第25回から大学生・高校生・地熱発電所関係者が再び「かだる」ようになったが，彼らは「手持ち無沙汰」の状態となって呆然としている様

子がコロナ禍以前よりも多く確認された．フェーズ4のかだる雪まつりは，実行委員のまさに「阿吽の呼吸」によって実施されているが，彼ら以外の「かだる」スタッフは何をすべきか，あるいは，今は待機して体を休めるべきか，戸惑っていたのである．近年は少雪の影響によってできることが少ないという事情もあるが，コアメンバーのつながりが強いがために弊害が生じている可能性も懸念される．

おわりに

　本研究は，かだる雪まつりの発展プロセスを整理し，かだる雪まつりにおけるシェアド・リーダーシップについて分析・考察をおこなった．特に，前節で述べた課題を要約すると，メンバーのつながりが強くなるにつれシェアド・リーダーシップが固定化し，新たな人材や発想が流入しづらく，かだる雪まつりの持続的発展に懸念が生じているということだった．あらためて詳細を説明するまでもなく，中心的に活動してきた実行委員のつながりと彼ら個々人の想いや力によって，かだる雪まつりは長年にわたり継続されてきた．その点は非常に重要である一方，抱えている課題にいかに対応していくか，実行委員会は岐路に立たされている．かだる雪まつりの持続的発展を模索する材料として，以下に課題解決の方向性を検討し，提言としたい．

　最初に筆者の提言を簡潔に述べれば，これまで培ってきた強いつながりと，「かだる」スタッフのような弱いつながりをゆるやかに結合していくということである．前節にて，つながりが強いがゆえの弊害の可能性を述べたが，では強いつながりは不要かといえば決してそうではない．強いつながりがあるために，実行委員は仕事や家庭生活で多忙な状況でもかだる雪まつりと関わりを持ち，また雪まつりの歴史で紹介したような困難も乗り越え，継続して来ることができたと考えられる．すなわち，「強いつながりがあるため，かだる雪まつりは今もある」といっても過言ではない．そこで，この強いつながりを基礎としながら課題解決を模索していくことが必要であり，その方

策として弱いつながりの活用を提言したい．飯盛は地域づくりにおいて，「信頼のおける人たちとの強いつながりをベースに，新しい知や情報をもたらす人たちとの弱いつながりが効果的に結合しているような構造が大切」[35]と述べている．これを参考にすれば，転換期から成長・成熟期，縮小期を経て形成された強いつながりを活かしながら，そこに新しい視点や発想をもたらす人々を取り込む弱いつながりを結合していくことが，今後のかだる雪まつりの持続的発展に必要と考えられる．では，どのように弱いつながりを結合していくか．その要素として，可視化とビジョン共有の2点を挙げる．

　可視化とは，強いつながりの様子が外部からも見えるようにすることである．前項でも述べたとおり，ネットワークの一体感が高まり，つながりが強くなってくると，そのネットワークの外部からは閉鎖的に見えてしまうことがありうる．これを解消するため，かだる雪まつりの開催企画から，会場づくりや開催中の細かな打ち合わせ，終了後の片付けや振り返りにおけるコミュニケーションの様子を，強いつながりの外部からもよく見えるように工夫する．例えば企画段階では，実行委員会の「お知らせ」資料を作成して住民へ配布し，そこで企画検討・準備の様子や参加呼びかけをすることや，会議を公開式・対話式にして広く参加者を受け入れるようにすることなどである．前者は特に手間がかかるため，ソーシャルネットワーキングサービス（SNS）を用いて効率的におこなうことも考えられよう．次世代を呼び込む上では，むしろSNSを積極的に活用した方が効果的かもしれない．これにより開放的な雰囲気を醸し出し，ネットワーク内部の様子がわからず参画に二の足を踏んでいたかもしれない秋ノ宮地域の住民を，新たにかだる雪まつりに呼び込むことができるのではないだろうか．ただ，これらの人物が実行委員の強いつながりの中に突然入ることは心理的障壁が高いと考えられるため，まずは大学生等の「かだる」スタッフのような立場からの体験，それをとおしての実行委員等との交流といった形からでも良いだろう．L氏は「ここに来るといろいろな人との出会いがあります」と述べ，J氏は「人との付き合いを大切にして，自分はそうやって広げていけたら一番いいかなと思い

ます」と述べている．このようにつながりを形成しながら，強いつながりへの参画をゆるやかに促してはどうだろうか．

その一方で，D氏が「好き勝手にやられても困る．周りを見ながら動ける人でないと，やはり誰でもいいというわけではないので」と述べるように，新たに参画するメンバーがどのように行動するか，既存の実行委員には不安な面もあろう．そこで，もう1つの要素であるビジョン共有が重要な意味を持つ．ビジョン共有とは，実行委員会で検討・合意されたかだる雪まつりの目的や目標を，実行委員や地域内外の「かだる」スタッフ，新たに参画しようとする人々と共有することである．強いつながりや弱いつながり，各個人で雪まつりへの参加動機や想いに多少の相違はあっても，ビジョンを共有することにより，ある程度同じ方向を向いて活動することが可能である．仮に，一部で身勝手な行動があったとしても，当該人物と実行委員がともにビジョンを確認することによって感情的対立は生じず，理性的に行動変容を促すこともできよう．次世代かつ多様な人材の取り込みのため，過度なルール設定は避けるべきだが，メンバーの力を結集するため，また理解不足によるトラブルを回避するため，かだる雪まつりのビジョンを入念に共有することは非常に重要であると考えられる．

なお，かだる雪まつりのビジョンについては，これを機に見直しを図ることも必要である．これまで述べてきたとおり，かだる雪まつりを取り巻く状況は大きく変わった．それを踏まえて，今後のかだる雪まつりは何を目指すのか．例えば，第2節第2項フェーズ2で述べた「ふるさとづくり活動と誘客促進活動の共存」を今後も目指すのか．これを目指すとしたら，それぞれの活動は具体的にどのようなことを実施するのか．その結果，何が達成されるのか．このようなビジョン検討の議論を，既存の実行委員をはじめ，「かだる」スタッフや新たに参画を検討する人材とともに始めてみることも，今後に向けた貴重な第一歩になる．

以上のとおり，強いつながりと弱いつながりをゆるやかに結合していくことが，今後のかだる雪まつりの持続的発展に寄与すると考えられる．最後に，

かだる雪まつりの持つ発展可能性も述べておきたい．「人や組織のつながりを形成し，新しい活動や価値を生み出す基盤」[36]をプラットフォームという．歴史を見れば，かだる雪まつりは秋の宮温泉郷，ひいては秋ノ宮地域のプラットフォームである．2000年代に秋の宮温泉郷の活性化を牽引したBNはすでに活動を終えており，その名残として存在しているのはかだる雪まつりのみである．長きにわたる多くの人々の努力によって作られたこの貴重なプラットフォームを，どのように活かしていくのか．近年はかだる雪まつりを開催することで精一杯な状況であるが，その歴史や成長した人材の蓄積を踏まえれば，さらなる発展の可能性も大いにある．やや壮大ではあるが，かだる雪まつりは秋の宮温泉郷や秋ノ宮地域のプラットフォームとして，そこから生まれる発想・活動・人材が雪まつりの枠を超えて地域の持続的発展に寄与することを期待したい．

謝辞

　調査にご協力いただいた皆様，かだる雪まつりで活動をご一緒した皆様に，この場を借りて厚く御礼申し上げます．これら多くの皆様のお力添えをいただきましたが，本稿内容に関わる責任はすべて筆者にあります．なお，本研究はJSPS科研費JP20K12434の助成を受けたものです．

注

1) 庄子真岐「地域づくり型観光まちづくりの展開可能性に関する一考察：宮城県大崎市松山地区を事例として」長崎大学環境科学部環境教育研究マネジメントセンター『地域環境研究：環境教育研究マネジメントセンター年報』vol. 1，2009年3月，47頁．
2) 安田亘弘「フードツーリズムと観光まちづくりの地域マーケティングによる考察」法政大学地域研究センター『地域イノベーション』Vol. 4，2012年4月，26頁．
3) 井手拓郎『観光まちづくりリーダー論―地域を変革に導く人材の育成に向けて』法政大学出版局，2020年，4頁．
4) 庄子前掲書，48頁．
5) 安田前掲書，26頁．
6) 四本幸夫「観光まちづくり研究に対する権力概念を中心とした社会学的批判」観光学術学会『観光学評論』2巻1号，2014年3月，69頁．

7) 森重昌之「定義から見た観光まちづくり研究の現状と課題」阪南大学学会『阪南論集. 人文・自然科学編』50 巻 2 号, 2015 年 3 月, 24 頁.

8) Yukl, G. : *Leadership in Organizations, Eighth Edition.*（Pearson. 2013）p. 23.

9) 石川淳「研究開発チームにおけるシェアド・リーダーシップ：チーム・リーダーのリーダーシップ, シェアド・リーダーシップ, チーム業績の関係」特定非営利活動法人組織学会『組織科学』46 巻 4 号, 2013 年 6 月, 68 頁.

10) 同上書, 67-82 頁.

11) 本多ハワード素子・秋田沙也加「大学生よさこいチームにおけるシェアド・リーダーシップの効果」昭和女子大学近代文化研究所『学苑』952 号, 2020 年 2 月, 11-20 頁.

12) Yukl 前掲書.

13) 秋ノ宮地域づくり協議会『湯沢市秋ノ宮の「今とむかし」』秋ノ宮地域づくり協議会, 2013 年, 5 頁.

14) 同上.

15) 秋ノ宮小学校（2006-2007）：『秋田県湯沢市立秋ノ宮小学校 WEB サイト』（http://www.yutopia.or.jp/~akisyo/, 最終閲覧 2024 年 5 月 17 日）

16) 湯沢市（2015）：「湯沢市人口ビジョン」『湯沢市 WEB サイト』（https://www.city-yuzawa.jp/uploaded/attachment/19668.pdf, 最終閲覧 2024 年 5 月 11 日）

17) 同上.

18) 総務省統計局（2022a）：「令和 2 年国勢調査小地域集計 05：秋田県」『政府統計の総合窓口（e-Stat）』（https://www.e-stat.go.jp/stat-search/files?page=1&layout=datalist&toukei=00200521&tstat=000001136464&cycle=0&tclass1=000001136472&tclass2=000001159878&cycle_facet=tclass1%3Acycle&tclass3val=0, 最終閲覧 2024 年 5 月 11 日）

19) 総務省統計局（2022b）：「令和 2 年国勢調査都道府県・市区町村別の主な結果」『政府統計の総合窓口（e-Stat）』（https://www.e-stat.go.jp/stat-search/files?page=1&layout=datalist&toukei=00200521&tstat=000001049104&cycle=0&tclass1=000001049105&tclass2val=0, 最終閲覧 2024 年 5 月 11 日）

20) 前掲, 総務省統計局（2022a）.

21) 前掲, 総務省統計局（2022b）.

22) 湯沢市（2024）：「住民基本台帳人口集計表」『湯沢市 WEB サイト』（https://www.city-yuzawa.jp/uploaded/attachment/26557.pdf, 最終閲覧 2024 年 5 月 11 日）

23) 秋田県健康福祉部長寿社会課（2023）：「令和 5 年度老人月間関係資料」（2023 年 9 月 1 日発表）『秋田県 WEB サイト』（https://www.pref.akita.lg.jp/pages/archive/8722, 最終閲覧 2024 年 5 月 11 日）

24) 前掲, 秋ノ宮地域づくり協議会.

25)　前掲，総務省統計局（2022a）.

26)　環境省『秋の宮温泉郷国民保養温泉地計画書』環境省自然環境局自然環境整備課温泉地保護利用推進室，2021年6月，1-2頁.

27)　秋田県観光統計は，2007年より毎年公表されている（https://www.pref.akita.lg.jp/pages/archive/9790, 最終閲覧2024年5月12日）.

28)　独立行政法人エネルギー・金属鉱物資源機構（公開年不明）:「山葵沢地熱発電所」『独立行政法人エネルギー・金属鉱物資源機構WEBサイト』（https://geo-thermal.jogmec.go.jp/information/plant_japan/016.html, 最終閲覧2024年5月17日）

29)　現在の公益財団法人日本交通公社.

30)　吉澤清良「観光による地域振興と旅行商品化－秋田県雄勝町・秋の宮温泉郷の事例から」財団法人運輸調査局『運輸と経済』第64巻第11号，2004年11月，50頁.

31)　M氏提供資料（第13回かだる雪まつり資料）に基づき筆者作成.

32)　同上.

33)　現在の湯沢翔北高等学校雄勝校.

34)　かだる雪まつりの歴史において非常に大きな出来事であったと考えられるが，研究倫理を考慮して，これ以上の詳細は伏せる.

35)　飯盛義徳『地域づくりのプラットフォーム－つながりをつくり，創発をうむ仕組みづくり』学芸出版社，2015年，33頁.

36)　同上書，36頁.

第**12**章

地方都市の文化的領域における地域リーダー

友 岡 邦 之

はじめに

　本章では，地方都市で文化活動に従事する人々が，どのような意味で，ま
たどのような条件で「地域リーダー」としての役割を果たしうるのかについ
て，実例を通じて考えてみることにしたい．ここでは特に，SNS が急速に
普及した 2010 年代に群馬県で台頭した，文化に関わる 2 つの「プラットフ
ォーム的活動」に注目し，そこに見出せる地域リーダーの傾向について考察
する．またそれに続き，文化や趣味に関わる自発的組織に顕著な傾向として
の，事業継続や次世代育成の難しさという問題を取り上げ，群馬県の 2 つの
事例が，その困難に対して「経済」という観点からある種の応答を行ったこ
とを論じる．

1.　仮説的前提の検討

（1）　社会的価値に関与しうる者としての，文化的領域の地域リーダー

　本稿では地方都市の文化的領域における地域リーダーのあり方について，
2000 年代以降の群馬県での事例を参照しながら考察することを目的としてい
る．そこでまず前提として検討しておきたいのは，全国のほとんどの自治
体に存在している「文化協会」，すなわち文化団体連合組織の位置づけにつ
いてである．

文化協会は，各自治体内で活動している文化団体を統括する組織であり，助成金交付や施設利用減免措置といった自治体の文化支援事業の窓口となっている．その意味では，文化協会もしくはその代表者という存在は，地域社会の文化活動を牽引するリーダー的役割を果たしていると考えることもできなくはない．しかし，全国の多くの文化協会所属団体は高齢化が進んでおり，その活動が内閉化しているのが実情ではないだろうか[1]．また文化協会所属団体の活動の大半は，まさに「文化的」価値を維持したり高めたりすることには貢献しているかもしれないが，その外部，すなわちさまざまな人々の交流の促進や，地域イメージの向上といった，「社会的価値」と呼びうるものへの貢献という点では，大きなインパクトを有しているとは考えにくいだろう．

　本稿では，この社会的価値にまで大きく関与しうる力をもったタイプの「地域リーダー」を，文化的領域から見出すことにしたい．すなわち本稿が注目する「文化的領域における地域リーダー」とは，その活動が，内閉的ではない形で社会的価値の創出につながっているとみなせるような文化的活動に，従事する存在である．またここでの「社会的価値の創出」という表現が意味しているのは，地域社会における（内輪でのやりとりにとどまらない）コミュニケーションの促進や，地域ブランディングに寄与する事態といったことである．

　なお，こうした社会的価値の創出については，当事者がそれを企図して活動しているか否かは問わない．というのも，とりわけ文化的活動に関しては，その活動それ自体を楽しむことに関与者が傾注しているかどうかが最も重要であり，そうした傾注の結果として，期せずして社会的価値の創出という事態がもたらされることも珍しくないからである．

（2）　地方の事例にみる領域横断的ネットワーク

　また，本稿ではこの文化的領域における地域リーダーの問題を考察する際に，群馬県という地方の事例を扱うことで，大都市部ではない地方だからこ

そ顕著に見出せる，ある傾向も指摘しておくことにしたい．それは，人的ネットワークにおける領域横断性という傾向である[2]．これは，あるネットワークに参与しているメンバーの属性が，文化的ジャンルや世代，居住地等の点で多様である事態を指している．特に文化的ジャンルという側面でのネットワークにおける領域横断性は，地方における事例の検討の際には重要なポイントである．すなわち，地方においては各文化的ジャンルの人材が量的に少ないため，シーンをリードするような先鋭的な文化的ジャンルであるほど，単一のジャンルだけで人的に厚みのあるコミュニケーションのレイヤーを創り出すことが難しい．結果として地方では，たとえば現代アートとクラブ音楽，あるいは演劇といった各界隈の人々が，ジャンルを超えて交流する傾向が強まるのである．そしてそうであるがゆえに，さまざまな文化的活動が蛸壺化せずに，その外部に可視化される機会が生まれやすい．こうした傾向が，地方におけるある種の文化的活動において，社会的価値の創出を帰結する可能性を高めていると考えられる．

　もう1点補足しておきたいが，本稿がとりあげる「地域リーダー」は，団体の長としての肩書を有していたり，何らかの団体を主宰していたりするとは限らない．それは，それぞれが専門（得意）とするジャンルで，自分がやりたいことを，自分がやれる範囲でやっているだけのことが，結果として求心力を持つことがありうるからである．すなわち，そうした人々の活動を賞賛したり，賛同したりする人々が周囲に集まり，そしてまたそうした非自覚的な「リーダー」同士がつながることで，ネットワークとシーンが形成されていくことは，文化的領域では珍しくない．本稿では，こうした仮説的前提の下で，2000年代以降の群馬県で確認された事例を通じ，地方における文化的領域の地域リーダーの特性について考察することにしたい．

2. プラットフォーム的活動の栄枯盛衰

(1) プラットフォーム的活動台頭の背景

さて，前節での前提的議論を踏まえてここで紹介・検討しておきたいのは，2000年代終盤から群馬県内において確認され，2010年代前半に明確な形を成した，ある動向である．それはプラットフォーム的活動，すなわち，人と人とをつなぐための基盤を作る活動の台頭というべき事態なのだが，こうした活動の台頭には，明確な背景的要因が存在する．

その第1は，SNSの普及である．特に2008年から日本でのサービスを開始した「Twitter（現X）」は，少なくともその初期段階においては，同じ興味や関心を抱く未知の他人同士を出会わせるためのツールとして効果的に機能した．またTwitter同様に2008年から日本でのサービスを開始した「facebook」も，ネット上でコミュニティ活動を可視化させるための拠点として，盛んに利用されるようになっていった．

また第2に，「コミュニティデザイン」「ソーシャルデザイン」といった概念の普及が挙げられる．山崎亮をはじめとするこの時期の建築系のデザイナーは，公共空間の再構築や地域おこしといった実践的な取り組みにおいて，人の行動や関係性をデザインするという観点を導入した[3]．すなわち，地域社会にとって望ましいと考えられるような行動や選択を人々が自発的に行ってしまうような仕組みを作ることで，社会の中に好循環を生み出すことがねらわれたのである．この考え方は，ローレンス・レッシグの「アーキテクチャ」[4]，あるいは「環境管理型権力」と呼ばれる概念と共鳴するものだったともいえるかもしれない．

(2) 群馬県における活動の事例1：事業企画を通じたつながりの創出

上述の，この時期の群馬県内のプラットフォーム的活動を牽引した人々は，明らかにこれらのコミュニケーションツールと考え方に支えられている．中

でも，それらの要素を効果的に活用した団体が，当時2つ存在していた．ここではそれらを仮に団体A，団体Bとしておく．

　団体Aは，活動の主要拠点を群馬県高崎市に置きつつ，群馬県全体を活動エリアとしていた．同団体の活動内容は，趣味に関わる多様なテーマについて，講師を招いた授業形式のイベントを月に一度を目安に開催するというもので，それによって関心や価値観を共有できる人々同士のコミュニティ形成の促進を企図するものだった．毎回のイベントのテーマは，映画，レコード，現代アート，マンガ，食文化，活版印刷，注染など多岐にわたっていたのだが，これらの企画立案は，参加者を限定しない開かれた形式で開催される会議で検討・決定されていた．すなわち同団体の事業は，企画自体が，それを通じて講師役をはじめとする同じ関心を共有できる人と出会いたいと望んでいる者を中心として検討が進められるのであり，中核メンバーの役割は，そうした希望を持つ者の意欲を後押しすることとされていた．

　団体Aの活動が継続的に注目されることに成功していた要因としては，中核スタッフにプロのデザイナーが複数存在していたことが挙げられる．彼らは，団体Aの事業を魅力的に提示するための手法や人を誘導するための仕掛けなどについて豊富なノウハウを有しており，先述のコミュニティデザインという観点で団体Aが有効に機能することに重要な役割を果たした．

　また団体Aの創設者，すなわちリーダーといってよい立場のH氏は，「恩送り」という表現を用いて，同団体のネットワーク形成機能の特徴を説明していた．すなわち，同団体の事業は参加料無料で開催され，参加者は対価を支払う必要がない．これは，参加者には受けた恩を受けた相手（団体A）に返すのではなく，その分を他の誰かに与えてほしいというH氏の希望に基づいていた．そうすることで，地域社会内部で人の善意が循環していくことが期待されていたのである．

　また，団体Aを立ち上げるにあたって中核メンバーを集める際，H氏がTwitterでの投稿を手掛かりにメンバーを探していた点も指摘しておきたい．つまりH氏は，旧来から地域社会を支えてきた人的ネットワークを資源と

して利用することを避け，そうした保守地盤的なものから自由な人とのつながりを求めていたことがうかがえる．こうした点に，H氏の地域リーダーとしての特質が認められるのではないだろうか．

（3）　群馬県における活動の事例2：ゲリラ的ムーブメントの展開

もう1つの団体であるBは，正確には団体というよりもムーブメントと表現した方がよいのかもしれない．これは，Aが形式的にはNPOとしての法人格を取得していたのに対し，Bの場合は法人格を有しておらず，また活動の趣旨からして，メンバーシップも明確でないことに意義があるような，任意団体としての形式すら持たないものだったからである．

すなわちBは，活動の拠点を群馬県前橋市に定め，前橋の中心市街地を，いわば"使いこなす"ことをめざす運動であった．その際に活用されたのが，やはりSNSである．彼らは，街なかで自身が何かをしたいと考えた際（たとえばパフェを食べたい，ゲームをしたい等），その活動を誰かと共に行いたい，あるいは同じ価値観を共有したい場合に，Twitter上で特定のルールに基づいたハッシュタグをつけて，投稿を行うことを提案した．そうすることで，特定の趣味や関心を基に，既知の関係であるか否かを問わずに人々のネットワーキングやコミュニケーションが促進されることを企図したのである．これは，人々の何気ない日常をイベント化することにつながったといってよい．つまりこれは，趣味で人がつながることにより，日常を祝祭化させようとする運動だったのである．

さらに彼らは，前橋市内のアーケード街にある物件を借り，自分たちの拠点を確保した．これにより人々が物理的に"たむろ"できる場所が生まれ，団体Bをめぐるシーンはさらに活発なものとなっていった．このBの活動は当時大きな話題を呼び，全国ネットのテレビのニュース番組で取り上げられたり，グッドデザイン賞を獲得したりするまでに至った．また全国規模で，彼らの活動に賛同し，これに追随する動きも現れた．Bの活動がここまでの成功を収めたのは，この運動を立ち上げた3名の人物の努力によるところが

大きい．とりわけそのうちの1人であるF氏の努力とセンス，そしてカリスマ的な魅力が，シーンを牽引していったと考えられる．このF氏はデザイナーおよびプランナーとして東京都内で活動していた実績を有していて，人を惹きつけるデザインとコピー，そしてイベントを仕掛ける技術に長けた人物であった．

（4）　両事例に見出せる共通点

こうして，2010年代の群馬県で文化や趣味といった観点から人々の関係性を再構築していった2つの団体を振り返ってみるなら，いくつかの共通点を確認することができる．その第1は，これらの活動の立ち上がりと展開において，SNSが重要な役割を果たしたということである．SNSの普及期であった当時は，新しいコミュニケーションメディアによる新しい出会いへの期待というべきものが確実にあり，両団体はそうしたニーズにこたえるものだったといえる．

また第2に，1点目の背景的要因ではあるが，地方都市の衰退によるコミュニケーション機会の枯渇という状況への対処が挙げられる．当時，高崎市や前橋市をはじめとする群馬県内の中心市街地はすでに深刻な衰退状況に陥って久しく，またそうした状況に一石を投じるような有効な対処もなされていなかった．両団体のリーダーや主要メンバーの多くは，明らかにそれらの地域の保守地盤から自由な立場にあったし，30代以下の市民に見捨てられていたといってもよいようなそうした地域において，もう一度新鮮なコミュニケーションの機会を創り出そうとしていた．

第3には，両団体ともデザインの持つ力をきわめて強く意識していた点を指摘できる．すでに述べたとおり，両団体においてはデザイナーが重要な役割を果たしていた．つまり両団体は，パッケージングの仕方次第で同一のコンテンツがより魅力的に受け止められるようになることを熟知していたのであって，デザインの力が人の認識や行動を変容させうると考えていたのである．

そしてこのことと連動して第4点目に，両団体の事業がいずれも低予算で行われていたことも指摘しておきたい．両団体は拠点整備にこそある程度の経費を要したものの，その整備も可能な限り業者に頼らず，自分たちの手で行っていた．そして団体Aの場合は，各事業の経費は主に講師謝金のみであったし，団体Bの活動は，そもそも原則としては予算を必要としないものであった．つまり両団体は，経費をかけずとも，クリエイティブなアイディア次第で状況を変えられることを示してみせたのである．

第5点目は，第4点目でも言及しておいたことだが，両団体ともSNSを効果的に活用する一方で，物理的な拠点を確保していた点である．この"居場所"の存在は，主要メンバーやこれらの活動に関心を示す人々の交流を促進し，所謂サードプレイスとしての役割を果たしていたと考えられる．「地域リーダー」という本稿の主題からはいささか外れる論点ではあるが，ネットを介したコミュニケーションが発達した現代においても，物理的な空間としての居場所の問題は，地域社会の運営にとってはきわめて重要な課題ではないかと思われる．

最後に第6点目として，群馬県平野部と東京都心との関係を指摘しておきたい．高崎駅から東京駅までは新幹線で約1時間，在来線なら約2時間の距離であり，群馬県平野部は，生活圏としての所謂東京圏の外部にあるとはいえ，同時に東京都心部に比較的容易にアクセスしやすい地理的条件にある．そのため，ここで紹介してきた両団体のリーダーや主要メンバーは東京都心部に出向く機会も多く，地方在住者でありながら，都心のカルチャーシーンをタイムラグなくフォローしていた．こうした条件が，地方において文化的に刺激的といえる活動を生み出したのだとも推測できよう．

(5) プラットフォーム的活動の衰退局面

このように，2010年代前半に重要な役割を果たした団体Aと団体Bであったが，2010年代後半になると，それらの活動は次第に不活発になっていった．その要因としてはさまざまなことが指摘できるが，両団体の共通点と

しては，やはり新しいメンバーの継続的な参入が進まなかったこと，そして
リーダーの継承もうまくいかなかったことが挙げられるだろう．

これは，両団体も含まれるところの「趣味縁」によって成立している団体
に共通の弱点なのではないだろうか．共通の趣味や関心に基づいた人と人と
の結びつきは，飽きられやすくもある．また，団体の立ち上げに関わったリ
ーダーやメンバーの熱意も，新規参入メンバーには共有されにくい．さらに
は，共通の趣味や価値観でつながった人のつながりは，時が経つにつれて暗
黙の了解とでもいうべき事柄も増えて，固定化・内閉化しやすいはずである．
両団体はプラットフォーム型の開かれた組織形態であったが，それでも，こ
うした弱点を克服して継続していくことは難しかったのだといえるかもしれ
ない．

3. 経済への注目

(1) 地域に根差した経済の循環

このように，2010 年代前半に活発化したプラットフォーム型の 2 つの団
体は，2010 年代後半になると，その動きが鈍っていった．そして団体 A は
2020 年にその活動の終結を明確に宣言する．団体 B は活動終結を宣言した
わけではないが，2016 年以降は大きな動きがみられなくなった．しかし両
団体は，別の形で新しいシーンを育んでいたといえる．

たとえば団体 A の創設時のリーダーだった H 氏は，同じ団体 A に関わっ
ていたメンバーらとともに 2013 年からあるユニークな不動産事業 M[5]を始
めていたが，団体 A の活動と入れ替わるように，その活動を活発化させて
いった．その事業は，不動産市場に出ていない休眠物件を，それを活用する
ためのアイディアとノウハウを有している事業者とマッチングさせ，そのア
イディア実現のために物件のリノベーションまで手掛けるというものである．
その取り組みを踏まえ，M は現在，そうした休眠物件をリノベーションし
て開設したレンタルスペース事業や，会員限定でリビングルームを共同利用

できるというシェアリビング事業などを手掛けるに至っている.

　同様に団体 A のメンバーだった O 氏は，2016 年から個人経営の書店 R を開業した．これは，O 氏の個性を強く打ち出した選書を売りにした書店だが，書籍を販売するだけでなく，zine[6]の即売会を開催したり，2 階のスペースでイベントを行ったり，ドリンクを提供したりすることで，文化的なことに関心のある人々が集まる拠点として機能するようになっている.

　両事業は，高崎駅西口から北に徒歩 15〜20 分ほどのエリアを中心に展開しているのだが，こうした取り組みと，彼らと事業上の価値観を共有するような事業者が M の提案する物件に入っていったこともあり，同エリアは，文化的な魅力を放つ個性的な店が集まる場所として成長していった．この間，高崎駅周辺には大規模集客施設やショッピングビル，マンションなどが集積していったのだが，ここで紹介したエリアの展開は，そうした高崎駅周辺の展開と対照的だったといえる．すなわち，同エリアは高崎駅から相対的に離れているがゆえに地価が安く，創造的なアイディアはあるが高額の投資は困難な事業者にとって手を伸ばせる条件にあったのであり，そこに M のような媒介役が現れたことが，大規模な都市開発とは異なる方向性の街づくりの姿を生み出したのだった.

（2）　大規模な資本投下とオルタナティブ・シーンの形成

　一方の前橋市の事例についても，新しいシーンというべき状況が出現した．前橋市では民間主導による，あるいは民間と行政が連携することによるまちづくりが進んでいった．そのシーンを牽引したのは，前橋市に本社を置く企業を経営する T 氏である．T 氏が進めたまちづくりの方向性は，現代アートをはじめとする文化的資源を街に埋め込むことによる，街のジェントリフィケーションだとまとめることができよう．たとえば，前橋の中心市街地にとってシンボルといってよい川のそばに著名な作家の彫刻作品を設置したり，廃業した老舗ホテルを買い取って著名な建築家にリノベーションを任せ，室内やロビーを数々の現代アート作品が彩るホテルを開業させたり，複数のギ

ャラリーと高級飲食店，および居住スペースが共存する施設を建設するといったことが，T氏のリーダーシップによって進められていった．他にも質を重視した飲食店の誘致や，市街地の路上の滞留性を高めるための環境改善なども進められていったのだが，これらのまちづくり事業には，先述の2つのプラットフォーム的活動に参加，あるいは積極的な関心を示していた人々の一部も参加していった．これらの取り組みは，文化政策研究の文脈ではしばしば注目されてきた「創造都市」と呼ばれる都市戦略と同等のものとみなしてよいものだろう．

　以上のような展開は前橋市にとって非常に重要なものであったが，本稿が指摘しておきたいのは，上述のような展開と併走するように，オルタナティブなシーンの展開がうかがえたことである．すなわち，時にはT氏を中心とした動きに呼応したり，そうした動きから支援を得たりしつつも，一部のアーティストや文化団体，飲食店業者は，独自の活動を前橋市の市街地で展開しているのである．それらの活動には，現代アート関連のパフォーマンスや，ギャラリーやアーティスト・イン・レジデンス施設の運営，現代詩関連のリーディング事業，演劇の公演などといった芸術活動，および個性的な飲食店の経営などが含まれる．そしてこうしたオルタナティブなシーンにおいても，先述の2つのプラットフォーム的活動に参加，あるいは積極的な関心を示していた人々の一部が関与している．中でも団体BをF氏とともに牽引していた1人であるO氏は，2017年からは市議会議員として活動しつつ，こうしたオルタナティブなシーンを支えている．現在，O氏は前橋市における文化的地域リーダーの1人だといってよいだろう．

　高崎市と比較した場合の前橋市の特徴は，第1に，同一の市街地エリア内で，大規模な投資による開発と，より小規模で多様な事業の展開が併存している点である．そして第2に，文化的資源の中でも芸術活動に特化した事業が盛んにおこなわれていることが挙げられる．こうした相違点は，第1点目については高崎駅が群馬県における交通の拠点であるために，駅周辺エリアの開発が前橋市の市街地以上に大規模になりがちであることが指摘できるだ

ろう．そして第 2 点目については，前橋市が詩人の萩原朔太郎の出身地であるということがシンボリックな意味で影響を与えているということも考えられるし，非営利的な芸術活動を実施するのに適切なスペースが複数存在し，小規模での芸術活動が展開しやすいということも指摘できる．

その一方で，本節で紹介してきた高崎市のシーン，および前橋市のシーンについては，共通点も指摘できる．それは，事業の継続性を意識すること，そしてそのために経済的な問題にも取り組むという点である．前節で紹介した 2 つのプラットフォーム的活動は，クリエイティブなアイディアを用いることによって，予算をかけずとも魅力的な事業を展開するという志向性が認められた．それに対し，本節で紹介したような次のステップのシーンにおいては，地域社会にとって意義のある事業に継続性をもたせるには，経済面でどう対処すべきか，という点に意識が向けられる傾向が表れたと考えられるのである．そしてこうした変化の中で主要な役割を演じていたのは，前節で論じたプラットフォーム的活動のリーダーや，その活動の中で育まれた人材だったのであり，この意味で，地域リーダーの育成と継承は，結果的には行われていたのだと判断できる．

4. 残された論点

(1) 企業および企業家の力

本稿では 2010 年代の文化的資源に注目した地域づくりにおけるリーダーシップの問題を論じてきた．しかしここで注目してきた主要なリーダーやメンバー以外の部分にも目を向けてみると，それらについても無視できない論点を指摘することができる．

まず，本稿で紹介した前橋市の T 氏の事例のように，大規模な投資によって地域の文化シーンを塗り替えることで，街を変革していく力も，地域政策学的には重要な注目点であろう．本稿では取り上げなかったが，企業メセナ，あるいは企業家によるパトロネージについての比較的大規模な事例は，

群馬県内においても，T氏の他にもいくつか指摘できる．

　たとえば，高崎市に本社を置く洋菓子製造販売会社Hは，高崎市の文化振興のために同市の文化系財団に対して継続的に寄付を行っている．この寄付の原資は，本社に設けたホールで主に開催している，さまざまな音楽事業からの収入である．また同社は現代アートのためのギャラリーも子会社として開設し，高崎市を拠点に，アートマーケットを通じたアーティスト支援を積極的に行っている．

　また，こうした群馬県における企業メセナ，あるいは企業家によるパトロネージの事例としては，その先駆的かつ顕著な事例として，I氏の存在を挙げないわけにはいかない．同氏は高崎市に本社を置く建設会社の経営者であったが，戦後の高崎市の文化シーンの土台は，氏によって築かれたところが大きい．たとえば，終戦直後に結成され，現在は群馬県の財団法人として活動している群馬交響楽団の運営も，そして同楽団の活動拠点としての群馬音楽センターの建設運動も，I氏の後押しが大きく影響している．こうした事例を踏まえるならば，文化的領域における地域リーダーとして，企業家の存在も軽視はできないだろう．

(2)　アートやサブカルチャーのハードコア・シーンを牽引する人々

　その一方で，文化的領域のそれぞれのカテゴリーにおいて，コンテクストの深い理解と豊富な経験に基づきシーンを牽引している人々の存在もやはり無視できない．本章の冒頭で述べた論点にも関わることだが，さまざまな文化活動の中核的な部分での活動は，必ずしも，社会的価値の創出に直接的に結びついているとは限らない．しかし中には，相対的にハイコンテクストな文化事業を行いながらも，人々のつながりの創出や，地域ブランディングに大きく寄与していると推察できる事例は存在する．

　たとえば，本稿で主題として取り扱った2010年代のプラットフォーム的活動だが，それらの台頭に先立ち，そもそもそれらの動きを牽引した人々に強い影響を与えた，先行者的な存在を指摘することができる．その中でも代

表的な人物といえる O 氏は，現在も前橋市の郊外で独自の文化事業を行っ
ており，強い影響力を有している．O 氏は，その地で絵本を中心とした書
籍や CD を販売する店を経営しつつ，その場をさまざまな文化事業の開催拠
点として運用しているが，それらの事業には県内外から広く注目されるもの
が少なくない．O 氏が群馬県の文化シーンにおいて強い求心力を持ってい
るのは，氏のさまざまな文化ジャンルについての知識量の豊富さと，経験の
多さ，そして「質」の高い事業を継続的に実施できているという実績に由来
する[7]．この O 氏のような存在も，間違いなく文化面での地域リーダーとし
て認知されるべきだろう．

　O 氏はジャンル横断的にさまざまな文化事業を手掛けている方だが，特
定の文化ジャンルに絞った活動にまで視野を広げるならば，シーンをリーダ
ー的に牽引しつつ，自身の活動を地域社会に接続させる試みに取り組んでい
る人物は他にも存在する．たとえば群馬県前橋市では，現代アートや演劇，
あるいは現代詩などの領域で，そうした人々の存在を確認できる．一般的に
文化的領域における地域リーダーとして想起されるのはむしろこうした人々
であろうし，2017 年の文化芸術基本法改正以降，日本でも芸術の社会的価
値への注目が高まっていることを踏まえるならば[8]，今後このような人々の
動向についても注視していく必要があろう．特に地域社会における芸術活動
の価値と意義を高めることに寄与することを企図した，「地域版アーツカウ
ンシル」[9]と称される中間支援組織が全国で設置されつつある現在，この意
味での文化的地域リーダーの役割は，より大きくなっていくと考えられる．

おわりに

　本章では，2010 年代における群馬県の具体的な事例をとりあげ，地方都
市の文化的領域における地域リーダーのあり方について考察した．ここでの
考察を安易に一般化することは避けるべきだが，しかし本章で指摘した，
SNS の影響，領域横断性，デザインと物理的拠点の重要性といった論点は，

他の地域に関しても一考に値するのではないだろうか．同時に，文化や趣味といったことに関する活動に固有の脆弱性，すなわち事業の継続性や，次世代の地域リーダー育成などに関する困難といった問題も，一般化可能性を有する論点ではないかと思われる．その一方で，近年の傾向として指摘した，事業の継続性という課題を踏まえた経済的問題，すなわち投資規模の大小や，事業推進におけるビジョンの持ち方といった問題は，他の地域の事例も調査し，より一層の精査を必要としているように思われる．この点は，今後の課題として本章を閉じることとしたい[10]．

注

1) もちろん例外は存在している．たとえば群馬県前橋市の文化協会は事務局運営を自治体職員に任せず，協会自身で行っている．また同協会所属団体は，自身の活動を外部に開くために「ふれあい体験教室」と称する事業を行い，団体に所属しない，また年齢を問わない幅広い層の市民に対して，文化活動に触れてもらう取り組みを行っている．

2) 友岡邦之「地域振興団体における領域横断性と「中庸のネットワーク」: 群馬県の事例にみる新しい組織論的特性の分析」高崎経済大学地域政策学会『地域政策研究』第17巻第4号，2015年3月，19-31頁．

3) 山崎亮『コミュニティデザイン：人がつながるしくみをつくる』学芸出版社，2011年．

4) ローレンス・レッシグ『CODE：インターネットの合法・違法・プライバシー』翔泳社，2001年．

5) この不動産事業Mの代表取締役はH氏ではないが，団体Aのメンバーであり，H氏と関係の深い人物である．

6) 非営利で制作・発行する自主出版物のこと．手作り感が強く，その流通をめぐって独特の文化シーンが形成されている．

7) 文化における「質の高さ」を正確に定義するのは困難だが，ここでは，文化の各ジャンルのコンテクストに対する，深い理解に基づいた選択ができている状態を指示している．

8) 改正文化芸術基本法を踏まえて策定された文化芸術推進基本計画（第1期）では，文化芸術の「本質的価値」に加えて，その「社会的・経済的価値」の重要性が強調された．

9) アーツカウンシルとは文化芸術活動への助成や支援，調査等を担う専門的な組織であり，日本では2010年代から，一部の都道府県や政令指定都市，および若干の中核市などで設置されるようになっている．その事業のあり方や組織形態につ

いては模索が続いているが，日本では地方自治体が設置した文化系財団の下部組織として位置づけられていることが多い．

10) なお，本稿で紹介している団体 A のメンバーだった O 氏，団体 B の O 氏，前橋市郊外で事業を営む O 氏の 3 者は，それぞれ別の人物である．

第**13**章

アラブ的感性が生み出す地域コミュニティとリーダーシップ
―アメリカ合衆国におけるナショナル・アラブ・オーケストラとアラブ音楽―

安田　慎

はじめに

　本書におけるこれまでの各章で議論されてきた通り，地域政策学のさまざまな領域において，「地域リーダー」と呼ばれる主体や，彼らのリーダーシップに注目が集まるようになっている．一連の議論から導き出せる点として，現代の地域コミュニティにおいて，あらゆる場面で地域リーダーによる主体的な取り組みや，そのなかで醸成されるリーダーシップが，地域コミュニティを変革する原動力となっていることがあげられる．

　改めてリーダーシップ論における議論を振り返るのであれば，従来の研究では「リーダー」という存在を通じて，「フォロワー」としてのさまざまな集団に，新たな共通の価値規範や行動様式を浸透させていくプロセスが描き出されてきた[1]．実際，既存の研究群では，リーダーによってもたらされる集団のイノベーションに焦点が当たり，リーダーの考えや行動によって，いかに集団内部の価値規範や行動様式が変容したのかが議論の対象となってきた．そこでは，リーダーは多様な主体の考えや意図を汲み取ってフォロワーの利害を調整しながら，集団のあるべき方向性をビジョンやミッションといった形の新たな価値規範・行動様式として示す存在となってきた．

　それゆえ，既存の研究ではリーダーのもつ主体性（すなわち，「リーダーシップ」）に焦点を当てることが多かった．逆に，リーダーや彼らのリーダ

214

ーシップを成立させるような，集団の文化や風土といった社会環境については，リーダーシップによって変容する「客体」として捉えられ，研究の主たる対象となることは少なかった[2]．程度の差こそあれ，リーダーシップを必要とする地域コミュニティをはじめとする集団は，言語化されたビジョンやミッションといった指針を提示できない，ある意味では主体性のない存在として描き出されることが多かったのではないだろうか．

　本章で論じるアメリカ合衆国におけるアラブ音楽オーケストラ，ナショナル・アラブ・オーケストラ（National Arab Orchestra）は，上記で論じたリーダーシップ論のなかでは，特異な存在として描き出すことができるかもしれない．歴史的にアラブ音楽が必ずしも根付いてきた訳ではないアメリカ社会において，ナショナル・アラブ・オーケストラはアメリカ合衆国を代表するアラブ音楽の演奏団体となっている点は興味深い[3]．本拠地を構えるデトロイトを中心としたミシガン州をはじめ，ヒューストンやダラス（テキサス州），ワシントン D.C. をはじめとした，アメリカ合衆国各地でコンサートや音楽イベントを主催している．コンサートに多くの観客を集めている状況が，国内外の各種メディアに頻繁に取り上げられている状況に，一般的なアメリカ社会におけるアラブ・イメージからは乖離している様子が見て取れる[4]．アメリカ合衆国各地でナショナル・アラブ・オーケストラの演奏を楽しみにしている観客たちの存在は，当オーケストラやアラブ音楽が，アメリカ社会において確固たる地位を築いていることを示唆している．

　さらに，ナショナル・アラブ・オーケストラの演奏者や観客，あるいは活動に関わる関係者たちに，アラブ系市民と非アラブ系市民の双方が入り混じっていることも，当オーケストラの特徴としてあげられる[5]．その点で，オーケストラが必ずしもアラブ系コミュニティのなかで閉じられた存在ではない点もみえてくる．それゆえ，本書で議論されてきた「地域リーダー」と呼ばれる特定の主体とリーダーシップが，必ずしも一義的に結びつく訳ではない状況が見て取れる．

　ナショナル・アラブ・オーケストラをめぐる一連の事実が指し示すことは，

アラブ音楽をめぐる社会環境が，アメリカ社会のなかで一定の公共性を保持している事実である．しかし，この公共性は明確な地域コミュニティ組織や地域リーダー，あるいはリーダーシップによって形作られてきたものではない．後述するように，アラブ音楽は西洋音楽と比較して，必ずしも明確な定義や概念の体系化がなされてきた訳ではない．むしろ，アラブ音楽やその背後に存在する「アラブ的感性」は，アメリカ社会のなかで時にさまざまな議論や軋轢を生み出す存在として捉えられてきた[6]．それにもかかわらず，アラブ音楽がアメリカ社会のなかで受容され，公共性を涵養している現実に直面するに，強力なリーダーシップやカリスマ的なリーダーが存在を超えた形で，新たな地域コミュニティが創出してきていると言える．ここでは，従来のリーダーシップ論の研究において指摘されてきた，「地域リーダーによって新たな地域コミュニティが構築される」というモデルは措定しにくい．それゆえ，ナショナル・アラブ・オーケストラをめぐる社会環境を分析していく過程で，「アラブ的感性」をめぐる捉えどころのないリーダーシップについて明らかになるであろう．

　以上の内容を踏まえたうえで，本章ではナショナル・アラブ・オーケストラの活動を事例に，音楽体験が生み出す地域コミュニティとリーダーシップについて考えていきたい．その際，ナショナル・アラブ・オーケストラが繰り出す音楽体験の特徴を描き出していくことで，関係者の間で共有されている価値規範・行動様式を明らかにしていく．そのうえで，ナショナル・アラブ・オーケストラが生み出す音楽体験が，なぜアラブ音楽との親和性がないアメリカ合衆国で許容され，公共性を涵養できているのか，その内実を明らかにしていきたい．

　本章では，ナショナル・アラブ・オーケストラに関わる資料（SNS をはじめとするプロモーション媒体の情報）を中心に，ナショナル・アラブ・オーケストラに関わるメディア媒体の情報，アメリカ合衆国におけるアラブ系コミュニティをめぐる資料を分析対象としていく．

1. アラブ音楽とは何か

アラブ音楽とは何か．この疑問に対する答えは，簡単なようにみえて実は多くの困難をともなう作業である．実際，過去のアラブ音楽の研究者たちも，アラブ音楽をめぐって明解な定義や概念，特徴を提示することができず，試行錯誤を繰り返してきた[7]．

アラブ音楽とは「アラブ地域で息づいてきた音楽」と一般的には定義されるものである[8]．アラブ音楽は伝統的には，ウードやカーヌーン，ネイ，打楽器類をはじめとするアラブ音楽独自の楽器を中心とする小編成アンサンブル（takht）によって奏でられてきた[9]．20世紀以降は編成が大規模なものとなるなかで，西洋音楽でも使用されるヴァイオリン（カマンジャ）やチェロ，コントラバスをはじめとする弦楽器類やアコーディオン，エレキギターやシンセサイザーをはじめとする電子楽器も積極的に活用されている[10]．現在では，一連のアラブ音楽と西洋音楽の楽器類を組み合わせた，オーケストラ編成で演奏する機会が多くなっている．

20世紀以降に，エジプトを中心にアラブ諸国で音楽産業が発展するなかで，現代まで歌い継がれるアラブ音楽の古典的スタンダード曲も多く生み出されてきた．そのなかでも，エジプトの大歌手ウンム・クルスーム（1898-1975）や，ムハンマド・アブドゥルワッハーブ（1902-91），レバノンの「歌姫」と称されるフェイルーズ（1935-）といった歌手たちの曲目が生まれ，アラブ諸国において地域や世代を超えて愛されてきた．それゆえ，演者にとっては往年のスタンダード曲をカバーできることこそが，アラブ音楽の素質を兼ね備えているか否かを判断する，重要な指標となっているとも言える[11]．

アラブ社会のなかで親しまれてきたアラブ音楽ではあるが，アラブ音楽とは何であるのか，という点を明確に定義づける作業は，現在に至るまで困難をともなうものである[12]．アラビア語を母語とする人びとが多く住む地域は，イラクからモロッコにかけての広い領域において展開し，地域ごとに多様な

音楽実践や音文化が存在する[13]. あるいは，北アフリカから西アジアにおけるアラビア語圏では，人種や宗教，社会階層によって，異なった音楽実践や音文化が広がっている．それゆえ，内部の差異を超えた形で「アラブ音楽」という領域を設定することは，実際には無理のある話であるとも言える．

しかし，アラブ諸国では 20 世紀に入って，アラブ音楽を定義づけて概念化しようとする動きが，域内外の音楽関係者たちの間で活発になるなかで，ある程度の共通見解が社会のなかで提示されてきた[14]. そこでは，微分音を含む精緻な「旋法 (maqām)」，いくつかの拍子を組み合わせた定型の「リズム (īqā‘a)」，そして「情緒 (ṭarab)」の 3 つの意味領域が，アラブ音楽をめぐる関係者の共通見解となっていく[15].

アラブ音楽を特徴づける「マカーム」とは，微分音を含む多様な音を使い分けながら演奏する，定型化された旋律である[16]. また，「イーカーア」と呼ばれるリズムについても，西洋音楽のように同じ間隔で奏でられるリズムとは異なり，複雑に絡み合う拍子を組み合わせながら，定型を作り上げたリズムである[17]. 定型化された一連の旋律やリズムを，演奏の場の状況に応じて即興的に組み合わせながら演奏していくことによって，演奏者は聴衆との緊密なやり取りを行ってきた．

さらに，アラブ音楽においてパターン化された旋律やリズム，旋律やリズムによって喚起される演者や聴衆の感情や感性，情動といった「情緒」を，「タラブ」と呼ばれる概念で呼び現してきた[18]. ここでは，特定の旋律やリズムによって喚起される，聴衆の感情の動きを概念化したものである．その点，アラブ音楽とは単なる演奏という領域を超え，音を通じて演奏者と聴衆とが紡いでいく情緒の在り方やコミュニケーション実践の一環として捉えることができる．20 世紀に概念化されたアラブ音楽をめぐる旋律やリズム，情緒といった 3 つの特徴は，アラブ音楽の精神的支柱として現代にいたるまで受け継がれている．

マカーム，イーカーア，タラブを特徴とするアラブ音楽であるが，これら 3 つの概念は，演奏者と聴衆の間で暗黙的な共通見解として共有されてきた

点を，研究者たちは指摘する[19]．飯野りさはアラブ音楽をめぐるタラブをめ
ぐる議論のなかで，「この状態はこの文化を共有する者や自家薬籠中のもの
としている演奏家などには自明であるだろう．しかし，この文化を共有して
いない文化的な他者がそのまま受け入れることは極めて難しく，またすでに
指摘しているように，指示内容の複数性は理論的分析の混乱をもたらす」と
いう点を指摘している[20]．あるいは，「マカームとは，音楽学的意味合いを
含むだけでなく，『情緒』という感情や心理に関連したイメージをも抱かせ
る言葉なのである」という点や[21]，「一つの音楽の伝統を成員間で共有する
共同体には，その内側で機能している音楽実践の体系があり，喩えるならば
それは一つの小宇宙であると言えるだろう」と指摘する[22]．そこでは，「こ
の音楽が美しい」という感覚が，生まれ育った環境のなかで無意識のうちに
醸成されていくものであり，「タラブ」にみられるその感性は外部とは決し
て共有され得ないものとして捉えてきた．

　一連の指摘は，アラブ音楽がアラブ人やそのコミュニティの日々の生活文
化のなかで世代を超えて受け継がれてきた，言語化され得ない暗黙的な価値
規範や行動様式，すなわち「感性」と強く結びついている点を強調する．そ
れゆえ，アラブ音楽とは感性を共有しない者たちとの理解し合えない，他者
を排除する装置としても機能してきたと言える．

　もし研究上の一連の指摘が正しいとするならば，アメリカ合衆国における
ナショナル・アラブ・オーケストラの活動は，「アラブ的感性」を身体化し，
内面化した人びとや社会にとっては，慣れ親しんだ存在であると捉えること
ができる．それは逆に，アラブ的感性を日常生活のなかで保持しない人びと
にとっては，理解し得ないものであると言える．しかし既に述べた通り，ナ
ショナル・アラブ・オーケストラの活動では，上述の指摘とは合致しない．
その点について，次節以降で考えていきたい．

2. ナショナル・アラブ・オーケストラとマイケル・イブラーヒーム

アラブ音楽はその歴史においてアラブ人という民族や血縁，アラビア語という言語，あるいはアラブ諸国という地理的空間と結びつけられて論じられてきたものである[23]．しかし，ナショナル・アラブ・オーケストラは，アラブ諸国から遠く離れたアメリカ合衆国という，異邦の地で奏でられるアラブ音楽という点で，従来の枠組みとは異なる存在である．

ナショナル・アラブ・オーケストラの歴史を紐解いていくと，アメリカ合衆国やミシガン州という社会環境のなかで育まれてきた存在である点がわかる[24]．ナショナル・アラブ・オーケストラは，2009 年に後の音楽監督となるシリア系アラブ・アメリカ人，マイケル・イブラーヒーム（Michael Ibrahim）と，当時の大学生たちが中心となり結成された，アラブ楽器の小規模アンサンブル（takht）を母体とする[25]．その後，2010 年にはメンバーを倍増させてオーケストラへと拡大させ，セミプロの「ミシガン・アラブ・オーケストラ（Michigan Arab Orchestra）」と称して活動を開始する．2012 年よりミシガン州デトロイトのデトロイト・ミュージック・ホール（Detroit Music Hall）を拠点にして市内・近郊を中心にアラブ音楽のコンサートを行ってきたが，同年には活動をアメリカ合衆国全域に広げるとともに，名称も「ナショナル・アラブ・オーケストラ（National Arab Orchestra）」に改名している．

ナショナル・アラブ・オーケストラの活動として，ミシガン州各地を中心とした，アメリカ合衆国各地での主催コンサートがあげられる．それに加えて，各地の音楽イベントにも積極的に参加し，アラブ音楽をアメリカ社会に広める役割を果たしてきた．近年ではアメリカ合衆国内に限らず，アラブ首長国連邦のシャールジャやサウジアラビアのザフラーンをはじめとした，アラブ諸国での演奏機会も増やしている．

2024 年現在では所属メンバーは 25 名を数え，アラブ楽器と弦楽器を中心

としたオーケストラとなっている[26]．オーケストラの関連組織としてアラブ楽器を主体とする小規模のアンサンブル（National Arab Orchestra Takht Ensemble）と附属合唱団（NAO Community Choir, NAOCC）が存在する．合唱団ではアラブ系と非アラブ系のメンバーが混在し，デトロイト市内・近郊の地域コミュニティ・メンバーが人種を問わずに参加している．さらに，ナショナル・アラブ・オーケストラはデジタル空間上でも積極的な発信を行い，多くのファンを獲得している．youtube 上に 200 本以上のアラブ音楽のコンテンツを揃え，メンバーもチャンネル登録者数も 50 万人を超える数を誇っている[27]．

ナショナル・アラブ・オーケストラのこれまでの歩みを振り返ると（表13-1），年数回行われる主催コンサートを軸としながら，アメリカ合衆国内各地のコンサートや音楽イベントにも積極的に参加している点がみえてくる．その他にも，ミシガン州内での地域コミュニティ向けの各種教育プログラムを通じて，アラブ音楽の普及を積極的に図っている点も特徴である．

主催コンサートでは，往年のアラブ音楽のスタンダード曲のカバー曲を演奏の中心に据えている．既に紹介したウンム・クルスームやフェイルーズ，ムハンマド・アブドゥルワッハーブといった往年の大歌手たちをはじめ，20世紀にアラブ世界において誰もが聴き親しんできた曲目を，オーケストラ用にアレンジしたうえで演奏を行っている．さらに，ナショナル・アラブ・オーケストラのメンバーを歌手として据える場合や，アメリカ国内外で活躍するアラブ音楽の歌手をゲストとして招くことで，さまざまな曲目を演奏してきた．あるいは逆に，アメリカの現代音楽をアラブ音楽にアレンジしたうえで演奏する，といった試みも行っている．

ナショナル・アラブ・オーケストラの活動のもう 1 つの柱として，アラブ音楽に関わる教育プログラムやワークショップを，アメリカ合衆国各地で展開している点があげられる．2013 年にナイト財団（the Knight Foundation）より学校の課外プログラムのための大型助成金（「音楽を通じた架橋（Building Bridges through Music）」）を獲得すると[28]，ミシガン州の義務教育学校

第 13 章　アラブ的感性が生み出す地域コミュニティとリーダーシップ　　221

表 13-1　ナショナル・アラブ・オーケストラの主なコンサートとゲスト一覧
（2014 年以降）

日時	コンサート名	開催場所	ゲスト
2024.9.27	East Meets West: National Arab Orchestra and Flint Symphony Orchestra Ensembles	FIM Capitol Theatre, Flint, MI	Lubana Al Quntar Usama Baalbaki
2024.4.27	Echoes from the East: Vibrant Sounds of the Arab World	Ford Community & Performing Arts Center, Dearborn, MI	Salah El Kurdi Hela Melki
2024.2.23	Echoes of Zaman	Pace Center, Parker, CO	
2023.11.15	Harmony for Humanity: Gaza Relief Concert	Online	
2023.9.14	Haflah - A Celebration of Art and Culture	FIM Capitol Theatre, Flint, MI	Usama Baalbaki Nazih Borish Haflah
2023.7.20	31th Annual Concert of Colors	The Cube, DSO Detroit, MI	
2023.4.30	Turath: An Evening of Art, Culture, and Music	Asia Society Texas Center, Houston, TX	Abdulsalam Alnajjar Hela Melki
2023.3.18	Treasures of the East: Timeless Classics of the Arab World	Hobby Center, Houston, TX	Ranine Chaar Mohamed Mohsen
2023.1.20–21	Night of Tarab	Al Majaz Amphitheatre, Sharjah, UAE	Reham Abdel Hakim Mohannad Mshallah
2022.11.5	On The Banks of the Mediterranean: Music of the Levant and North Africa	Jefferson Avenue Presbyterian Church, Detroit, MI	Usama Baalbaki Hela Melki
2022.9.9	Along The Euphrates: The Music of Iraq & Syrla	Hobby Center, Houston, TX	Nova Emad Abdulsalam al-Najjar Nibal Malshi
2022.3.19	National Arab Orchestra with Abeer Nehme	Hill Auditorium, Ann Arbor, MI	Abeer Nehme
2021.11.12	Night of Tarab 2	Ford Community & Performing Arts Center, Dearborn, MI	
2020.7.12	At Home Live Online	Online	Luna Quntar Usama Baalbaki
2019.11.16	Building Bridge through Music	Stude Concert Hall at Rice University, Houston, TX	Abeer Nehme
2019.3.2	Mideast in MoTown	Detroit Music Hall, Detroit, MI	Lubana Al Quntar Mohannad Mshallah Hamid al-Saadi

2018.11.10	On the Shoulders of Giants: Arab Women in Music	Detroit Music Hall, Detroit, MI	Lubana Al Quntar Hela Melki Marianne Layousse Razan Ramzi
2018.10.7	Treasures of the East	Ford Community & Performing Arts Center, Dearborn, MI	
2017.10.1	Night of Tarab	Ford Community & Performing Arts Center, Dearborn, MI	Usama Baalbaki Ghada Derbas Abdallah Mousa
2017.3.29	America the Beautiful	UT Center for Performing Arts, Recital Hall, Toledo, OH	
2017.3.18	Annual Gala Fundraiser	Regency Manor, Southfield, MI	Usama Baalbaki Sawsan Najar
2016.11.12	Mideast x Midwest: a Dialogue of Music, Food and Fun at America's Crossroads	Valentine Theater, Toledo, OH	
2016.2.6	Building Bridge through Music: Winter Festival	Ford Community & Performing Arts Center, Dearborn, MI	Usama Baalbaki Emad Batayeh Ghada Derbas Asaad Sultan
2015.7.23	Haflah: Arab Fusion Festival	Arab American Museum, Dearborn, MI	
2015.5.8	4th Annual Gala Concert: Bulding Bridge through Music	The Masonic Temple, Detroit, MI	Salah Kurdi Usama Baalbaki Ghada Derbas
2014.12.6	Live in Concert	Arab American National Museum, Dearborn, MI	Usama Baalbaki Ghada Derbas
2014.5.31	3th Annual Gala Concert	Music Hall Center for the Performing Arts, Detroit, MI	Aboud Agha Usama Baalbaki Ghada Derbas
2014.1.24	Bulding Bridge through Music	Atlanta Symphony Hall, Atlanta, GE	

出所：National Arab Orchestra Facebook Page. https://www.facebook.com/National ArabOrche stra/?locale=ja_JP（2024 年 6 月 8 日閲覧）.

と連携しながら，アラブ文化に触れたことのない児童・生徒たちや地域コミュニティのメンバーたちを合唱団のメンバーとして迎え，コンサートで演奏する機会を提供してきた[29]．さらに，デトロイト市内・近郊やミシガン州を中心に各地で義務教育学校と連携した音楽教育プログラムを提供する他にも，

第13章 アラブ的感性が生み出す地域コミュニティとリーダーシップ　　223

ミシガン・オーケストラとの共演イベント（Haflah）や，西洋音楽の演奏家たちとのコラボレーション・イベント（MidEast x MidWest）といった，アラブ音楽以外の音楽団体との共演も積極的に行っている[30]．

　演奏活動と音楽教育を通じたアラブ音楽やアラブ遺産の発信を活動主体としているナショナル・アラブ・オーケストラであるが，その組織はNPOの運営形態をとっている[31]．NPOの理事会メンバーの顔触れをみても，オーケストラの主旨に賛同する非アラブ系のメンバーが多数，理事として名前を連ねている[32]．

　さらに，ナショナル・アラブ・オーケストラは活動資金の多くをチケット等の観客からの収入ではなく，外部からの寄付や助成金によって賄っている．寄付や支援の出資元をみていくと，アメリカ合衆国内の各種アラブ系団体や個人からだけでなく，非アラブ系の全米組織からも多種多様な寄付や支援を受け入れている（表13-2）．その点でも，ナショナル・アラブ・オーケストラはアラブ音楽を奏でながらも，アラブ系コミュニティだけに留まらない組織として捉えることができる．

　ナショナル・アラブ・オーケストラの歴史において，創設者の1人でもあり，音楽監督・指揮者でもあるマイケル・イブラーヒームは，オーケストラの発展において重要な役割を果たしてきた人物である．デトロイト近郊スターリング・ハイツ（Sterling Heights）のシリア系アラブ・アメリカ人として生まれ育ったマイケル・イブラーヒームは，幼少より家庭内でアラブ音楽に慣れ親しむとともに，アラブ楽器を中心に，さまざまな音楽教育を受けてきた[33]．地元のディアボーン高校からイースタン・ミシガン大学（Eastern Michigan University）に進学して以降は，ミシガン州内のウェーン州立大学（Wayne State University）大学院において音楽学を専攻し，ファゴットや西洋音楽の音楽理論も学んでいる．

　学生時代に他の学生とともに結成したミシガン・アラブ・オーケストラの指揮者として活動する過程で，アラブ音楽の往年のスタンダード曲の編曲も手掛けていく．アメリカ合衆国内でアラブ音楽の専門家であり指揮者・編曲

224

表13-2　NAO の主要な寄付団体一覧

寄付団体・個人名	所在地	種別
Ghassan & Manal Saab Foundation	Flint, MI	Gold Sponsor
Anthony R. Abraham Foundation	South Miami, FL	Gold Sponsor
Michigan Council for Arts and Cultural Affairs	Lansing, MI	Gold Sponsor
Amerapex Committed to Technical Excellence	Houston, TX	Gold Sponsor
Comerica Bank	Detrtoit, MI	Gold Sponsor
Alpine Dental Dr. Khaldoun Tarabin	Rochester, MI	Gold Sponsor
Pharmascript of MI	Farmington Hills, MI	Gold Sponsor
Michael and Hoda Kardoush	Dearborn, MI	Gold Sponsor
Center for Arab American Philanthropy	Dearborn, MI	Donor
National Performance Network	New Orleans, LA	Donor
Visual Artist Network	Houston, TX	Donor
National Endowments for the Arts	Washington D.C.	Donor
Odessa Dental Solutions	Midland, TX	Donor
Troy and Raghad Farah	Flint, MI	Donor
Ibraham Mardam-Bey	Washington D.C.	Donor
The Louis, Lauren, Lana Foundation	Bloomfield Hills, MI	Donor
Maha and Roy Freij	n.d.	Donor
Khalil and Ann Saab	n.d.	Donor
Arab American Foundation	Washington D.C.	Partner
American Lebanese Cultural Center	Houston, TX	Partner
Arab American National Museum	Dearborn, MI	Partner
The Arab-American Educational Foundation	Houston, TX	Partner
Concert of Colors	Dearborn, MI	Partner
Syrian American Club of Houston	Houston, TX	Partner
Algerian American Association of Greater Houston	Houston, TX	Partner
Own It Realty: A Boutique Real Estate Investment Firm	Dearborn, MI	Partner
Egyptian American Society of Houston	Houston, TX	Partner
Lebanon Times	Houston, TX	Partner
Palestine American Cultural Center (PACC)	Clifton, NJ	Partner
Iraqi American Society	Phoenix, AZ	Partner
Egyptian American Club Houston (EACH)	Houston, TX	Partner
Arab American Cultural & Community Center (ACC)	Houston, TX	Partner
Jordanian American Community Houston, Texas	Houston, TX	Partner
ums (University of Michigan)	Dearborn, MI	Partner
Moroccan Society of Houston	Houston, TX	Partner
American Federationof Ramallah Houston	Houston, TX	Partner

出所：“Our Sponsors” National Arab Orchestra. https://araborchestra.org/sponsors/（2024 年 6 月 8 日閲覧）.

者としての地位を確立して以降は，ナショナル・アラブ・オーケストラの活動を中心に，アメリカ合衆国内でアラブ音楽に関わる各種教育プログラムやワークショップにも積極的に関わっている．

　ナショナル・アラブ・オーケストラとマイケル・イブラーヒームによる一連の活動は，アラブ音楽の遺産を新たに発掘する取り組みにもつながってきた．特に，これまであまり演奏機会に恵まれてこなかったアラブ音楽の往年のスタンダード曲も積極的に演奏していくことで，単なるアラブ音楽の紹介という領域を超えた役割を担うようにもなっている．

3.　アラブ音楽とアラブ・アメリカン・コミュニティ

　本書におけるリーダーシップ論をめぐる一連の議論を踏まえるのであれば，ナショナル・アラブ・オーケストラをめぐる活動を，マイケル・イブラーヒームがもつ個人的素質やリーダーシップと結びつけることは，おそらく容易であろう．実際，各種メディアにおいては，マイケル・イブラーヒームが保持するアラブ音楽に関する知識や能力，アラブ系コミュニティに対する働きかけこそが，アラブ音楽の地位向上に寄与してきた，と語るものも多い[34]．

　しかし，メディアが繰り返し展開するストーリーに対して，筆者はいくつかの点で違和感を覚える．その背景には，マイケル・イブラーヒーム自身が，彼がもつ個人的な能力や知識によって，アメリカ社会におけるアラブ音楽が活性化した，というストーリーを必ずしも全面的には受け入れてはいない点があげられる．彼はむしろ，インタビューのなかで繰り返し，人種を問わずにアラブ音楽を楽しむ環境を，アメリカ社会の公共空間において創造したいと将来の夢を語っている[35]．ここでは，これまでアラブ系コミュニティのなかに限られてきた「アラブの遺産（Arab Heritage /al-Turāth al-ʻArabī）」を，さまざまな文化的背景を持った人びととともに，アメリカ社会という異邦の地において根付かせようと奮闘する姿が見て取れる．その際，アラブ系アメリカ人に共通する，家庭内で奏でられたアラブ音楽の音色を楽しみにしてき

たという幼少期の原体験を語るとともに，アラブ音楽にかかわる感性がアメリカ社会のなかで育まれてきたことの重要性に力点が置かれている点があげられる．

　ナショナル・アラブ・オーケストラはプロモーション活動においても，「アラブ世界の伝統的音楽をめぐる教育や演奏を通じて，記憶に残る音楽体験を体感することでアラブ文化を保全し，発展させていく」点や，「音楽教育やアウトリーチ活動，演奏を通じてアラブ美術と文化を保全し，発展させていく」ことを強調している[36]．ここでも，アメリカ社会という公共空間にアラブ音楽をいかに位置づけていくのかを重視している点が見て取れる．その点で，ナショナル・アラブ・オーケストラやマイケル・イブラーヒームが主体性を保持できる背景には，彼らの活動を促進するための，より広範な社会環境が強く作用していると言えるであろう．

　アメリカ合衆国におけるアラブ音楽をめぐる社会環境を考える際，国内のアラブ系コミュニティの存在を無視することはできない．むしろここでは，アメリカ合衆国におけるアラブ系コミュニティが，アラブ音楽をいかに自分たちの社会環境のなかに位置づけてきたのか，その苦心をめぐる歴史を見て取ることができる[37]．

　アメリカ合衆国におけるアラブ系コミュニティやその住民たちは，19世紀に中東諸国から移民をした人びとの子孫や，20世紀以降に断続的にアメリカ合衆国に移民してきた人びとの集まりである[38]．2024年現在では，アメリカ合衆国全土で370万人以上のアラブ系アメリカ市民や外国籍の住民が存在する（図13-1）．特に，ミシガン州のデトロイト市内・近郊や，テキサス州のダラスやヒューストン，ワシントンD.C.とその周辺部といった，大都市圏とその近郊にアラブ系コミュニティが点在する（表13-3）．

　しかし，アメリカ社会において「アラブ」を定義することは，実は困難を極める[39]．アラブ系アメリカ市民の出自をみていくと，自称においても北アフリカ・西アジア諸国の多様な出自で構成されている（図13-2）．さらに，宗教宗派をみても，スンナ派イスラームだけでなく，シーア派イスラームを

第13章　アラブ的感性が生み出す地域コミュニティとリーダーシップ　　227

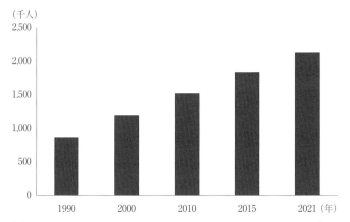

出所：United States Census Bureau. https://www.census.gov/en.html（2024年6月8日閲覧）.

図 13-1　アラブ系アメリカ人の人口推移

表 13-3　アラブ系アメリカ人の人口分布

州名	人数	州名	人数
カリフォルニア	533,307	ニュージャージー	179,449
ミシガン	392,733	オハイオ	168,623
ニューヨーク	300,653	ミネソタ	161,941
テキサス	245,420	ヴァージニア	134,322
フロリダ	206,181	マサチューセッツ	128,628
イリノイ	181,139	ペンシルベニア	126,553

出所：American Community Survey. United States Census Bureau. https://www.census.gov/programs-surveys/acs（2024年6月8日閲覧）.

はじめとする諸派が入り混じるとともに，シリア正教会やアルメニア正教会，コプト正教会，マロン派も含めた，東方正教会諸派やローマ・カトリック，プロテスタント諸派といったキリスト教諸派も入り混じっている．人種という区分でも，「白人」や「黒人」，「アジア系」といった形で，アラブ系を特徴づける身体的特徴がないため，アメリカ政府の公式統計のなかでは，アラブ人を主要な人種カテゴリーとして明確に分類してこなかった歴史も横たわる[40]．

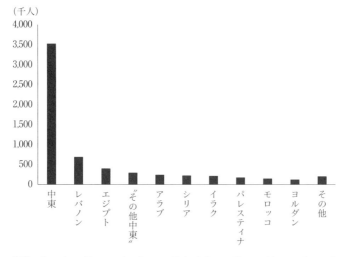

出所：American Community Survey. United States Census Bureau. https://www.census.gov/programs-surveys/acs（2024年6月8日閲覧）.

図 13-2 アラブ系アメリカ人の出自一覧

ディアボーン，2024年3月筆者撮影.

写真 13-1 アラブ・アメリカン・ナショナル・ミュージアム展示内容

国籍や人種をめぐる分類の複雑さのなかで，アラブ系アメリカ人を「アラビア語を母語とする人びと」という，言語や慣習を紐帯としたコミュニティとして描き出そうとしてきた．しかし，言語や慣習を紐帯としたコミュニティは，家庭や親族，友人といった限られたネットワークのなかで経験されるものであり，アメリカ社会のなかでは必ずしも公共性が担保されるものではなかった[41]（写真 13-1）．それゆえ，アメリカ社会においてアラビア語やアラブ文化は，家族や親族，友人といった私的領域を構築するためのツールとして利用されてきたと言える．その点で，現代におけるナショナル・アラブ・オーケストラやマイケル・イブラーヒームの目指す方向とは異なったものであった．

しかし，2001 年のアメリカ同時多発テロや，その後のアラブ系市民に対するアメリカ社会からの偏見や差別の拡大は，これまで私的領域に留まってきたアラビア語やアラブ文化といった「アラブ的感性」をアメリカ社会に発信し，社会のなかで公共性を獲得していく必要性が生じる契機となった[42]．その過程で，これまで家庭を中心とした私的領域に留まってきたさまざまなアラブ的感性を，アメリカ社会に開いていこうとする動きが活発になっていく[43]．特に，アラブ系移民の相互扶助のために組織されてきた，アメリカ合衆国内のアラブ系諸組織がさまざまな文化プログラムを展開していくなかで，アラブ文化はアメリカ社会の公共空間のなかに急速に広がっていくことになる[44]．

一連の動きは，アメリカ社会におけるアラブ的景観に見て取ることができる．2000 年代以降にアメリカ合衆国の公共空間では，アラブに関わる言語景観や食景観（フードスケープ），音景観（サウンドスケープ）といった，感性に関わる多様な景観が公共空間のなかで広がりを見せていくこととなる[45]．アメリカ各地で出現するアラブ料理店やカフェ，アラブ料理の食材がスーパーマーケットや食料品店に陳列される状況は，家庭をはじめとしたコミュニティ内部の私的領域に留まってきたアラブ料理や味覚を，アメリカ社会の公共空間に開いていくきっかけとなったとさえ言える（写真 13-2）．

ディアボーン．2024 年 3 月筆者撮影．
写真 13-2　アメリカ合衆国における街中の言語景観

　同様の状況は，アラブ的感性に関わるあらゆる領域で見られるようになっている．例えば，衣服や刺繍，音文化といったこれまで家庭や親族，友人の間でやり取りされてきた事物が，アメリカ社会における市場や公共空間に開放され，アラブという属性に限らずに交換されていく状況が広がっていった[46]．あるいは，アラブ系コミュニティを中心に，アラビア語の言語景観が公共空間において可視化される状況を目の当たりにすることもできる．アラブ的な景観をあらゆる場面で見聞きできる社会環境は，アメリカ社会のなかでアラブ的な感性が受容されてきたことを示す1つの事例として捉えることができるであろう．

　マシュー・ジャベル・シュティッフラーは，2001 年以降のアラブ的感性を公共空間へと広めていく動きを，「セルフ・オリエンタリズム（self-orientalism）」という概念を用いて説明しようとする[47]．そこでは，アラブ系アメリカ人がアメリカ社会へと受容してもらう過程で過剰に外部のまなざしを意識するなかで，むしろ自分たちのアラブ文化に過剰に適合しようとする動きがみられる点を示している．しかしそれは，アメリカ社会におけるアラブ・イメージに自らを適合させながら，アメリカ社会のなかでアラブ人として生

き残るための生存戦略の1つとして，アラブ系コミュニティが直面した喫緊の問題であったと言えるであろう[48]．

　アラブ的感性をアメリカ社会の一部として位置づけようとするアラブ系コミュニティの動きは，全米アラブ・アメリカ遺産月間（National Arab American Heritage Month）の制定という成果も生み出している．2022年に大統領令によって，毎年4月を全米アラブ・アメリカ遺産月間とすることが定められると，アメリカ合衆国各地でアラブ文化遺産に関わるイベントが開催されるようになっている[49]．そのなかで，アラブ音楽もアラブ文化を構成する1つの重要な要素として，さまざまなイベントがアメリカ合衆国各地で展開されている．

　アメリカ社会の公共空間に広がるさまざまなアラブ的感性をめぐる景観等は，アメリカ社会におけるアラブ文化の交流や理解促進を図る場として機能してきた．ここでは，アラブ音楽をめぐる研究者たちが述べてきたような，言語化され得ない暗黙的な価値規範や行動様式によって閉鎖的なコミュニティを構築することよりも[50]，一連の感性を可視化・言語化していくことで，多様な人びとが関与できる社会環境を構築していると捉えることができる．このアメリカ合衆国をめぐる一連の社会環境のなかに，ナショナル・アラブ・オーケストラの活動も位置づけることができるであろう．

4.　異邦の地で，アラブ音楽を奏でる

　前節で述べた通り，アメリカ社会におけるアラブをめぐる立ち位置の曖昧さは，アラブ的感性をアメリカ社会のなかで可視化・言語化していくことで，より多くの関係者が関与できる社会環境を構築する方向へと進んできた．実際，ナショナル・アラブ・オーケストラはアラブ音楽の特徴について他者に説明する際，マカーム，イーカーア，タラブという，これまでもアラブ音楽を特徴づけてきた3つの概念を用いながら説明を展開する．そのなかでもタラブについては，「（アラブ音楽の）音楽的精神性は，アラブ音楽の音色空間

やリズム・テンポの構造的な美的均一性において欠くことのできないものである」[51]点を，アリー・ジハード・ラースィーのタラブ概念を用いて説明する[52]．しかし，タラブの表現の仕方は，同じ旋律やリズムを用いているにもかかわらず，異なったものとなっている．

　従来のアラブ音楽におけるタラブをめぐる概念では，人びとの日常生活のなかで形成されてきた感情や情緒といった感性が，定型化された音楽を通じて表現されることを確認してきた．しかし，ナショナル・アラブ・オーケストラが提示するタラブとは，アラブ音楽を通じてさまざまな感情や情動といった情緒を育んでいく，教育的側面が強調される．その点，アラブ音楽とは既に会得した情緒を表現する手段としてよりも，新たな情緒を学ぶための手段として認識されていると言える．ここではタラブとは，従来の暗黙的な合意事項を知る人びとにしか理解されない「排除の論理」ではなく，より多くの人びととの理解促進を促す「包摂の論理」として展開されていることを窺い知ることができる．ここに，アメリカ社会におけるアラブ音楽がもつ公共性を見出すことができるのではないか．

　それゆえ，ナショナル・アラブ・オーケストラをめぐる地域リーダーとリーダーシップは，これまでアメリカ社会のなかで私的領域に留まってきたアラブ的感性を，音楽体験を通じて公共空間へと広げていく，その多様な主体の相互交渉のなかで構築された社会環境にあるとまとめることができる．ここでは，特定の主体によるリーダーシップによって，アラブ音楽をめぐる社会環境が整備されていった，というストーリーが必ずしも説得性を持たないことがわかるであろう．繰り返しとなるが，アメリカ社会におけるアラブ的な感性をめぐるさまざまな主体が交錯して相互交渉を行っていく過程で，アラブ音楽の公共性が生み出されてきたと捉える方が適切であろう．ここでは，アラブ的感性をめぐってアメリカ社会の多様な主体による関与がなされていった結果，アメリカ社会の側が，アラブ的感性の意味を変化させながら受容してきたと捉えられるのだ．

おわりに

　本章では，アメリカ合衆国におけるナショナル・アラブ・オーケストラの活動を事例に，音楽体験にみられる感覚経験によって生み出される地域コミュニティとリーダーシップについて考察してきた．最後にこれまでの議論をまとめていきたい．

　ナショナル・アラブ・オーケストラの特徴として，マイケル・イブラーヒームを基軸としながらも，アメリカ国内のアラブ系コミュニティや，非アラブ系の諸主体が関与している点があげられる．ここでは，演奏者や観客，運営といったさまざまな場面でそれぞれ異なった思惑をもつ主体が関与しながら，アラブ音楽の演奏環境が成立してきた．さらに，ナショナル・アラブ・オーケストラがアラブ音楽の演奏だけでなく，アラブ音楽を用いた音楽教育を充実させていく過程で，従来は家庭をはじめとした私的領域に留まってきたアラブ音楽をめぐるアラブ的感性を，アメリカ社会の公共空間へと拡張させてきた点は興味深い．

　ナショナル・アラブ・オーケストラをめぐる共通の価値規範・行動規範については，アメリカ社会におけるタラブをめぐる社会的文脈の変化に，その一端を見出すことができる．アラブ音楽をはじめとするアラブ的感性や感性をめぐる景観が，従来の家庭を中心とした私的領域から，演奏機会や教育プログラムを通じた公共空間へと広がってきた．その過程で，タラブが従来の親密圏を構築するための感情表現のツールとしてから，公共空間での情緒の在り方を学ぶ社会教育ツールへと意味合いが変化している点を見出した．

　それゆえ，アラブ音楽をめぐる地域コミュニティとリーダーシップは，ナショナル・アラブ・オーケストラをめぐって多様な主体が関与するなかで構築されてきた，アラブ音楽による感性をめぐる社会環境にある，と結論づけられる．そこでは，従来は家庭を中心とした私的領域に留まってきたアラブ的感性を，多様な主体との相互交渉を生み出し，情緒を会得するための社会

教育的ツールとして利用されている点を見出すことができる．

　本章における事例は，本書のなかで例示されてきた地域リーダーやリーダーシップのなかで明らかにされたモデルや構図とは著しく異なったものであるかもしれない．そこでは，地域リーダーが個人や社会の変革やイノベーションを生み出すという構図よりも，社会環境の変化にともなって変容していく地域コミュニティの内実に合わせて，共通する価値規範や行動様式を言語化し，具現化する役割を果たす媒体として，地域リーダーやそのリーダーシップが顕在化すると言える．

　本書で提示された内容を踏まえながらも，一連の議論の再編や修正を図る後続の研究が出てくることを願ってやまない．

謝辞
本研究は JSPS 科研費 21H03719 と 23K21817 の助成を受けたものです．

注
1)　リーダーシップ論をめぐる研究については，石川淳『シェアド・リーダーシップ：チーム全員の影響力が職場を強くする』中央経済社，2016 年や，堀尾志保・舘野泰一『これからのリーダーシップ：基本・最新理論から実践事例まで』日本能率協会マネジメントセンター，2020 年，石川淳『リーダーシップの理論』中央経済社，2022 年といった書籍の議論が参考となる．
2)　リーダーシップ論の研究のなかでも，リーダーやリーダーシップを取り巻く社会環境に関わる分析は，リーダーを取り巻く状況に注目する「コンティンジェンシー理論（contingency model）」の議論が近い（この詳細は，同上，堀尾・舘野『これからのリーダーシップ』50-53 頁）．しかし，本章における議論は，リーダーよりかはそれを成立させる社会環境により焦点を置くものである．
3)　Cheaib, N. 2014. Arab orchestra hits the right notes in US: The National Arab Orchestra, which aims to promote Arab music in the US, play hits first concert last week. *Al-Jazeera*, 3rd Feb 2014. https://www.aljazeera.com/features/2014/2/3/arab-orchestra-hits-the-right-notes-in-us（2024 年 6 月 8 日閲覧）.
4)　Smith, A. "American Orchestra Shares Arabic Music, Culture". Voice of America. https://learningenglish.voanews.com/a/american-orchestra-shares-arabic-music-culture/7148741.html（2024 年 6 月 8 日閲覧）.
5)　実際，オーケストラの一部メンバーは白人やアジア系，黒人といったアラブ系とは異なる人種の人びとである．メンバーの詳細については，"Meet the Orches-

tra", National Arab Orchestra. https://araborchestra.org/meet-the-orchestra/（2024 年 6 月 8 日閲覧）を参照のこと．

6) Boosahda, E. 2003. *Arab-American Faces and Voices: The Origins of an Immigrant Community.* Austin: University of Texas Press.

7) 例えば，ジャルジー，S.『アラブ音楽』（水野信男・西尾哲夫・岡本尚子訳）白水社，2019 年が当てはまる．

8) 酒井絵美「東アラブ音楽の現代的展開―西洋からもたらされたヴァイオリンの功績」鈴木薫・近藤二郎・赤堀雅幸編『中東・オリエント文化事典』丸善出版，2020 年，486-487 頁．

9) 飯野りさ「アラブの古典音楽」同上書，482-483 頁．

10) 前掲ジャルジー『アラブ音楽』．

11) 西尾幹夫・堀内正樹・水野信男『アラブの音文化：グローバル・コミュニケーションへのいざない』スタイルノート，2010 年．

12) Farraj, J. & Shumays, S.A. 2019. *Inside Arabic Music: Arabic Maqam Performance and Theory in the 20th Century.* Oxford: Oxford University Press.

13) 実際，モロッコやマグレブ地域と呼ばれる北アフリカ西方の国々では，いわゆる「アラブ音楽」としてカテゴリーされるものとは異なった演奏形態や音楽ジャンルが存在する．その他にも，アラビア半島では「ハリージュ」と呼ばれる独自の演奏形態が存在している．その点，現代の私たちが「アラブ音楽」と命名するものは，実は当地域の多様な音文化のなかの 1 つの形態でしかない．詳細については，前掲，飯野「アラブの古典音楽」480-481 頁，を参照のこと．

14) 1932 年にエジプト国王，ファールークの招聘によって集まったアラブ諸国やヨーロッパの音楽家たちは，アラブ音楽を概念化するための国際会議（第 1 回アラブ音楽国際会議）を開催し，アラブ音楽に関する統一的見解を構築しようとした．最終的にこの試みは失敗するが，アラブ音楽をめぐる議論は，その後も断続的に続いていく．詳細については，前掲，『アラブ音楽』を参照のこと．

15) 飯野りさ『アラブ古典音楽の旋法体系：アレッポの歌謡の伝統に基づく旋法名称の記号論的解釈』左タイルノート，2017 年，40 頁．

16) 西洋音楽が五線譜上の音階や半音階によって成り立っているのに対して，アラブ音楽はより細分化された音階の階梯（マカーム）によって成り立っている．前掲，『アラブ音楽』．

17) 前掲，『アラブ音楽』，『アラブ古典音楽の旋法体系』．

18) アラブ音楽におけるタラブの役割については，Racy, A.J. 2014. *Making Music in the Arab World: The Culture and Artistry of Ṭarab.* Cambridge: Cambridge University Press. を中心に，前掲『アラブ古典音楽の旋法体系』のなかでも詳しい議論が展開されている．

19) 前掲，*Making Music in the Arab World* や『アラブの音文化』，『アラブ音楽』，『アラブ古典音楽の旋法体系』を参照のこと．

20) 前掲，『アラブ古典音楽の旋法体系』40 頁.

21) 同上，28 頁.

22) 同上，26 頁.

23) 実際，前掲の『アラブ音楽』，『アラブの音文化』，『アラブ古典音楽の旋法体系』では，アラブ音楽と地理・言語・人種との一義的な結びつきを前提にしてきたと言える.

24) "History" National Arab Orchestra. https://araborchestra.org/history/（2024年 6 月 8 日閲覧）.

25) 現在も，アラブ楽器のみの小規模編成については，National Arab Orchestra Takht Ensemble の名称で活動している.

26) "Meet the Orchestra", National Arab Orchestra. https://araborchestra.org/meet-the-orchestra/（2024 年 6 月 8 日閲覧）.

27) 2024 年 6 月 8 日現在. National Arab Orchestra. Youtube, https://www.youtube.com/@NationalArabOrchestra（2024 年 6 月 8 日閲覧）.

28) 前掲，"History" National Arab Orchestra. https://araborchestra.org/history/（2024 年 6 月 8 日閲覧）.

29) Kesting, P. & Garza, R. "National Arab Orchestra hits the Right Notes" *AR-AMCO WORLD: Arab and Islamic Cultures and Connections.* 65（5），September 2014. https://archive.aramcoworld.com/issue/201405/national.arab.orchestra.hits.the.right.notes.htm（2024 年 6 月 8 日閲覧）.

30) "New Initiatives" National Arab Orchestra. https://araborchestra.org/new-initiatives/（2024 年 6 月 8 日閲覧）.

31) "Our Board" National Arab Orchestra. https://araborchestra.org/our-board/（2024 年 6 月 8 日閲覧）.

32) "Our Board" National Arab Orchestra. https://araborchestra.org/our-board/（2024 年 6 月 8 日閲覧）.

33) 師事した人物たちとして，アラブ音楽の分野ではサイモン・シャヒーン（Simon Shaheen），ジョニー・サルワ（Johnny Sarweh），ダディーム・ドゥライカン（Nadeem Dlaikan）といった著名な音楽家たちに，西洋音楽の分野ではダグラス・ビアンキ（Douglas Bianchi），アンソニー・イアナコーン（Anthony Iannacconne），デーヴィッド・ピアース（Dr. David Pierce），ロバート・ウィリアムス（Robert Williams），ヴィクトリア・キング（Victoria King）といった人物たちをあげることができる. "Meet the Team" National Arab Orchestra. https://araborchestra.org/meet-the-team/（2024 年 6 月 8 日閲覧）.

34) 前掲，"National Arab Orchestra hits the Right Notes"，Cheaib, N. 2014. Arab orchestra hits the right notes in US: The National Arab Orchestra, which aims to promote Arab music in the US, playedits first concert last week. *Al-Jazeera*, 3rd Feb 2014. https://www.aljazeera.com/features/2014/2/3/arab-orchestra-

第 13 章　アラブ的感性が生み出す地域コミュニティとリーダーシップ　　237

hits-the-right-notes-in-us（2024 年 6 月 8 日閲覧），Fortune, C. A. 2015. National Arab Orchestra aims to spark a musical awakening: Singing in other tongues. *Detroit Metro Times*, 6 May 2015. https://www.metrotimes.com/arts/national-arab-orchestra-aims-to-spark-a-musical-awakening-2342447（2024 年 6 月 8 日閲覧），Jorjour, T. 2019. Arabic song travels from Detroit to Dhahran. *Arab News*, 29 November 2019. https://www.arabnews.com/node/1591391，といったものがあげられる.

35)　One Detroit. "National Arab Orchestra brings Arab music back home for 2023 Detroit Concert of Colors". https://youtu.be/MTGD7IAtHNA?si=S9K4YaQ1DaOEsrgF（2024 年 6 月 8 日閲覧）.

36)　"Our Mission". National Arab Orchestra. https://araborchestra.org/（2024 年 6 月 8 日閲覧）.

37)　Al-Kuwari, S.H. 2024. *Arab Americans in the United States: Immigration, Culture and Health*. Springer.

38)　前掲, *Arab Americans in the United States*, pp. 25-42.

39)　Naber, N. 2000. Ambiguous Insiders: An Investigation of Arab American Invisibility. *Ethnic and Racial Studies* 23 (1), pp. 37-61.

40)　実際，アラブ系の人びとは，統計上は「白人」にカテゴライズされている場合もあった.

41)　アラブ・アメリカン・ナショナル・ミュージアムにおける展示内容より.

42)　Jamal, A. & Naber, N. eds. 2008. *Race and Arab Americans before and after 9/11: From Invisible Citizens to Visible Subjects*. Syracuse: Syracuse University Press.

43)　Ameri, A. & Arida, H. 2012. *Daily Life of Arab Americans in the 21st Century*. Greenwood Pub Group.

44)　その 1 つの成果に，2005 年にデトロイト近郊のディアボーン市に設立された，アラブ・アメリカン・ナショナル・ミュージアム（Arab American National Museum）が存在する. 当博物館では，アメリカにおけるアラブ系アメリカ人の歴史を振り返るとともに，アメリカ社会におけるアラブ文化の発信地として，多様な展示会やイベントを開催している. Arab American National Museum. https://arabamericanmuseum.org/（2024 年 6 月 8 日閲覧）.

45)　Nabhan, G.P. 2008. *Arab/American: Landscape, Culture, and Cuisine in Two Great Deserts*. University of Arizona Press.

46)　Booker, M.K. & Daraiseh, I. 2019. *Consumerist Orientalism: The Convergence of Arab and American Popular Culture in the Age of Global Capitalism*. London: I.B. Tauris.

47)　Stiffler, M.J. 2014. "Consuming Orientalism: Public Foodways of Arab American Christians" *Mashriq & Mahjar*. 2 (2). https://lebanesestudies.ojs.chass.ncsu.

edu/index.php/mashriq/article/view/42/517（2024 年 6 月 8 日閲覧）.

48）　前掲, *Race and Arab Americans before and after 9/11*.

49）　"Arab American Heritage Month". Arab American Institute. https://www.aaiusa.org/arab-american-heritage-month（2024 年 6 月 8 日閲覧）.

50）　前掲,『アラブ古典音楽の旋法体系』.

51）　"Overview of Arab Music" National Arab Orchestra. https://araborchestra.org/overview-of-arab-music/（2024 年 6 月 8 日閲覧）.

52）　前掲, *Making Music in the Arab World*.

終章

本書のまとめ：リーダーシップ・スケーリング

若 林 隆 久

終章では，本書を終えるにあたって，簡単に本書の内容に触れつつ，シェアド・リーダーシップの実現を越えた，リーダーシップ・スケーリングというアイディアを提示したい．

1. 本書の事例に見られるリーダーシップ

(1) シェアド・リーダーシップ

本書では，様々な「地域におけるリーダーシップ」や「地域リーダー」の事例を紹介してきた．第 I 部では，個人や個々の組織に焦点を当てて，地域リーダーの素朴な事例を紹介した．第 II 部では，基本的には地域を単位とした丁寧な分析や理論的な考察がなされた事例を紹介した．

やや大胆に共通項をまとめてしまえば，複数のメンバーが同時，あるいは，代わる代わるリーダーシップを発揮しているという，シェアド・リーダーシップとして理解できるような事例が多く存在した．改めてシェアド・リーダーシップとは，公式な地位や権限の有無に関係なく，複数のメンバー，あるいは，メンバー全員が発揮しうるリーダーシップやそのようにリ　ダ　シップが発揮されている状態を指す．

第 1 章で言及した通り，「地域におけるリーダーシップ」や「地域リーダー」を念頭に置くと，①任命されたリーダーや②選挙で選ばれたリーダーのようなリーダーも存在する一方で，より広く多様な主体が存在し個々の組織をまたいで関わり合う地域においては，個々の組織の境界を越えて影響力を

与える③自然発生的なリーダーというものが求められているのかもしれない．あるいは，ひとつの組織内においては，①任命されたリーダーや②選挙で選ばれたリーダーであるリーダーが，より広い地域において権限を伴わないリーダーシップを発揮し，③自然発生的なリーダーとなることが必要なのかもしれない．特に，規制緩和が進み，市民による社会への参画や関係者間の対話が推奨され，情報発信もより自由に行えるようになっている流れの中で，自然発生的なリーダーや権限を伴わないリーダーシップがより求められてきているのは当たり前のことなのかもしれない．

（2）　地域におけるリーダーシップの育成・拡大

　一方で，すべての事例ではないが多くの事例に見られたこととして，活躍する場を与えるということや地域への愛着を育てるということなども含めた，地域における広い意味での人やリーダーシップの育成・拡大が様々なレベルで行われていたことに注目したい．第Ⅰ部を中心に確認してみると，遅野井氏による様々な地域の会社や自治体におけるデジタル化のための専門人材育成（第2章），ただいまコーヒーにおける和田氏と神定氏同士の関係や彼らを取り巻くネットワーク，および，両氏の個人的な教育における取り組み，菅原氏の常陸 frogs の取り組み，亀ヶ谷氏による駒場地域での取り組み（以上，第3章），野崎氏，泉川氏，沼田氏による様々な教育分野での取り組み（以上，第4章），神谷氏による若者の活躍できる場の創出，金井氏によるSACCO Sagazawa という組合型キャンプ場という取り組み（以上，第5章），a/r/t/s Lab におけるファシリテーターの交代制，木津川アートにおける佐藤啓子氏の影響により生み出された取り組み（以上，第6章），B-JET の事業承継と「宮崎―バングラデシュ・モデル」の他の地域への移植の試み（第7章），ミズベリングによるソーシャルアクションの各地域への普及（第8章），などである．

　これらの取り組みは，①個人のリーダーシップを向上させるもの，②チームや組織において一人や少数の人だけがリーダーシップを発揮する状態から

メンバーの多くの人がリーダーシップを発揮するシェアド・リーダーシップの状態へと移行させるもの，③ある組織や地域におけるリーダーシップを発揮させる仕組みを他の組織や地域に移転するもの，④地域を中心とした次の世代のリーダーシップを育むもの，に分類できる．このうち，いわゆる個人を対象としたリーダーシップの教育・開発は①にあてはまり，堀尾と中原が『リーダーシップ・シフト』[1]で主張したメンバー全員がリーダーシップを発揮しているシェアド・リーダーシップの状態を実現することは②にあてはまる．また，④については，金井[2]は，エリクソンの発達段階における壮年期の課題である世代継承性（generativity）という言葉を用い，ノエル・ティシー[3]のリーダーを育てるリーダー（leader-developing leader）やリーダーシップ・エンジンの概念を引用しながら，その重要性を指摘しているものである．

2. 地域におけるリーダーシップ・スケーリング[4]

本書で取り扱った事例を見てみると，前節末尾の①から④のように，様々な空間的・時間的な広がりにおいてリーダーシップを拡大する（スケールする）様子が確認された．これらは，①個人のリーダーシップを向上させるリーダーシップ教育・開発や，②現状のチームや組織においてシェアド・リーダーシップの状態を実現することだけではとらえきれないものである．③は他の組織や地域への移転という空間的な広がりを伴うものであり，④は世代継承性という長い期間にわたる時間的な広がりを伴うものである．これらをまとめて地域におけるリーダーシップ・スケーリングと呼び，その重要性を強調して本書の終わりとしたい．

一般的には，地域というものは個々の組織よりも空間的な広がりを持ち多様な主体を含むものであり，より長きにわたってそこに存在し続けることが想定される．そのことを鑑みると，いわゆる企業組織を中心に展開されるリーダーシップ論よりもさらに空間的・時間的な広がりを持ったリーダーシップの捉え方が必要になるのかもしれない．本書で取り上げた何人かの地域リ

ーダーが言及していたように，地域や社会全体の未来を創造するためには空間的・時間的な広がりを持ってリーダーシップをスケールさせていくことが求められる[5]．

　個人のリーダーシップを向上させることや現状のチームや組織においてシェアド・リーダーシップの状態を実現することはもちろん，他の組織や地域にまで移転させるような空間的な広がりや，世代継承性といえるまでの時間的な広がりを伴ってリーダーシップを拡大させていくためには，リーダーシップ・スケーリングの理論，戦略，方法論が必要となる．それらを明らかにするてがかりは本書で取り扱った事例内の成功や失敗の積み重ねの中にある．特に，第8章のミズベリングの事例における，ソーシャルアクションやムーブメントの広げ方には参考になるところが大きい．また，これまでのリーダーシップ開発やリーダーシップ教育の知見はもちろん，リーダーシップ・パイプライン[6]のような組織の中で継続的にリーダーを育成する制度や仕組みも参考になるだろう．

　序章で取り上げた「地方消滅」の人口における「自然減」と「社会減」の議論を参考にすれば，今後はリーダーシップを内部で再生産でき「自然増」となるような地域や，育んだリーダーシップを地域内にとどめるだけでなく地域外に輸出して「社会増」を生み出せるような地域の存在が重要になってくるかもしれない．そうすれば地域間の人材獲得競争[7]というような事態に陥ることもないであろう．

注

1)　堀尾志保・中原淳『リーダーシップ・シフト：全員活躍チームをつくるシェアド・リーダーシップ』日本能率協会マネジメントセンター，2024年．

2)　金井壽宏『リーダーシップ入門』日本経済新聞社，2005年．

3)　ノール・M・ティシー，イーライ・コーエン『リーダーシップ・エンジン：持続する企業成長の秘密』東洋経済新報社，1999年．

4)　「リーダーシップ・スケーリング」という言葉は，Leadership Circle Profile というリーダーシップの360度フィードバックを取り扱った以下の書籍の原題である Scalong Leadership から着想を得ているが，内容は異なるものである．地域に

おいてリーダーシップをスケールする（拡大する）ための理論，戦略，方法論について，より意識するために，「スケーリング・リーダーシップ」ではなく「リーダーシップ・スケーリング」という語順を選択した．なお，2023 年 10 月から 2024 年 2 月にかけて開催された「LCP 響け生音オーケストラ」の有志の集まりによる Active Book Dialogue 形式での本書の読書会からは大いに刺激を受けた．

　　ロバート・J・アンダーソン，ウィリアム・A・アダムズ『成長する組織とリーダーのつくり方：データで解明された持続的成果を生み出す法則』中央経済社，2021 年.

5）　少子高齢化，人口減少の時代においては，リーダーシップを維持することすら難しく重要な課題となる．だが，少子高齢化や人口減少という厳しい状況にあるからこそリーダーシップをスケール（拡大）させていく必要があると考える．

6）　ラム・チャラン，ステファン・ドロッター，ジェームス・ノエル『リーダーを育てる会社つぶす会社：人材育成の方程式』英治出版，2004 年.

7）　若林隆久「人が集まる場所としての空き家の利活用：担い手のモチベーションと地域間の人材をめぐる競争」高崎経済大学地域科学研究所編『空き家問題の背景と対策：未利用不動産の有効活用』日本経済評論社，2019 年，第 9 章.

あとがき

　本書は，2020（令和2）年度の高崎経済大学地域科学研究所研究プロジェクト「現代の地域におけるリーダーシップのあり方の研究」（2020-23年度）に基づく研究成果の一部である．本研究は，少子高齢化をはじめとする諸課題に直面する現代の地域において求められるリーダーやリーダーシップの特徴，成功要因，環境条件，歴史的背景を明らかにすることを目的として行われた．地域づくりや地域活性化への関心が高まる中，その担い手となる「人」の重要性が指摘されており，中でも，地域においてリーダーの役割を果たしたり，そのリーダーを支えたりする，多様な人材へ注目が集まっていた[1]．一方で，社会環境の変化に伴い，従来型の地域リーダーが上手く機能しなくなり，地域において求められるリーダーやリーダーシップのあり方が変化していることが指摘されていた[2]．そのため，地域づくりや地域活性化の担い手となる地域リーダー像を改めて描き出し，その環境条件や成功要因を明らかにすることが喫緊の課題であった．そこで，それぞれの専門分野における知見や事例を十分に有しているプロジェクトメンバーによって，様々な分野，組織，部門，地位などにまたがる幅広い事例調査を中心とする本研究プロジェクトを立ち上げるに至った．「地域におけるリーダーシップ」の学術的・理論的な検討についてはまだまだこれから進めていかなければならない大きな課題ではあるが，様々な分野，組織，部門，地位などにまたがる幅広い「地域リーダー」や「地域におけるリーダーシップ」のあり方に関する事例を描き出し検討を加えることができたことは本書の成果である．

　本研究プロジェクトは以下のように進められた．2019年末頃から学内の各分野の先生方にお声がけさせていただき，メンバーを確定し研究計画を練り上げて，2020年1月に研究プロジェクトの申請を行い，無事に承認され

ることとなった．研究プロジェクトが正式にスタートする2020年4月にコロナ禍が発生してしまい出ばなをくじかれる形となったが，初年度である2020年度末には大学におけるリーダーシップ教育にも携わられている舘野泰一先生（立教大学経営学部）と松下慶太先生（関西大学社会学部）にお願いして，キックオフとなる研究会をオンラインで開催することができた．翌2021年度には，本プロジェクトのメンバーであり，観光まちづくり分野におけるリーダーやリーダーシップを専門とされる井手拓郎先生にご研究を紹介していただく研究会を，同じくオンラインで開催した．

　しかし，コロナ禍により現地調査や対面でのインタビュー調査を進めることが難しく，各地域における事例調査を中心に据えた本研究プロジェクトは停滞を余儀なくされてしまい，結果としてプロジェクト期間を1年延長することとなった．それでも，プロジェクト内外の先生方や事務局の皆様のご尽力により，2023年度にはプロジェクトの各メンバーが取り扱う事例についての検討会を実施することができ，本書の執筆・編集にたどり着くことができている．立ち上げから現在に至るまでの間に，もともと地域との親和性が高いのではないかと着目していたシェアド・リーダーシップや権限によらないリーダーシップが世の中でさらに広まり，本書においても重要なキーワードとなることになった．この間，私自身も公私にわたる大きな変化を経験し，また，当時は自分自身でもきちんと認識できていなかったが振り返ればコロナ禍による仕事面・精神面での様々な影響を受けていたこともあり，大きくプロジェクトを滞らせてしまったことには忸怩たる想いがある．ここに記して関係者の皆様に心よりお詫び申し上げたい．

　さて，本研究プロジェクトを立ち上げるに至った背景・経緯として紹介しておきたい重要なことが2つある．

　ひとつは，本書のキーワードのひとつである「地域リーダー」という言葉は，私を含めた本プロジェクトのメンバーが所属する高崎経済大学地域政策学部に深くかかわるものであり，この地域政策学部で掲げられている「地域リーダー」という言葉が本研究プロジェクトを着想するきっかけとなったこ

とである．私が2014年4月に高崎経済大学地域政策学部に着任してから2,3年後のことであったと思うが，高崎経済大学のウェブページに掲載されている「地域リーダー」という言葉に気づくこととなった．

当時とはウェブページに掲載されている内容に異なる部分もあるとは思うが，2024年度のウェブページにおいては下記のような「地域リーダー」という言葉を用いた表現が3つのページに見られるので紹介したい．

1つ目のページは，「地域政策学部紹介」のページ[3]である．冒頭にある「地域政策学部のチャレンジ」の項は「地域政策学部は『地方分権社会を担う地域リーダーの育成』を目的に，1996年に全国で最初の学部として設立されました．」という一文から始まっている．

2つ目のページは，大学院の地域政策学研究科のアドミッション・ポリシー（入学者受入れの方針）のページ[4]である．ここでも冒頭が「日本社会は，少子高齢化が顕在化し，地域社会・地域経済は変革を迫られている．地域社会の将来を予見しつつ，地域社会を担うリーダーの養成は不可欠である．地域政策研究科は，このような地域リーダーの養成や地域の諸問題の理論的及び実証的な解明を目的に開設されている．」という2つの文から始まっている．

3つ目のページは，地域政策学部のカリキュラム・ポリシー（教育課程編成・実施の方針）のページ[5]である．ここでは4か所にわたって「地域リーダー」という言葉が登場する．地域政策学部全体のカリキュラム・ポリシーとして挙げられている6つのうちの1つ目は「『地域リーダーとしての問題解決能力』を構成する，問題発見力，調査分析力，政策立案力，コミュニケーション力，組織的行動力，社会的責任力の諸能力が修得できるよう教育の充実をはかる．」であり，6つ目は「広い視野と深い問題意識の修得をはかるため，現場の地域リーダーを招聘する実践的・実証的な講義を配置する．」というものである．これらを受けて3つある学科のうち地域政策学科と地域づくり学科のそれぞれのカリキュラム・ポリシーの冒頭の部分では，地域政策学部全体のカリキュラム・ポリシーの1つ目にあった「地域リーダーとし

ての問題解決能力」に言及されている.

　これらの高崎経済大学のウェブページでの記述から, 地域政策学部と地域政策研究科は「地域リーダーの育成 (養成)」を目的として設置されたことがわかる. なお, 高崎経済大学の沿革のページを見ると, 地域政策学部は1996年, 地域政策研究科修士課程は2000年, 地域政策研究科博士後期課程は2002年に, それぞれ設置されている[6]. そして, そのことはいわゆる3つのポリシーのひとつとしてその後に定められた地域政策学部のカリキュラム・ポリシーにも表れている.

　にもかかわらず, 個人的な肌感覚ではあるが, 高崎経済大学内において「地域リーダー」という言葉が使われたり意識されていたりするようには感じられなかった. 私が「地域リーダー」という言葉に気づいた時期は, 私自身がグループ指導講師という立場で日本生産性本部経営アカデミー組織変革とリーダーシップコースに深く関わり始めリーダーシップやリーダーという言葉に関わりができた時期でもあり, このことをちょっとした引っ掛かりを覚えつつ心にとめておいた. また, この頃から地域政策学部において教務委員やカリキュラム改革のワーキング・グループに携わることになったということもあって, その中の議論で少し言及したこともあったかもしれない.

　そうしているうちに, 本研究プロジェクトを立ち上げるに至る2つ目の直接的なきっかけが訪れる. 2019年度の公益財団法人電通育英会が開催する第2期リーダー育英塾[7]への参加である. リーダー育英塾は, 「高大社連携を意識したトランジション教育改革」を高等学校・大学で推進していく「次世代リーダー」の育成を目的にワークショップ形式で2泊3日の合宿として開催される. 学校法人桐蔭学園の理事長である溝上慎一先生と立教大学経営学部の教授である中原淳先生を中心としたメンバーが講師陣を務めており, 本研究プロジェクトの第1回の研究会にお招きした舘野泰一先生は私が所属したグループの担当講師であった. リーダー育英塾で課された「トランジションの視点を加味した自校の課題と解決策について」という課題に取り組む中で, あの手この手の打ち手の中のひとつとして, 研究プロジェクトを立ち

上げて教員を巻き込み，地域政策学部で掲げられているものの明確化されていない「地域リーダー」を具体化し教育目標・学習目標としていくというアイディアが，本研究プロジェクトのもととなったのである．リーダー育英塾では，それぞれが考えた解決策を絵に描いた餅とせず現場に戻った後に実行することが強調されており，その後押しがあってこそ本研究プロジェクトの立ち上げに至ることができた．リーダー育英塾の関係者の皆様には心よりお礼を申し上げたい．また，リーダー育英塾を皮切りに，これ以降にリーダーシップ教育・リーダーシップ開発を中心とした教育・研修分野で関わることとなった人や組織が本研究プロジェクトの遂行にあたって直接的・間接的に大きな影響を与えてくれた．個人名を挙げることは差し控えさせていただくが，組織名としては，日本生産性本部経営アカデミー，株式会社ロバート・ラスムセン・アンド・アソシエイツ，早稲田大学社会人教育事業室や株式会社イノベストが運営に関わる 21 世紀のリーダーシップ開発（現・早稲田リーダーシップカレッジ），日本アクションラーニング協会，熊本大学大学院社会文化科学教育部教授システム学専攻，CRR Global Japan，有限会社チェンジ・エージェント，一般財団法人活育財団，Leadership Circle のお名前をここに記して，関係者の皆様に心より感謝申し上げたい．

　これらのきっかけを経て学内の各分野の先生方にお声がけをさせていただくに至るわけであるが，その背景・経緯を踏まえれば，地域政策学部と地域政策研究科の設置の目的である「地域リーダーの育成（養成）」を果たすための「地域リーダー」研究という側面が浮かび上がってくる．教育においては，有名な「メーガーの 3 つの質問」や「タイラー原理」でも主張されている通り，まず目指すべき学習目標を設定することが求められる．地域政策学部のカリキュラム・ポリシーでは「地域リーダーとしての問題解決能力」そしてそれを構成する「問題発見力，調査分析力，政策立案力，コミュニケーション力，組織的行動力，社会的責任力」が学習目標として掲げられている．一方で，既に触れた，従来型の地域リーダーが上手く機能しなくなり，地域において求められるリーダーやリーダーシップのあり方が変化しているとい

う指摘や，コロナ禍や AI の発展・普及などの社会的・技術的変化を背景と
した教育分野における変化，大学に求められる教育の質の変化・高度化を踏
まえると，これらの抽象的なままの能力を掲げ続けるだけで良いのかには不
安が伴う．実は，本研究プロジェクトを立ち上げるにあたっては，地域政策
学部の教育目標としての「地域リーダー」の具体像と身に付けるべき能力に
迫るということも意図していた．本書では，多様な分野における地域リーダ
ーの姿とそこで発揮されているリーダーシップについて描き出すことができ
たが，もちろん，大学のカリキュラムの学習目標となるような詳細な分析・
考察は行えていない．「地域リーダー」という言葉にこだわるかどうかはさ
ておき，教育機関としての大学における学習目標を時代に合わせて更新して
いくことは今後も課題となってくることである．本研究プロジェクトに関連
するひとつの論点としてここで提起しておきたい．

　本研究プロジェクトを進めるにあたっては，多くの学内外の関係者のご協
力をいただいた．各章でも言及されているかもしれないが，まずは調査や資
料提供にご協力いただいたみなさまに心よりお礼を申し上げたい．また，こ
のような研究の機会を与えていただいた学内の関係者のみなさまにお礼を申
し上げたい．特に，研究プロジェクト申請時から現在に至るまでの歴代の地
域科学研究所所長であられる西野寿章教授，高松正毅教授，佐藤徹教授，事
務局のみなさまには様々ご苦労ご迷惑をお掛けし，心よりお詫びと感謝を申
し上げたい．

　最後になるが，本書刊行にあたっては，日本経済評論社の柿﨑均社長，編
集業務を担っていただいた清達二氏に大変お世話になった．伝統ある日本経
済評論社から本書を出版できることは大変光栄に思うとともに，刊行スケジ
ュールがずれ込む中で丁寧にご対応くださったことに心より感謝申し上げる．

プロジェクトリーダー　若 林 隆 久

---

1)　総務省人材力活性化・連携交流室『地域づくり人育成ハンドブック』2013 年.

あとがき   251

2) 中小企業基盤整備機構経営支援情報センター「地域リーダーにみる『戦略性』と『信頼性』: 地域振興とリーダーの役割に関する調査研究」『中小機構調査研究報告書』第 5 巻第 3 号，2013 年.
3) https://www.tcue.ac.jp/leafpage/94.html
4) https://www.tcue.ac.jp/leafpage/139.html
5) https://www.tcue.ac.jp/leafpage/r_curriculum.html
6) https://www.tcue.ac.jp/leafpage/history.html
7) https://www.dentsu-ikueikai.or.jp/ikueizyuku/

執筆者紹介 (章順)

若林隆久 (わかばやしたか ひさ)

高崎経済大学地域政策学部准教授. 修士 (経済学). 専門分野は, 経営学, 組織論, 教育工学. 日本生産性本部経営アカデミー組織変革とリーダーシップコースグループ指導講師, 経営研究所「人材開発と組織」研究会コーディネータ, 令和6・7年度金融庁公認会計士試験試験委員 (経営学). 主な著作に, Causal effect of video gaming on mental well-being in Japan 2020-2022 (共著, Nature Human Behaviour, 2024年),『地方における新しい働き方と働く場所』(単著, 高崎経済大学ブックレット③, 2020年) など.

佐藤 徹 (さとう とおる)

高崎経済大学地域政策学部教授, 地域科学研究所長. 博士 (国際公共政策). 専門は行政学, 政策科学, 政策評価論. 主著に『自治体行政と政策の優先順位づけ』(大阪大学出版会, 2009年, 日本地方自治研究学会賞),『創造型政策評価』(公人社, 2008年),『市民会議と地域創造』(ぎょうせい, 2005年, 地域政策研究賞優秀賞),『新説市民参加 (改訂版)』(共編著, 公人社, 2013年),『エビデンスに基づく自治体政策入門』(編著, 公職研, 2021年).

増田 正 (ますだ ただし)

高崎経済大学地域政策学部教授, 国際交流センター長, 地域科学研究所所員. 博士 (法学). 専攻は政治学, 地方政治論, 投票行動論. 主な著書に『現代フランスの政治と選挙』(芦書房, 2001年),『政治学入門』(共著, 一藝社, 2020年),『名著で学ぶ政治学』(共著, 一藝社, 2024年).

井手拓郎 (いで たくろう)

高崎経済大学地域政策学部准教授, 地域科学研究所所員. 博士 (政策学). おもな著作に『観光まちづくりリーダー論—地域を変革に導く人材の育成に向けて』(法政大学出版局, 2020年, 日本観光研究学会 2020年度『学会賞』観光著作賞 (学術) 受賞),「まちづくりリーダーの発達影響要因とその構造に関する分析」(『日本建築学会計画系論文集』第83巻第753号, 2239-2248, 2018年),「観光地域づくりにおけるリーダーのリーダーシップ—フォロワーの視点からの探索的分析—」(『都市計画論文集』59巻2号, 261-274, 2024年).

友岡邦之 (ともおかくにゆき)

高崎経済大学地域政策学部教授. 博士 (社会学). 専攻は社会学, 文化政策研究. おもな著作に『福祉社会学のフロンティア:福祉国家・社会政策・ケアをめぐる想像力』(共著, ミネルヴァ書房, 2021年),『文化政策の現在1 文化政策の思想』(共著, 東京大学出版会, 2018年),『文化経済学:軌跡と展望』(共著, ミネルヴァ書房, 2016年) など.

安田 慎 (やすだ しん)

高崎経済大学地域政策学部准教授. 博士 (地域研究). 専攻は中東地域研究, イスラーム地域研究, 観光史, 観光人類学. 主な著作に『イスラミック・ツーリズムの勃興—宗教の観光資源化』(単著, ナカニシヤ出版, 2016年),『現代中東における宗教・メディア・ネットワーク—イスラームのゆくえ』(共編著, 春風社, 2021年),『大学的群馬ガイド—こだわりの歩き方』(編著, 昭和堂, 2024年) など.

地域を変革するリーダーシップの展開
現代の地域リーダー像

2025 年 3 月 20 日　第 1 刷発行

編　　　者　高 崎 経 済 大 学
　　　　　　地 域 科 学 研 究 所

編 著 者　若　林　隆　久

発 行 者　柿　﨑　　　均

発 行 所　株式会社 日 本 経 済 評 論 社

〒101-0062　東京都千代田区神田駿河台 1-7-7
　　　　　　電話 03-5577-7286　FAX 03-5577-2803
　　　　　　E-mail: info8188@nikkeihyo.co.jp
　　　　　　http://www.nikkeihyo.co.jp

装幀・渡辺美知子　　　　　　　　太平印刷社・誠製本

落丁本・乱丁本はお取替えいたします　　Printed in Japan
価格はカバーに表示してあります

Ⓒ高崎経済大学地域科学研究所 2025
ISBN 978-4-8188-2680-9　C3036

・本書の複製権・翻訳権・上映権・譲渡権・公衆送信権（送信可能
　化権を含む）は，（株）日本経済評論社が著者からの委託を受け管
　理しています.
・ JCOPY 〈（一社）出版者著作権管理機構　委託出版物〉
　本書の無断複製は著作権法上での例外を除き禁じられています. 複
　製される場合は，そのつど事前に，（一社）出版者著作権管理機構
　（電話 03-5244-5088，FAX 03-5244-5089，e-mail : info@jcopy.
　or.jp）の許諾を得てください.

―――――――― 高崎経済大学地域科学研究所叢書 ――――――――

地方都市における中心市街地の課題 　　　　　　　　　　本体 3500 円
　　－人口減少時代とまちづくり－

地方製造業の躍進 　　　　　　　　　　　　　　　　　本体 3500 円
　　－高崎発ものづくりのグローバル展開－

農業用水と地域再生－高崎市・長野堰の事例－ 　　　　本体 3500 円

空き家問題の背景と対策 　　　　　　　　　　　　　　本体 3500 円
　　－未利用不動産の有効活用－

日本蚕糸業の衰退と文化伝承 　　　　　　　　　　　　本体 3500 円

地方製造業の展開－高崎ものづくり再発見－ 　　　　　本体 3500 円

自由貿易下における農業・農村の再生 　　　　　　　　本体 3200 円
　　－小さき人々による挑戦－

富岡製糸場と群馬の蚕糸業 　　　　　　　　　　　　　本体 4500 円

―――――――― 高崎経済大学産業研究所叢書 ――――――――

デフレーションの経済と歴史 　　　　　　　　　　　　本体 3500 円

デフレーション現象への多角的接近 　　　　　　　　　本体 3200 円

高大連携と能力形成 　　　　　　　　　　　　　　　　本体 3500 円

新高崎市の諸相と地域的課題 　　　　　　　　　　　　本体 3500 円

ソーシャル・キャピタル論の探究 　　　　　　　　　　本体 3500 円

地方公立大学の未来 　　　　　　　　　　　　　　　　本体 3500 円

群馬・産業遺産の諸相 　　　　　　　　　　　　　　　本体 3800 円

サステイナブル社会とアメニティ 　　　　　　　　　　本体 3500 円

日本経済評論社